MÉMOIRES

DU DUC

DE PERSIGNY

PUBLIÉS AVEC DES DOCUMENTS INÉDITS

UN AVANT-PROPOS ET UN ÉPILOGUE

PAR

M. H. DE LAIRE, Cte D'ESPAGNY

ANCIEN SECRÉTAIRE INTIME DU DUC

Ornés d'un portrait de l'auteur

DEUXIÈME ÉDITION

PARIS

LIBRAIRIE PLON

E. PLON, NOURRIT ET Cie, IMPRIMEURS-ÉDITEURS

RUE GARANCIÈRE, 10

1896

Tous droits réservés

MÉMOIRES

DU

DUC DE PERSIGNY

L'auteur et les éditeurs déclarent réserver leurs droits de reproduction et de traduction en France et dans tous les pays étrangers, y compris la Suède et la Norvège.

Ce volume a été déposé au ministère de l'intérieur (section de la librairie) en janvier 1896.

MÉMOIRES

DU DUC

DE PERSIGNY

PUBLIÉS AVEC DES DOCUMENTS INÉDITS
UN AVANT-PROPOS ET UN ÉPILOGUE

PAR

M. H. DE LAIRE Cte D'ESPAGNY

ANCIEN SECRÉTAIRE INTIME DU DUC

Ornés d'un portrait de l'auteur

DEUXIÈME ÉDITION

PARIS
LIBRAIRIE PLON
E. PLON, NOURRIT ET Cie, IMPRIMEURS-ÉDITEURS
RUE GARANCIÈRE, 10
—
1896

AVANT-PROPOS

Le 12 janvier 1872, le duc de Persigny, succombant aux suites d'une congestion cérébrale, s'éteignait obscurément à Nice.

Si, de tous les hommes qui contribuèrent à l'établissement du second Empire, aucun n'avait apporté à cette œuvre une foi plus vive, un concours plus énergique ni plus efficace, aucun non plus n'éprouva au même degré, sous ce régime, l'inconstance et la fragilité de la faveur impériale, nul ne souffrit autant que lui de voir son caractère méconnu, ses services dédaignés, son dévouement stérilisé.

Étrange destinée que la sienne!

Dans la notice biographique qu'il lui a consacrée (1), M. J. Delaroâ a raconté les débuts de la vie politique de M. de Persigny : comment il avait trouvé son chemin de Damas, son existence vouée à la restauration de l'idée impériale, les péripéties de son apostolat, les échecs et le triomphe final de la grande

(1) Voir aux Annexes, page 463.

cause à laquelle il avait voué toutes les forces de son âme. Il nous l'a montré en pleine possession de la confiance, de l'amitié du Prince à qui l'avait étroitement lié une longue communauté de vues, de périls, de revers couronnés à la fin par d'éclatants succès.

Cette première période prospère et brillante du gouvernement, dont M. de Persigny s'estimait à bon droit le principal fondateur, apparaît comme éclairée par son esprit lucide et vigoureux. Partout on y retrouve la trace de son initiative hardie; tout en reçoit un caractère de force et de grandeur; il prépare le coup d'État, la proclamation de l'Empire malgré le Prince Président, pose les bases de la Constitution de 1852 avec M. Troplong, réglemente la presse, etc., etc. Il est visiblement l'âme, le bon génie du nouveau régime. Aussi le voit-on, sans étonnement, appelé aux plus hautes fonctions de l'État, tour à tour ministre plénipotentiaire à Berlin (1), sénateur (2), ministre de l'Intérieur (3), ambassadeur en Angleterre (4), membre du Conseil privé (5). Il semble que son étoile ne puisse jamais pâlir, ni l'Empire se priver du concours de l'homme

---

(1) 17 décembre 1849.
(2) 31 décembre 1852.
(3) 22 janvier 1852; démissionnaire le 21 janvier 1854. — Nommé de nouveau le 24 novembre 1860; démissionnaire le 23 juin 1863.
(4) 28 mai 1855; démissionnaire le 23 mars 1858. — Nommé de nouveau le 9 mai 1859. — L'Empereur le rappelle au ministère de l'Intérieur.
(5) 1ᵉʳ février 1858.

« qui, par ses antécédents, personnifiait le dévouement à la dynastie dans les jours d'épreuves (1) ». Cependant, tout à coup, il disparaît dans l'ombre, et le silence se fait autour de son nom.

Les fatales élections de 1863, dont on trouvera la curieuse analyse dans un des chapitres de ce volume (2), en entraînant sa démission de ministre de l'Intérieur, marquèrent, en effet, le terme de sa carrière active (3). Depuis ce moment jusqu'à la catastrophe de 1870, le duc de Persigny, confiné dans la vie privée, n'exerça plus d'action appréciable sur la marche du gouvernement. Les conseils que dictait sa clairvoyance quasi prophétique n'étaient plus écoutés; son influence s'effaça sans retour devant la prépondérance de rivaux plus heureux ou plus habiles (4).

Quelles pouvaient être les raisons d'un tel revirement?

Au nombre des causes diverses auxquelles on peut attribuer le refroidissement de relations jusque-là si intimes avec l'Empereur, il faut placer en première ligne la différence de leur tempérament respectif. Napoléon III était lymphatique; M. de

---

(1) *Moniteur universel* du 12 février 1858. (Organisation du Conseil privé.)
(2) V. p. 268 et suiv.
(3) V. aux Annexes, page 491.
(4) V. aux Annexes la lettre du baron de Richemont et dans les *Mémoires*, p. 347.

Persigny, sanguin-nerveux. L'esprit froid, pondéré, doux et bienveillant du monarque s'accordait mal avec l'ardeur, l'impétuosité de son ministre. Poussant la bonté jusqu'à la faiblesse, l'Empereur manquait parfois de la fermeté, de la juste sévérité nécessaires à un prince pour asseoir solidement son autorité sur les hommes. Il avait des hésitations, des scrupules, des retours que combattait M. de Persigny avec cette énergie qu'inspirent les fortes convictions. D'autre part, tout ce qui sentait l'intrigue, les manœuvres des solliciteurs (race abhorrée!), la subordination, en un mot, des intérêts généraux aux calculs mesquins de l'intérêt privé, tous ces vices courants que l'extrême bonté de Sa Majesté couvrait ordinairement d'une indulgence philosophique, enflammaient l'âme du Duc de cette noble indignation que la Bible qualifie de « sainte colère ». Incapable de déguiser sa pensée quand il croyait défendre la justice ou la raison, les paroles, dans ce cas, se pressaient sur ses lèvres, fougueuses, éloquentes souvent, sans ménagements la plupart du temps. Il s'était fait ainsi de nombreux ennemis inconsciemment blessés par sa rude franchise, qui saisissaient avec empressement l'occasion de le desservir. Et l'Empereur lui-même, redoutant la véhémence de ses conseils, avait fini par s'y dérober autant qu'il le pouvait.

Peut-être aussi ces divergences de caractère

s'accentuaient-elles encore sous le poids de la haute influence exercée par S. M. l'impératrice Eugénie sur l'esprit de son auguste époux. M. de Persigny avait opposé jadis de vives objections au mariage de l'Empereur (1). Il ne paraît pas invraisemblable qu'elles aient fait à la fierté de la Souveraine une blessure qui, envenimée plus tard par les inconséquences de Mme de Persigny, donnerait la clef de l'hostilité latente que le Duc a soulignée çà et là dans ses *Mémoires*.

Enfin, une autre cause, et non des moindres, doit être attribuée à la situation dominante prise dans l'État par un rival (2), éminent sans doute, mais dont l'ambition jalouse, sans cesse en éveil, s'étudiait à reléguer au second plan, et surtout à annihiler une influence toujours redoutée. On en verra de nombreux et piquants exemples dans ce livre.

Cet antagonisme des deux principaux hommes d'État de l'Empire, qui eut de si fatales conséquences pour lui, tenait aux dissentiments fondamentaux que M. de Persigny a mis en lumière dans plusieurs de ses chapitres. M. Rouher, orateur de premier ordre, intelligence souple, fertile en expédients et merveilleusement douée, versé dans toutes les matières du droit et de l'administration, inclinait au parlementarisme. Séduit par l'importance

(1) Janvier 1853.
(2) M. Rouher.

capitale du rôle que la pratique de ce régime devait nécessairement assurer à ses brillantes facultés, tant dans les Chambres qu'auprès de la personne du Souverain, il s'efforçait par tous les moyens d'y amener l'Empereur. M. de Persigny, au contraire, esprit net et ferme, nourri de fortes études historiques, profondément convaincu des nombreux inconvénients, des dangers même, d'un système qu'il considérait, en outre, comme incompatible avec le tempérament de la nation, et préférant l'action à la parole, voulait maintenir l'ordre établi par la Constitution de 1852, en y apportant seulement les perfectionnements conseillés par une sage expérience.

On comprendra aisément la lutte sourde que devait fatalement engendrer cette diversité de vues dans la manière de gouverner (1).

(1) Je trouve dans mes notes personnelles, à la date du 29 décembre 1866 :

Le comte Walewski, président du Corps législatif, est venu aujourd'hui offrir à M. de Persigny d'entrer dans l'espèce de conspiration qu'il organise contre M. Rouher, devenu tellement omnipotent dans le gouvernement, que son influence est un péril pour l'État. L'Empereur le sent et s'en inquiète; mais il n'ose rompre avec son ministre qu'il craint, dont il redoute le talent et l'habileté, et qu'il croit dangereux de froisser.

Profitant de ces dispositions, M. Walewski et M. Magne ont proposé à Sa Majesté un plan politique assez libéral pour que M. Rouher, qui a affirmé à plusieurs reprises, devant le Corps législatif, des principes contraires, se trouve obligé de donner sa démission si l'Empereur accepte et annonce ce programme. Ils ont abouché l'Empereur avec M. É. Ollivier, auquel il a accordé déjà plusieurs audiences et qu'il apprécie fort. Si M. de Persigny

AVANT-PROPOS. XIII

Quoi qu'il en soit, une telle disgrâce était bien faite pour abreuver d'amertume l'âme ardente du Duc, toute remplie de la plus noble des ambitions. Sa constante préoccupation, le but qu'il avait assigné à sa vie était de consolider, d'améliorer le gouvernement fondé en 1852, seul moyen, dans sa pensée, de clore la période troublée, instable, inaugurée par la Révolution française, et d'assurer par ce moyen, avec le repos définitif de la patrie, sa grandeur et sa prospérité.

Écarté du pouvoir, réduit à l'impuissance, il se consumait dans l'inaction et l'inquiétude.

M. de Persigny était président du conseil général de la Loire. Chaque année, il ouvrait la session

---

voulait appuyer cette campagne, nul doute que le succès n'en soit assuré, et la retraite de M. Rouher la conséquence.

M. de Persigny a répondu :

« Qu'un pareil programme lui semblait plein de danger, se trouvait, d'ailleurs, en contradiction avec la plupart de ses idées, avec ses antécédents et son caractère; qu'il lui était impossible d'y accéder; que, sans nul doute, il était on ne peut plus désirable que M. Rouher perdît une situation qui dénature l'esprit du gouvernement impérial, le transforme en parlementarisme et le mine peu à peu; mais qu'un pareil moyen était presque aussi dangereux que le mal lui-même; qu'enfin, complètement tenu à l'écart des affaires, et ne voyant plus l'Empereur, il ne pouvait exercer aucune influence sur lui. »

Combien d'hommes politiques sacrifieraient ainsi les intérêts de leur ambition à la dignité de leur vie, à l'unité de leurs principes, au bien de l'État? On voit, en outre, par là, que M. de Persigny n'était pas seul à s'inquiéter de l'omnipotence de M. Rouher.

Dans son livre le *Dix-Neuf Janvier,* M. Émile Ollivier a exposé, dans tous ses détails, ce plan politique, la campagne qui s'ensuivit et son dénouement, chap. XIV et suiv. (Lacroix, éditeur, 1869.)

par un discours où il exprimait les idées que lui suggéraient la politique générale et les intérêts particuliers de son département. Il y trouvait l'occasion de faire connaître au gouvernement qui se dérobait, ainsi qu'à l'opinion publique, sa manière de voir sur des objets importants. On retrouve dans ces allocutions l'élévation habituelle de sa pensée et les grandes lignes de ses conceptions gouvernementales. Mais s'il réussit ainsi à doter sa chère province de Forez de magnifiques et utiles travaux, comme le barrage du Furens, le canal d'irrigation du Forez, la Diana, etc., il était loin d'obtenir les mêmes succès en matières d'État; les avenues du pouvoir étaient trop bien gardées. Et malgré que la haute intelligence de l'Empereur fût parfois frappée de la portée des paroles de son serviteur (1), la direction des affaires de l'Empire n'en reçut aucune modification. Elle lui échappait définitivement.

C'est de cette situation que sont nés ces *Mémoires*. Ils ont été écrits pendant les longs loisirs d'une retraite forcée, au hasard des impressions du jour ou des souvenirs du passé, sous l'obsession d'une pensée persévérante : révéler le rôle méconnu, souvent inconnu, de l'homme d'État; expliquer les mobiles, l'objet de ses actes; en appeler,

(1) Voir aux Annexes la lettre du baron P. de Richemont, page 492.

en un mot, des dédains de ses contemporains à la postérité mieux informée.

Que de fois, dans la solitude de Chamarande (1), qu'animait de loin en loin la visite de quelques rares amis fidèles, le Duc, laissant déborder son cœur, leur parla de ses *Mémoires,* espoir de sa réhabilitation posthume! Quel intérêt il y attachait! L'honneur de son nom, de sa vie publique, en dépendait! Aussi prit-il les précautions les plus minutieuses pour assurer la conservation d'un document si précieux. Il craignait, en effet, qu'après sa mort, le gouvernement ne s'en emparât en vertu de la loi autorisant à perquisitionner et saisir les papiers des hommes ayant exercé de hautes fonctions dans l'État, comme on l'avait vu déjà, lors du décès de MM. Billault, de Morny, et autres personnages.

Pour échapper à cette éventualité, le duc de Persigny établit son œuvre sur trois exemplaires cotés : Éditions A, B et C. Les éditions A et B, copiées sur son manuscrit par ses secrétaires, certifiées conformes, numérotées, datées et signées de sa main, furent confiées par lui à un de ses parents avec mission de les mettre en lieux sûrs et de les publier après sa mort. L'édition C, en partie autographe, mais dont quelques pages se présentent à

(1) Château près d'Étampes, acquis de la succession du marquis de Talaru.

l'état de brouillon, fut remise à un ami, marié en Angleterre, pour y être conservée jusqu'au jour de la publication (1).

Un mandat si formel, souvent réitéré depuis, peut-il rester plus longtemps en souffrance? L'un des dépositaires, appelé à son lit de mort, put encore recueillir sur ses lèvres à demi paralysées ces dernières paroles, vœu suprême du mourant : « Publier mes *Mémoires!* »

Parvenu lui-même à ce point de la vie où tout lendemain devient incertain, il ne croit pas pouvoir différer plus longtemps l'accomplissement d'un devoir sacré. Vingt-quatre ans se sont écoulés depuis le décès du duc de Persigny. La plupart des personnes dont il est question dans cet ouvrage ne sont plus. Une d'elles, toutefois, et la plus auguste, malgré son triple martyre, survit à ses malheurs. Quels que puissent avoir été, en d'autres temps, les nuages amassés entre sa grande âme et celle de l'auteur, il m'a semblé que l'éclatant et respectueux hommage qu'il lui a rendu était plutôt de nature à en dissiper le souvenir. J'ai la confiance que sa magnanimité ne démentira pas mon espoir.

D'ailleurs, mettre au jour ces pages où la noblesse des sentiments, l'élévation, la profondeur de

---

(1) Cette mission a été loyalement exécutée, ainsi qu'on pouvait l'attendre du parfait gentilhomme à qui elle avait été conférée.

la pensée, le patriotisme le plus pur éclatent à chaque ligne, n'est pas seulement l'acquittement d'un devoir, d'une dette de reconnaissance; c'est aussi un acte d'une portée plus haute.

En ces temps misérables, où la politique, détournée de ses voies naturelles par des mains ignorantes ou insoucieuses des bases fondamentales nécessaires à toute société civilisée, semble n'être plus que l'instrument de basses passions, où le Droit, l'Équité, la Raison, digues importunes, n'apparaissent que comme les antiques idoles d'une Religion déchue, il est bon, il est sain de montrer comment la comprenait, comment la pratiquait un homme de grand cœur et de vaste intelligence.

Puisse cette révélation de tant de services rendus à son souverain et à son pays exaucer le vœu de leur auteur !

H. DE LAIRE, COMTE D'ESPAGNY.

La Grye, le 12 janvier 1896.

AVERTISSEMENT

Les Mémoires du duc de Persigny ne sont pas à proprement parler des mémoires, du moins quant à la forme adoptée généralement pour ce genre d'ouvrage. Écrits sans plan d'ensemble, négligeant les menus faits, il y manque la liaison des événements intermédiaires, les détails qu'on a coutume d'y trouver. Ils ne comprennent que le récit des principaux actes de sa vie politique, de ceux seulement qu'il considérait comme les plus importants. Chacun d'eux fait l'objet d'un chapitre indépendant des autres; les événements d'ordre secondaire ont été dédaignés.

Le Duc les a fait précéder d'une nomenclature énumérant le lieu où chaque chapitre a été composé, ainsi que la date de sa rédaction et celle des faits y relatés. Nous la reproduisons textuellement :

MES MÉMOIRES

Ordre dans lequel les chapitres ont été faits, et leur date :

1. Proclamation de l'Empire, Chamarande, 15 novembre 1867.
2. Origine de la guerre de Crimée, Chamarande, 2 décembre 1867.

3. Sadowa, Chamarande, 21 décembre 1867.
4. M. de Bismarck, Chamarande, 29 décembre 1867.
5. Politique française de 1866 jugée par M. de Bismarck, Chamarande, 10 janvier 1868.
6. Castelfidardo, Chamarande, 19 janvier 1868.
7. Liste civile, Paris, 20 février 1868.
8. Travaux de Paris, Paris, 16 avril 1868.
9. Général Changarnier, Chamarande, 11 juillet 1868.
10. Établissement de la présidence, Chamarande, 2 août 1868.
11. Le Comité de la rue de Poitiers, Villers-sur-Mer, 15 septembre 1868.
12. Le maréchal Bugeaud, Villers-sur-Mer, 1er octobre 1868.
13. L'alliance anglaise, Chamarande, 12 novembre 1868.
14. Causes de l'attitude de la France en 1866, Chamarande, 20 décembre 1868.
15. Premiers temps de l'Assemblée législative, Paris, 16 janvier 1869.
16. Mission en Allemagne, Paris, 29 janvier 1869.
17. Projet de décentralisation administrative, Paris, 12 février 1869.
18. Présence de l'Impératrice au Conseil, Paris, 21 février 1869.
19. Caisse des travaux publics, Paris, 1er mars 1869.
20. Liberté de la presse, Paris, 23 mars 1869.
21. Le duché de Montmorency, Paris, 31 mars 1869.

Pour la clarté et l'intelligence des choses, et conformément aux indications de M. de Persigny, nous avons rétabli l'ordre chronologique de ces chapitres suivant la date des faits auxquels ils se rapportent, ce qui les place dans le rang qu'ils occupent à la table des matières. (Voyez à la fin de ce volume.)

H. DE LAIRE, comte D'ESPAGNY.

ÉTABLISSEMENT
DE LA PRÉSIDENCE
1848-1849

Si l'élu du 10 décembre eût été dans les conditions ordinaires d'un chef de parti, mêlé aux affaires de son pays, familier avec les hommes et les choses de son temps et jouissant d'une réputation établie ; s'il eût été entouré à son avènement d'un groupe d'amis appartenant aux rangs élevés de la politique et de l'armée ; fort du pouvoir énorme que lui donnait la prodigieuse ovation populaire dont il venait d'être l'objet, il eût pu sans délais comme sans peine rétablir, dans toute sa force, l'autorité de l'État, et s'éviter à lui-même et au pays les périls auxquels l'un et l'autre allaient être encore exposés.

Mais malheureusement, jamais puissance morale pareille n'avait été donnée à un homme dans de plus fausses conditions. Et d'abord Louis-Napoléon n'était connu de la nation que par deux entreprises aventureuses, qui avaient peut-être servi vis-à-vis des masses populaires à rattacher à sa personne les traditions de sa famille, mais qui, aux yeux des classes élevées, frappées tout au moins d'une apparente disproportion entre les moyens et le but, semblaient déraisonnables et avaient par conséquent jeté sur son caractère public une sorte de discrédit. Ensuite, s'il était peu ou mal connu, il avait un désavantage encore plus grand, c'est qu'il ne connaissait rien lui-même du monde où il était introduit d'une manière si éclatante mais si imprévue. Hommes et choses, tout était nouveau pour lui. Banni depuis son enfance, en rentrant, après trente ans d'exil, dans son pays et pour le gouverner, il ne savait où prendre les instruments de son gouvernement. Quoique porté au pouvoir par six millions de suffrages, il était réduit à un tel état d'isolement qu'il ne connaissait pas un homme important dans ses intérêts, qu'il n'avait pas un ami dont il pût convenablement faire un ministre.

Bien différente eût été sa situation s'il fût arrivé en 1830. Alors il eût trouvé tout un parti considérable formé des partisans et des serviteurs de son oncle. Les maréchaux, les généraux, les hommes d'État, tous les grands noms de l'Empire lui auraient fait cortège. Mais le règne de Louis-Philippe avait passé sur tout cela. Le faux libéralisme de cette époque, en constituant le gouvernement de la bourgeoisie, avait réveillé l'antagonisme des classes qui avait été le vice funeste de la Révolution. La noblesse, la bourgeoisie et le peuple se trouvant représentés par le parti de la branche aînée, de la branche cadette et de la République, il n'y avait plus de place, dans les idées du temps, pour une cause dont le principe même condamnait les préjugés de classes. Le parti bonapartiste s'était laissé absorber comme le reste de la nation dans l'un des trois partis ou des trois classes qui divisaient si malheureusement le pays, au gré des dispositions particulières à chacun d'eux ; les débris de l'Empire s'étaient donc ralliés, déjà depuis longtemps, qui aux Bourbons, qui aux Orléans, qui à la République. De sorte qu'en rentrant en France, l'héritier du nom de Napoléon ne trouvait pour le recevoir ni les amis, ni les fils des amis du grand Empereur ; que, bien loin de là, sa présence semblait les mettre mal à l'aise, et qu'au lieu d'accourir au-devant de leur chef naturel, ces derniers se détournaient à son approche.

Mais si le classement de tous les hommes considérables du pays dans les trois partis que je viens de nommer réduisait l'élu du 10 décembre à un tel état d'abandon, il n'en était malheureusement pas de même de la part des intrigants qui, dans l'espoir de profiter de la curée, venaient à lui de toutes parts. Délaissé par les hommes honorables des divers partis et assiégé, au contraire, par une foule de gens mal famés ou malintentionnés, telle était la situation difficile du neveu de l'Empereur. Tandis que la nation, l'appelant à son secours, plaçait en lui de si grandes espérances, il se trouvait isolé, entouré de périls et condamné pour longtemps à l'impuissance.

Ce n'est pas tout. En prévision des sympathies populaires qui devaient accueillir le nom de Napoléon, les chefs des partis opposés, monarchiques et républicains, unis par une pensée commune dans l'Assemblée nationale, avaient fabriqué la Constitution la plus propre à déjouer les espérances du pays. En vue du neveu de l'Empereur, ils avaient paralysé d'avance le pouvoir exécutif par le pouvoir absolu d'une Chambre unique et de même origine; à cause de lui ils avaient limité à quatre ans la durée des fonctions du président de la République, interdit sa réélection avant quatre autres années, refusé de soumettre la Constitution à la ratification du peuple, enfin, et toujours à cause de lui, imposé au président élu l'obligation, avant de prendre ses fonctions, de prêter serment à la Constitution. Ainsi tandis que le droit naturel, comme la Constitution elle-même, proclamait la souveraineté du peuple, un artifice des partis l'escamotait au profit de l'Assemblée. Si l'élu du 10 décembre refusait de prêter serment à une constitution impraticable, en vertu de cette Constitution il ne pouvait être mis en possession du pouvoir que la nation lui avait déféré; et s'il prêtait serment à cette absurde Constitution, sous peine de violer son serment, c'était à lui à combattre la volonté nationale et à repousser les aspirations du peuple.

Pour moi, frappé de la nécessité de déjouer ces calculs machiavéliques, aussitôt que l'élection du 10 décembre fut connue je conseillai au Prince de ne pas aller à la Chambre prendre possession de la présidence, mais d'adresser un message à l'Assemblée pour déclarer sa résolution de ne prêter serment à la Constitution qu'à la condition qu'elle serait soumise ultérieurement à la ratification du peuple. Assurément ce parti présentait quelques dangers. Le général Cavaignac, désappointé de son échec, et surtout les républicains, furieux de quitter le pouvoir, ne manqueraient pas de s'abriter derrière la Constitution pour refuser de livrer la place, avant que l'élu du peuple eût prêté le serment exigé : et Dieu sait ce que la haine eût pu leur inspirer dans les premiers moments d'exaltation. Mais tout cela ne me paraissait pas très redoutable. Depuis son élection, pour se soustraire aux embûches dont il pouvait être menacé et sur les avis du préfet de police lui-même, M. Carlier, le Prince avait pris le parti de cacher son domicile. Il en avait trouvé un impénétrable où, en se renfermant pendant quelques jours, il pouvait, sans avoir rien à craindre pour sa personne, laisser éclater la crise dans toute sa force. Or, dans un pareil moment, quand le peuple et l'armée triomphant de l'élection faisaient retentir la capitale des cris de *Vive Napoléon;* quand toute la population, exaltée par le succès du 10 décembre, se montrait si impatiente de voir le chef qu'elle venait de se donner, il n'était pas admissible un instant que l'Assemblée pût résister à la pression populaire. Comme il ne s'agissait, après tout, que de consacrer le principe de la souveraineté nationale, en soumettant la Constitution à la ratification du suffrage universel, l'élu du 10 décembre, en invoquant un scrupule de conscience, en demandant que le peuple ne fût pas dépouillé de son droit naturel, était dans son rôle. Sa résolution eût frappé l'Assemblée d'impuissance, et en conquérant le droit de soumettre la Constitution à la ratification du peuple et par conséquent de la faire modifier, en déjouant, en un mot, la manœuvre de ses ennemis, dès le premier jour de son avènement, il eût délivré le pays des obstacles que la Constitution allait opposer, pendant plusieurs années, au rétablissement de l'ordre et se fût affranchi personnellement de la nécessité de la violer lui-même pour la réformer.

Malheureusement le Prince était déjà entre les mains d'une fraction de ses ennemis. M. Thiers, qu'il faut nommer dans l'histoire de toutes les intrigues funestes au pays, avait dès les premiers jours de l'élection entouré le neveu de l'Empereur de ses filets. Après avoir, dans son dépit d'être oublié de la nation pour la présidence, lancé contre la candidature de Louis-Napoléon tous les traits que la haine et le mépris peuvent inventer de plus odieux, il avait jugé utile à ses propres intérêts de se rapprocher du Prince, et comme la loyauté de ce dernier le rendait incapable de soupçonner la perfidie d'un homme si habile à se donner l'apparence de la bonne foi, il avait accueilli avec empressement les ouvertures d'un personnage de cette importance. M. Thiers n'avait donc pas tardé à s'emparer des conseils du nouveau président. Il l'avait entouré d'hommes de son choix, les uns franchement ennemis des tendances du Prince, comme M. Léon de Malleville et M. Hippolyte Passy, les autres, comme MM. de Tracy, Odilon Barrot et Léon Faucher, d'une grande honorabilité de caractère, mais sortes de niais politiques ou de marionnettes dont M. Thiers avait les ficelles entre les mains. Or, M. Thiers, ainsi que la suite le prouva, ne se proposait qu'une chose, tenir l'élu du 10 décembre sous la dépendance de l'Assemblée, l'annuler, le garrotter par les entraves parlementaires, et user sa popularité dans la répression des agitations révolutionnaires pour arriver à sa place à la présidence de la République ou, suivant les circonstances, à la restauration des Orléans, sous ses auspices.

M. Thiers est, en effet, l'une de ces monstruosités morales les plus extraordinaires qui se puissent rencontrer. A la différence des grands hommes dont la supériorité consiste principalement dans l'équilibre entre les facultés élevées du cœur et de l'esprit, chez lui la nature semble s'être plu à donner tout à l'esprit et rien ou presque rien au cœur. Quoique en réalité sans courage(1), sans caractère, sans élévation véritable, il a tant d'aptitudes, tant de finesses, tant de ressources dans l'esprit, qu'on peut à peine découvrir les misères de son âme sous l'accumulation des richesses de son intelligence. Mais comme l'esprit n'est presque rien et que le caractère est presque tout dans le maniement des grandes affaires, l'histoire de sa vie politique est remplie de fautes monstrueuses. La manière, surtout, dont il a perdu la maison d'Orléans, sans parler de son rôle odieux à l'origine du conflit, dépasse les bornes de la déraison humaine. Que penser, en effet, de ce ministre qui, en face d'une émeute, révoque le brave maréchal Bugeaud tout prêt à écraser la révolte, fait rentrer les troupes dans les casernes et, persuadé que la Révolution va se contenter de sa

---

(1) Le transport du gouvernement à Versailles et l'abandon de Paris aux communards par M. Thiers, président de la République, en mars 1871, confirment pleinement cette appréciation formulée en 1868. (*Note de l'éditeur.*)

présence au ministère, abandonne Paris à la Révolution? Tout cela ne semble-t-il pas l'œuvre d'un fou, et d'un fou de la pire espèce? Qu'un homme de caractère ait commis dans sa vie la dixième partie d'une faute pareille, et il ira cacher sa honte au bout du monde. Mais ce petit homme grimpé sur les échasses de sa gigantesque vanité ne se doute et ne doute de rien. Il reparaît tout aussi pimpant, tout aussi glorieux qu'avant sa mésaventure. Et le merveilleux, c'est que le public amusé, charmé par cet esprit incomparable, se reprend à l'écouter de nouveau, quitte à payer, encore une fois, en larmes de sang la sottise de l'avoir pris au sérieux.

Maintenant, il ne faut pas croire, en voyant sa face de Méphistophélès et son profil de satyre qu'il soit ni méchant, ni vindicatif, ni cruel. Sans sa vanité, il serait plutôt aimable, bienveillant, bon compagnon. Mais pour gratifier cette vanité funeste et dont il n'a pas conscience, il mettrait le feu au monde. Quel est donc le secret de cette aberration? Le voici : c'est que de race méridionale et vantarde, né dans une famille de *bohème* et élevé en conséquence, c'est-à-dire sans aucune éducation première, après être parti de si bas et monté si vite et si haut par des tours de force de son esprit, il a été tellement ébloui lui-même, en voyant les résultats de ce don de la nature, qu'à force d'admirer et de déifier l'instrument de sa fortune, il est devenu la première dupe de son idolâtrie. Oubliant que la vraie grandeur et la véritable habileté viennent du cœur; qu'écrire l'histoire ou la faire sont deux choses différentes; que l'esprit qui suffit à l'une ne suffit pas à l'autre, il en est arrivé, dans sa naïve admiration de lui-même, non seulement à se croire capable, mais seul capable de gouverner la France. Et quand le bon sens de ce pays témoigne qu'il voudrait à son service moins d'esprit et plus de caractère, il rougit de honte de la stupidité de ses contemporains. Telle est sa foi aveugle dans les ressources de son esprit que, quoiqu'il proteste sans cesse de son dévouement à son pays, il n'hésiterait pas à le jeter dans les plus grands périls pour avoir le plaisir de l'en retirer. Ni 1840, ni 1848 n'ont ébranlé cette monstrueuse vanité; et aujourd'hui même que toutes ses facultés sont appliquées à une œuvre qui serait un crime odieux si son aveuglement ne l'excusait en partie, il est convaincu de bonne foi qu'au prix d'une révolution et des malheurs qu'elle entraîne, le pays ne payerait pas trop cher l'avantage d'avoir enfin à son service un esprit aussi merveilleux que le sien (1).

Mais revenons de M. Thiers au 10 décembre. Du moment qu'un pareil homme avait surpris la confiance du neveu de l'Empereur, mes conseils

(1) Quelle lumière ce portrait de M. Thiers jette sur sa conduite après les événements de 1870! (*Note de l'éditeur.*)

n'avaient plus que bien peu de poids. Le nouveau président de la République allait donc, au sein de l'Assemblée nationale, prêter serment à la Constitution et recevoir l'investiture de ses nouvelles fonctions; puis il choisissait pour ministres les hommes dont M. Thiers l'avait entouré. Tout ce que je pus faire fut de persuader au Prince d'introduire dans ce cabinet un de mes amis légitimistes, M. de Falloux, qui, très hostile à l'élément orléaniste, pouvait contrecarrer les intrigues de M. Thiers ou tout au moins les surveiller.

Les journaux du temps ont raconté à ce sujet que dans notre première jeunesse, devisant un jour de nos futures destinées, vouées toutes les deux, l'une aux Bourbons, l'autre aux Napoléons, nous nous étions promis une amitié qui survivrait au triomphe de l'une ou de l'autre cause; et que pour gage de cette amitié indépendante de la politique, le premier qui deviendrait ministre recevrait son portefeuille, en cadeau, des mains du second. Cela est vrai. Mais contrairement à nos prévisions, c'est le légitimiste qui devenait ministre d'un Napoléon, et c'est le bonapartiste qui, remplissant sa promesse, apportait à son ami le portefeuille en question, avec le décret qui le nommait ministre.

Et maintenant qu'allait faire le nouveau cabinet et comment comprendrait-il la situation faite au pays par l'élection du 10 décembre? Du sein d'une nation tombée dans le chaos et comme un cri de la conscience d'un peuple aux abois qui appelle la Providence à son aide, le nom de Napoléon avait surgi tout à coup et rallié des millions d'hommes derrière l'héritier de ce nom. Ainsi que je le disais un jour, à Saint-Étienne (1), pendant que les habiles cherchaient dans les palais ou les châteaux le fil perdu de nos destinées, c'était la bonne vieille de Bérenger qui, dans la chaumière du peuple, et en parlant de sa gloire, l'avait retrouvé au bout de ses fuseaux. Le bon sens, la raison la plus simple demandait de se servir de ce grand souvenir pour rétablir partout l'autorité. Au nom de Napoléon et sous le poids de six millions de suffrages, il était facile d'écraser toutes les résistances, de soumettre toutes les oppositions à la puissance du droit qui était en même temps celle de la force. Mais sottise, perfidie ou niaiserie parlementaire, les ministres d'un gouvernement pareil, et surtout d'un gouvernement créé dans de pareilles circonstances, recommençaient leur petit manège représentatif. Comme s'il s'agissait encore d'une royauté constitutionnelle ou bourgeoise, ils voulaient couvrir l'élu du peuple, le Napoléon des six millions de votes, et le cacher

---

(1) Toast au Forez et à la ville de Saint-Étienne, prononcé, le 26 août 1858, au banquet offert par la ville de Saint-Étienne. Voyez *le Duc de Persigny et les Doctrines de l'Empire*, par Joseph DELARVA; 1 vol. Henri Plon, imprimeur-éditeur, 1865. *Note de l'éditeur.*)

précieusement derrière leurs petites personnes. Oubliant que les prétendus plastrons de la royauté, les Guizot, les Molé, les Thiers, les Odilon Barrot, n'avaient fait qu'une bouchée dans la gueule du lion populaire; que, comme Saturne dévorant ses enfants, le peuple n'avait mis qu'une matinée à engloutir encore dans ses entrailles les Lamartine, les Ledru-Rollin, les Louis Blanc, les Cavaignac, et qu'il ne s'était arrêté ému, soumis et charmé que devant le grand symbole de son orgueil et de sa gloire, les honnêtes complices, volontaires ou non, de M. Thiers, s'efforçaient de dérober aux regards le mythe populaire qui, seul, pouvait courber les fronts devant lui, pour se produire glorieusement à sa place.

Il ne fallut pas longtemps au Prince Président pour s'apercevoir des préoccupations de ses ministres. Sa défiance commençant à s'éveiller, il découvrit même que son ministre de l'intérieur (M. Léon de Malleville) n'était rien moins qu'un ami personnel, et, en conséquence, il le remplaça par M. Léon Faucher, qu'il fit passer des travaux publics à l'intérieur. Ce dernier était trop honnête pour accepter le pouvoir d'un gouvernement quelconque sans l'intention de le servir loyalement; mais la tournure de son esprit et l'étroitesse de ses idées le rendaient au moins aussi dangereux que son prédécesseur. Autant valait, comme on va s'en rendre compte, la désinvolture hostile du premier que l'entêtement inintelligent du second.

Dans ce grand mouvement populaire du 10 décembre, les six millions de suffrages acquis à Louis-Napoléon avaient dû naturellement résister à la pression, aux conseils et peut-être aux menaces de l'administration intérieure, des préfets, sous-préfets et maires du gouvernement que présidait le général Cavaignac. Cette armée de six millions d'électeurs, unie, ralliée et exaltée par la magie d'un grand souvenir, avait donc le sentiment de sa victoire, et elle en était fière; mais si elle se retrouvait en présence des fonctionnaires dont elle avait triomphé, si elle se voyait ou se croyait maintenant exposée aux rancunes des uns et aux vengeances des autres, elle perdrait certainement confiance dans la force du gouvernement qu'elle s'était donné; frappée de voir l'administration entre les mains des ennemis du 10 décembre, elle se croirait trahie, abandonnée; un grand désordre moral se produirait dans le pays, et le principe d'autorité en serait profondément atteint.

Que si, au contraire, la nation recevait des mains du chef auguste qu'elle venait d'élever sur le pavois, de nouveaux fonctionnaires de son choix, de nouveaux agents investis de sa confiance, toute l'armée électorale, confiante dans ses nouveaux chefs, se trouverait organisée, disciplinée comme un seul homme. Le principe d'autorité recevrait donc une force énorme du rétablissement de la confiance des masses dans les détenteurs de l'autorité publique.

Assurément, il ne s'agissait pas de reprocher aux fonctionnaires du général Cavaignac la conduite qu'ils avaient tenue au 10 décembre; leur situation avait été difficile, et il fallait en tenir compte. Mais si le plus grand nombre d'entre eux méritaient par leurs services d'être maintenus dans leurs fonctions, tous ou presque tous devaient changer de résidence et ne pas reparaître devant des populations aux yeux desquelles ils se trouvaient compromis. Tous, après un événement aussi considérable que l'élection d'un Napoléon à la tête de l'État par le suffrage universel, devaient recevoir de l'élu du 10 décembre une consécration nouvelle, de nature à leur faire rendre par les populations la confiance qu'ils avaient perdue. Il était, d'ailleurs, impossible d'admettre, en principe, que le nouveau chef du pouvoir exécutif dût se contenter d'accepter des mains de son adversaire, surtout sans changements, sans déplacements, le personnel politique qui, dans un pays constitué comme la France, est l'intermédiaire obligé du gouvernement avec les populations.

Tout cela semblait bien simple et bien clair; mais malgré l'évidence même de la question, ce malheureux M. Léon Faucher, cet esprit pointu et étroit ne voulut entendre à rien. Pour moi, après avoir souvent conféré de ce sujet avec le Prince Président, sur son invitation, je me rendis plusieurs fois auprès du ministre de l'intérieur pour lui soumettre ces considérations; mais tout fut inutile. Au lieu de comprendre qu'il ne s'agissait pas de jeter un blâme sur la conduite de l'administration intérieure, mais de rétablir entre elle et les populations une harmonie qui avait été violemment rompue par un événement d'un ordre exceptionnel, il s'obstinait à n'y voir qu'un blâme contre l'administration, et, se renfermant dans cette théorie banale de la responsabilité ministérielle, qu'il n'y avait de responsable que les ministres, que les préfets et les maires ne faisaient qu'exécuter les ordres des ministres, il répétait, d'accord avec M. Thiers, qu'on n'avait rien à reprocher à ces fonctionnaires, que ceux qui avaient agi contre Louis-Napoléon par les ordres du ministère précédent, agiraient maintenant suivant les instructions des nouveaux ministres avec tout autant de dévouement dans ses intérêts, et qu'en conséquence il ne changerait pas un préfet, pas un maire.

Cette absence de sens politique qui ne se retrouve malheureusement que trop souvent dans nos affaires publiques, cette disposition à vouloir subordonner les sentiments d'un peuple à des doctrines abstraites, comme si l'on pouvait supprimer les passions humaines, cette sottise, en un mot, au fond de laquelle il y avait, d'ailleurs, autant de faiblesse parlementaire que d'aveuglement politique, fut des plus funestes au pays. Elle produisit des effets redoutables et mit la société elle-même dans le plus grand péril.

Et, en effet, dès que l'on vit les divers fonctionnaires de l'administration intérieure qui avaient perdu la confiance des populations, au 10 décembre, rester en place sous le gouvernement de celui qu'ils avaient combattu, le corps électoral commença à se désorganiser. Les habitants des campagnes, surtout, dont le trait caractéristique est la méfiance, ne voyant plus dans les agents de l'autorité politique que des ennemis de leur cause et, par conséquent, n'osant plus se fier à eux, se trouvaient abandonnés sans guides, sans direction, aux manœuvres des partis démagogiques et ne tardaient pas à y succomber. Qu'on se figure, par exemple, une commune dont le maire, nommé précédemment par l'administration du général Cavaignac, avait voté pour ce dernier, tandis que la presque unanimité des électeurs de la commune s'était ralliée avec enthousiasme au nom de Napoléon. Naturellement, le maire, en votant contre le sentiment de la commune, avait perdu sa confiance. Mais les habitants des campagnes n'avaient pas vu dans l'élection du Prince le triomphe de l'ordre seulement, mais le triomphe de leur propre cause. Pour eux, le neveu de l'Empereur c'était le Roi du peuple. Ne comprenant pas que leur maire, bourgeois ou paysan, se fût séparé d'eux sans les trahir, ils le prenaient en haine et en mépris. Irrités d'avoir un pareil maire à la tête de la commune et de ne pouvoir s'en débarrasser, ils perdaient toute confiance en l'administration supérieure.

Cependant, les élections pour l'Assemblée législative approchaient, et c'était le maire, toujours le même maire détesté qui avait à leur faire connaître la liste des candidats approuvés du gouvernement et même du Prince Président. Mais dans leur méfiance, ne croyant plus en leur maire, ils repoussaient sa liste, et quand les ennemis de l'administration leur en présentaient une autre, fût-ce la liste rouge, ils l'adoptaient de préférence. Et c'est ainsi qu'un tiers des départements de la France, de ceux-là même qui avaient le plus acclamé la candidature de Louis-Napoléon, ne nommèrent que des socialistes aux élections générales du 13 mai 1849. Or, si l'on se rappelle la stupeur et les désordres que ce triomphe des démagogues produisit dans les provinces et dans la capitale, et ce qu'il fallut au Prince Président de sagesse, de courage et d'énergie pour y rétablir l'ordre, on se demande ce qui serait arrivé si, dans les deux autres tiers de la France, les éléments conservateurs mieux organisés n'avaient pas eu le dessus. Dans quelle

Jacquerie, dans quel péril la société ne serait-elle pas tombée ?

Voilà donc l'habileté de M. Thiers et des politiques de son école ! Voilà ce qu'ils produisent quand ils substituent à l'intelligence des sentiments et des intérêts d'un peuple des considérations tirées de leurs préoccupations personnelles ! Comme ces peintres du siècle de Louis XIV qui se figuraient les choses du passé sous les formes de leur temps et représentaient les héros de la Grèce et de Rome en perruque et en justaucorps de velours, les hommes d'État de cette espèce, en appliquant au suffrage universel et les usages et les procédés dont ils s'étaient servis jadis avec les électeurs censitaires, faisaient aussi niaisement un anachronisme analogue. S'il importait peu, en effet, aux électeurs censitaires du règne de Louis-Philippe que le même préfet qui leur avait proposé la veille les candidats de M. Molé, leur désignât le lendemain les candidats de M. Guizot, il ne pouvait en être ainsi des grandes masses populaires, et dans une circonstance qui remuait toutes les passions du pays, c'est-à-dire quand il s'agissait non plus d'élire un député, mais de choisir le chef de l'État lui-même. Il est vrai que les ministres du nouveau Président de la République ne pouvaient guère se douter de la répulsion des campagnes pour les adversaires du neveu de l'Empereur, eux qui avaient voté contre lui. C'est qu'en effet, rien n'est plus funeste à une cause que d'en confier la direction à des hommes d'antécédents, de penchants et d'instincts différents de cette cause. On croit faire de la conciliation, et l'on ne produit que la confusion.

Quoi qu'il en soit, nous venons de voir la fausse manœuvre imprimée au gouvernement de l'élu du 10 décembre par les tristes ministres que son isolement l'avait conduit à accepter et le forçait à subir. Dans le cours de ces *Mémoires,* nous en verrons bien d'autres et qui porteront aussi leur enseignement. J'espère qu'en les exposant je ne ressentirai plus les vives souffrances que ces fautes politiques me faisaient éprouver dans le temps. Je me figure, au contraire, que je dois plutôt les raconter avec sérénité, car plus on verra le vaisseau de l'Empire exposé, ballotté, poussé à la côte par des pilotes inconsidérés, et plus éclatera la lumière du phare merveilleux qui, du fond du tombeau des Invalides, le ramène sans cesse en pleine mer et le guide à travers les tempêtes; plus se manifesteront en même temps le courage, la sagesse et les vertus du noble prince que cette grande lumière éclaire.

Chamarande, ce 2 août 1868.

LE COMITÉ
DE LA RUE DE POITIERS

1849

Nous venons de voir la faute grave qui avait désorganisé le corps électoral et les effets funestes qu'elle produisit dans les élections générales de 1849. Mais il manquerait un élément important d'appréciation, si nous ne rappelions au moins sommairement les circonstances au milieu desquelles eurent lieu les élections et l'attitude des partis en vue de cette épreuve.

Obligée de subir l'élu du 10 décembre, qu'elle avait si peu désiré et contre lequel elle avait pris tant de précautions, l'Assemblée nationale ou constituante aurait bien voulu prolonger son existence. Quoique son rôle de pouvoir constituant fût réellement terminé avec la Constitution qu'elle avait achevée et l'élection du Président de la République qui en était le couronnement, elle avait cru trouver un moyen ingénieux de se maintenir indéfiniment en fonction : c'était de se réserver le droit de faire les lois organiques, sous le prétexte que ces lois étaient, de leur nature, un complément nécessaire de la Constitution. Mais la révolte de l'opinion contre cette prétention, l'impopularité dont l'Assemblée elle-même était l'objet, la vivacité et le nombre des adresses qui, de toutes les parties de la France, réclamaient de nouvelles élections, la forcèrent à s'exécuter. Sur la proposition de l'un de ses membres, M. Rateau, et à la majorité de quatre voix seulement, elle fixa donc le terme de ses travaux au 19 mai, pour faire place à la nouvelle Chambre, dite Assemblée législative, dont l'élection faillit jeter la société dans de grands périls.

Si le Président de la République, comme je l'ai exposé plus haut, avait eu auprès de lui un ministère capable et dévoué, il lui aurait été facile de donner aux élections qui se préparaient quelque chose de la tournure du 10 décembre. Mais avec les hommes dont il était entouré, et le maintien en fonction de tous les agents du général Cavaignac, les élections menaçaient de n'être plus qu'une mêlée dangereuse des divers partis déchaînés. En prévision de ce désordre, j'avais conservé en permanence le comité électoral que j'avais fondé rue Montmartre, et que je dirigeais encore, comme vice-président, sous la présidence nominale du vieux général Piat. Les adhésions que nous avions reçues avant et après le 10 décembre nous avaient permis de nouer de nombreuses relations en province et même de constituer des comités correspondants dans la plupart des départements. Grâce au mouvement prodigieux que l'élection du neveu de l'Empereur avait imprimé aux sentiments napoléoniens du pays, le comité de la rue Montmartre avait acquis une importance qui, en présence de l'attitude équivoque des ministres, pouvait devenir précieuse. Par la composition du ministère et surtout par la main cachée qui en dirigeait les mouvements, on pouvait craindre, en effet, que les forces du gouvernement ne fussent uniquement appliquées dans les élections au profit des orléanistes. Je me mis donc à étudier, avec mes collègues du comité, les éléments que nous avions sous la main, pour combattre les tendances du ministère. Ce n'était pas toutefois sans regrets que des amis sincères du Prince Président se voyaient amenés à lutter contre ses propres ministres, lorsqu'un incident nouveau vint heureusement changer cette situation.

Émue des périls que la marche vacillante et inintelligente du ministère commençait à produire dans le pays, quoique n'en voyant pas ou ne voulant pas en voir les vraies causes, la réunion de Poitiers, formée d'une fraction considérable des membres modérés de l'Assemblée nationale, légitimistes, orléanistes ou républicains, commença à comprendre la nécessité de réunir, dans les élections, tous les éléments d'ordre contre le désordre. Dans cette pensée, qui répondait aux préoccupations des amis du Prince, elle forma un comité ou commission exécutive de douze à treize membres, chargés de diriger les élections au profit des partis modérés de toutes nuances. Cette commission se composait du duc de Broglie, du comte Molé, du duc de Noailles, de MM. Thiers, Berryer, de Montalembert, Duvergier de Hauranne, de Rémusat, etc. Mais pour ne pas donner d'ombrage au Prince Président et lui prouver que cette coalition d'opinions n'avait pour objet que de combattre les partis anarchiques, elle lui fit demander de désigner deux autres membres investis de sa confiance. Le Prince approuva la formation de ce comité et désigna, en effet, deux personnes chargées d'y représenter l'élément dont le 10 décembre avait été l'expression. Le premier était l'ancien précepteur du frère aîné de Louis-Napoléon, avec lequel ce dernier avait conservé des relations d'amitié. C'était en un mot ce bon et honnête M. Vieillard, espèce de bourgeois gentilhomme, différent cependant de M. Jourdain en un point, c'est que sa manie, à lui, n'était pas la noblesse, mais l'irréligion et la liberté. Quoique le meilleur, le plus doux, le plus inoffensif des hommes, il tenait absolument à passer pour athée et républicain. Ce farouche républicain s'est du reste peint tout entier, quand élevé au Sénat, après le coup d'État qui, je m'imagine, n'était pas fait en faveur de la République, il vota seul contre l'Empire, mais en restant sénateur de l'Empire. Quant à l'autre, ce n'était qu'un vieil intrigant qui, depuis que le nom de Louis-Napoléon apparaissait sur la scène, s'était mis aux trousses de l'innocent M. Vieillard, pour arriver au Prince par son canal, et y avait réussi, car c'est lui qui, de concert avec le soi-disant républicain son ami, avait jeté le Prince dans les bras de M. Thiers.

J'avoue qu'en dehors de toute considération personnelle, je fus singulièrement surpris de voir le Président choisir pour représenter au comité de Poitiers la cause napoléonienne, deux personnages sans relation avec cette cause et, pour ne rien dire de plus, deux instruments de M. Thiers. Puis, personnellement, j'aurais cru qu'après tout ce qui s'était passé, aucun des amis du Prince n'était plus désigné que moi pour cette mission, et qu'aucun n'y était peut-être aussi préparé. Ce fut ma première déception politique. Depuis j'en ai eu tant et tant que j'y suis devenu insensible. Mais cette première m'atteignit jusqu'au cœur. « Eh quoi! me disais-je, tous les princes sont-ils donc ainsi faits, même celui que je sers et qui de tous peut-être est le meilleur, le plus loyal, le plus digne! Ils profitent des services qu'on leur rend, mais ils ne les reconnaissent qu'à moins d'y être forcés! »

Du reste, je fus bien vengé, car, à l'exception de M. Thiers, qui probablement avait demandé ces deux compères, les membres du comité de Poitiers se récrièrent à la nouvelle des deux noms désignés. Ils allèrent trouver le Prince Président et lui dirent qu'il s'agissait d'une chose sérieuse et non d'une simple affaire de forme; que pour que l'union des bonapartistes et des anciens partis fût capable de porter ses fruits, il fallait qu'il y eût dans le comité un vrai bonapartiste, ayant la confiance de ses amis politiques, et pouvant faire appel vis-à-vis d'eux à l'esprit de concorde qui devait être le mot d'ordre des nouvelles élections; et tous me demandèrent, comme celui des amis du Prince qui était le plus naturellement indiqué. Le Président s'empressa d'ailleurs d'accueillir mon nom, et comme je tenais à être agréable au comité de la rue Montmartre, je demandai de m'adjoindre le général Piat, ce qui fut accepté du Prince et du comité.

Me voici donc appelé, non par la faveur du Prince, mais par la désignation des chefs de parti eux-mêmes, à figurer dans un comité directeur des élections avec les hommes les plus éminents du pays. Je m'aperçus tout d'abord que j'y étais l'objet d'une certaine curiosité; mais ce qui me frappa surtout et ce qui était visible à l'œil nu, c'est que ces beaux principes d'union entre les partis, invoqués par les chefs de ces partis, au nom du salut de la société, étaient beaucoup plus sur leurs lèvres que dans leurs cœurs ; qu'ils n'avaient retiré aucun enseignement des terribles événements qui s'étaient accomplis depuis une année ; qu'ils ne comprenaient rien ou presque rien à la grande leçon du 10 décembre ; et qu'enfin restant avec leurs regrets, leurs ressentiments et leurs espérances, les deux partis légitimiste et orléaniste se reprenaient à lutter sourdement au sein même du comité, pour retirer, chacun à son profit et au détriment de son rival, le plus d'avantages possible des prochaines élections. Puis, je voyais clairement par le soin qu'ils prenaient à me faire signer avec eux toutes les lettres, toutes les recommandations qu'ils adressaient aux comités électoraux de province, qu'ils ne m'avaient appelé là que pour servir leurs propres intérêts de parti, en couvrant d'un nom bonapartiste, et connu comme ami particulier du Prince Président, leurs sollicitations auprès des électeurs du 10 décembre.

Je souffrais de cette situation, mais je n'osais rien dire. Je me sentais retenu par une déférence naturelle envers des hommes éminents dont je ne partageais pas les opinions, mais dont je respectais profondément les personnes. Cependant, comme les sentiments que j'éprouvais bouillonnaient dans mon âme, à la première occasion, ils devaient faire explosion. Un jour, en effet, qu'un des membres du comité, M. de Larcy, présentait à ma signature une recommandation en faveur d'un candidat très connu par son hostilité à la personne du Prince Président, ne pouvant plus me contenir, je repoussai brusquement sa lettre, en m'écriant que c'était trop fort et que je ne signerais pas. Et alors, au milieu de l'étonnement des membres du comité, je pris vivement la parole et à peu près en ces termes, car cette scène m'est restée tellement gravée dans la mémoire que je ne crois pas en avoir oublié un mot, un geste :

« Messieurs, leur dis-je, je m'aperçois que vous vous méprenez étrangement sur les raisons qui m'ont fait accepter l'honneur de faire partie de votre comité. Vous croyez probablement que, dans mon étonnement de me trouver comme le collègue des hommes les plus éminents du pays, ma vanité satisfaite me fait oublier ce que je dois à la cause que je représente ici et à moi-même. Détrompez-vous, messieurs, j'honore vos personnes, je respecte au plus haut degré l'illustration qui s'attache à vos noms; mais je suis dévoué à une grande cause, et aucune considération personnelle n'est capable de me la faire trahir. Je tiens donc à vous dire pourquoi je suis ici; pourquoi je viens contribuer à une alliance entre les partis monarchiques, autrement dits les éléments d'ordre du pays.

« Et d'abord permettez-moi de m'affranchir devant vous de toute hypocrisie politique. Je ne suis pas plus républicain que vous. La République est un fléau pour la France. Il importe de l'en délivrer. Mais comment? Chacun de vous a son remède tout trouvé, et c'est tout naturel. Eh bien! j'ai aussi le mien, c'est l'Empire et je vais dire pourquoi :

« Le malheur de la Révolution française, c'est d'avoir été une lutte sociale, une guerre de classes, la plus terrible des guerres, où tour à tour noblesse, bourgeoisie et peuple noyés dans le sang, ont été les victimes de leur antagonisme. La gloire de l'Empereur, c'est d'avoir reconstitué le pays sur le principe de l'unification des classes, d'avoir fait avec des débris dispersés çà et là une société nouvelle, un seul peuple, une seule classe de citoyens. Mais après lui, lorsque sa main puissante n'a plus été là pour continuer son œuvre, la guerre sociale a recommencé. Quand la noblesse était au pouvoir sous les Bourbons, elle avait contre elle la bourgeoisie et le peuple et elle succombait sous les efforts combinés des deux dernières classes; quand la bourgeoisie parvenait à son tour aux affaires, avec les Orléans, attaquée par en haut et par en bas, elle croulait également dans l'abîme; enfin quand le peuple est parvenu, lui aussi, à s'emparer directement du gouvernement sous la République, cette dernière rencontre contre elle les deux premières classes et elle est vaincue d'avance; car à l'heure qu'il est, si elle existe encore de nom, elle n'existe plus de fait. Or, qu'arriverait-il si le triomphe soit des légitimistes, soit des orléanistes, soit des républicains, ramenait avec le triomphe momentané d'une classe la guerre sociale qui a été si funeste au pays? Que deviendrait la France si elle rentrait dans ce cycle fatal?

« Voyez, au contraire, les avantages considérables que présente pour constituer le pays la situation de l'élu du 10 décembre : de sa personne il arrive seul, sans engagements, sans parti, car avant lui la société était divisée en ces trois partis seulement : légitimistes, orléanistes, républicains, correspondant aux trois classes de la société, et il n'y avait pas de parti bonapartiste. Son triomphe n'est donc le triomphe d'aucun parti, et par conséquent tous les partis peuvent l'accepter sans s'humilier. Il offre d'ailleurs à chacun d'eux, sinon la satisfaction de toutes ses aspirations, du moins des principales. Pour les légitimistes ce n'est pas, il est vrai, la légitimité, la suite non interrompue de nos rois, mais c'est une monarchie, une quatrième dynastie nouvelle sans doute, mais dont le nom est déjà aussi éclatant que le vieux nom de Bourbon. Pour la classe moyenne, ce n'est pas cette domination de la bourgeoisie, si dangereuse pour elle-même, mais c'est la sécurité des intérêts, le triomphe absolu de l'ordre, et le règne d'une sage liberté ; enfin pour les masses populaires, si la forme républicaine n'est pas conservée, ce dont elles s'inquiètent peu, du reste, c'est toujours la démocratie couronnée, car c'est le roi du peuple, comme l'a montré le 10 décembre. Il y a donc incontestablement dans la cause napoléonienne, et dans cette cause seulement, un principe capable de rallier et d'unir, avec le temps, les trois partis, les trois classes, et par conséquent de terminer enfin la Révolution française.

« Eh bien! messieurs, voilà la raison de ma foi politique. Sans la conviction que le nom de Napoléon peut seul rétablir l'harmonie entre les classes, jamais je n'aurais pensé à disputer aux héritiers de nos anciens rois leur place légitime. J'honore et je vénère la maison de Bourbon. Je gémis de penser que son illustre représentant, M. le comte de Chambord, soit forcé de vivre en exil. Je déplore également que la destinée condamne au même sort les jeunes princes de la maison d'Orléans, qui seraient si dignes de servir la France. Mais les sentiments les plus nobles ne peuvent changer la logique des situations. Quoi qu'on puisse faire ou dire, la branche aînée de Bourbon ne représente que la noblesse, la branche cadette que la bourgeoisie, et par conséquent le triomphe de l'une ou de l'autre serait la continuation inévitable de la guerre sociale en France.

« Maintenant, messieurs, je n'ai pas ici mission de chercher à faire un parti bonapartiste. Dieu m'en garde ! car ce ne serait qu'introduire un élément de dissolution de plus dans le pays. Ce à quoi j'aspire, c'est d'obtenir une Chambre composée d'éléments modérés tirés des trois partis : légitimistes, orléanistes et républicains. Si l'idée que je sers est juste, elle fera son chemin d'elle-même. Dès que les trois partis, les trois éléments d'ordre auront triomphé des éléments anarchiques qu'il faut détruire absolument, la force des choses les divisera probablement. Mais du sein de ces trois partis sortira inévitablement un parti du gouvernement formé des plus raisonnables, qui, se donnant la main et se faisant chacun un sacrifice de leur principale préférence, réaliseront la pensée fondamentale du 10 décembre. Et dès que ce parti sera constitué, dès que Louis-Napoléon ne sera plus seul, plus isolé au milieu de tant d'éléments discordants, fort des sympathies des masses populaires, il sera infailliblement le maître.

« Nous allons donc faire ensemble la campagne contre les socialistes et les démagogues, après il dépendra de vous de suivre ou de ne pas suivre la voie qui vous est ouverte par le neveu de l'Empereur. Si vous venez à lui vous serez les bienvenus; si vous devenez un obstacle, j'ai la conviction profonde que vous serez écartés. Voilà, messieurs, pourquoi je suis ici. »

Pendant que je faisais cette déclaration de principes qui, assurément, ne pouvait être du goût de tout le monde, je remarquais que la plus grande partie des membres du comité m'écoutaient avec une attention singulière, et plusieurs avec une sorte d'intérêt produit sans doute par cette franchise un peu osée et tout au moins inattendue. Seul, M. Thiers affectait de parler à son voisin, M. Duvergier de Hauranne, et en faisant semblant d'être occupé à écrire une lettre. Quand j'eus fini, M. le comte Molé, avec une bienveillance dont je fus pénétré, dit que ce n'était pas le lieu de répondre à des considérations de cette nature, mais que quel que fût le mérite de ces considérations, il y avait dans le sentiment qui les inspirait quelque chose de franc et de loyal à quoi il était impossible que le comité ne fût pas sensible, et que, pour son compte, il m'en remerciait sincèrement. Je remarquai aussi que M. le duc de Broglie approuvait du geste et de la voix chaque parole de M. Molé. Enfin, il était évident que cette explication de ma position avait produit son effet. Dès ce moment je m'aperçus qu'on accordait beaucoup plus d'attention à mes observations, qu'on accueillait très aisément les noms que je proposais pour les listes électorales et qu'on insistait peu pour y maintenir ceux que je croyais devoir combattre.

Une autre circonstance contribua à augmenter l'action que je commençais à exercer sur le travail du comité. Ce n'était pas là que j'avais professé pour la première fois la doctrine de ne pas faire un parti bonapartiste, c'est dès le commencement de la formation du comité de la rue Montmartre. « Bonapartistes de la veille, avais-je dit et écrit, soyons les premiers à renoncer aux distinctions de parti. Ce n'est pas à créer un nouveau parti que nous devons songer, mais à réunir en un seul faisceau les divers partis existants. Cherchons donc à rallier autour du neveu de l'Empereur les hommes honnêtes et dévoués sans nous inquiéter de leur origine légitimiste, orléaniste ou républicaine. Méfions-nous surtout de ceux qui nous diront qu'ils ont toujours été bonapartistes, car cela ne saurait être vrai. Il n'y avait pas de parti bonapartiste avant le 10 décembre. »

Or, le comité de la rue Montmartre, s'inspirant de cette idée, avait fait un travail très sérieux, rempli de faits et de renseignements utiles sur les influences départementales et les candidats possibles. Le comité de Poitiers, à qui j'avais apporté ce travail, ne l'avait accueilli d'abord qu'avec une défiance mal dissimulée. Mais en voyant peu à peu dans quel esprit le travail avait été fait, ces messieurs commencèrent à y prêter plus d'attention et finirent par s'en rapporter le plus souvent, en cas de contestation, aux renseignements de la rue Montmartre. C'est ce qui faisait dire en riant à M. Achille Fould qui, avec son habileté particulière, avait su se faire nommer du comité par la réunion de Poitiers, et qui assistait à tout cela avec son scepticisme habituel, que le prince Louis-Napoléon devrait me nommer grand électeur.

Malheureusement, ce que nous faisions était vicié d'avance par la faute impardonnable de M. Léon Faucher et de ses collègues, qui, en laissant sans changement et sans déplacement les fonctionnaires du gouvernement républicain vis-à-vis des électeurs du 10 décembre, en maintenant les populations en état de défiance vis-à-vis de l'administration, allaient livrer les élections au hasard. Mais, du moins, j'eus la satisfaction d'avoir introduit dans celles des listes du parti de l'ordre qui réussirent la plupart, des hommes honnêtes et dévoués qui formèrent, dans l'Assemblée législative, les soutiens fidèles du Prince Président et contribuèrent si puissamment par leur attitude et leur fermeté au triomphe définitif de sa cause.

Villers-sur-Mer, 15 septembre 1868.

LE
MARÉCHAL BUGEAUD
1849

Avant d'aller plus loin et pour faire comprendre les commencements si difficiles de la présidence de Louis-Napoléon, il faut encore reprendre les choses à une époque antérieure aux élections. Un parti organisé et dirigé par une classe d'hommes détestables, sorte de malfaiteurs déguisés sous le masque de la politique, le parti démagogique en un mot, terrassé aux journées de juin, vaincu d'une manière plus significative au 10 décembre et devenu l'objet d'une réprobation universelle, n'avait pas cependant abandonné ses prétentions. Un mois après l'élection du Président de la République, il se croyait encore en état de reparaître sur la scène, de disputer le pouvoir à celui que six millions de suffrages avaient élevé sur le pavois et que tout un peuple entourait de ses sympathies. M. Ledru-Rollin, digne coryphée de ce parti, avocat éloquent, mais sans portée, aussi faible de cœur qu'audacieux d'esprit, cet homme tellement perdu, ruiné dans l'opinion que l'aveu seul de son amitié avait suffi pour détruire, en un jour, la popularité de M. de Lamartine, osait braver le Président de la République. Profitant de l'agitation qu'un projet de loi contre les clubs avait produite parmi les clubistes de Paris et du mécontentement que le licenciement d'une partie des gardes mobiles avait fait naître parmi ces jeunes gens, poussé d'ailleurs par les furieux de son parti, qui avaient résolu de tenter une nouvelle insurrection dans la capitale, le chef des démagogues ne craignit pas d'en donner le signal. Comme il se rappelait que c'était la proposition de mettre les ministres en accusation qui, aux journées de Février, avait mis le feu aux poudres, il s'imagina que la répétition de la même manœuvre allait produire des effets semblables, et, en conséquence, il déposa, le 27 janvier, sur le bureau de l'Assemblée un projet de mise en accusation du ministère.

Tout cela n'était guère sérieux. Quand l'opinion publique est soulevée contre un gouvernement, que la défiance, que la désaffection est générale, une minorité factieuse, même numériquement très faible, mais organisée, peut, il est vrai, en prenant l'initiative d'un coup de main, réussir à provoquer l'explosion du mécontentement public. Mais dans les circonstances où se trouvait la capitale, le lendemain de la victoire éclatante de l'ordre, quand la population satisfaite et pleine d'espérances dans le nouveau chef qu'elle venait de se donner, ne cessait de manifester sa joie de l'heureuse transformation accomplie dans le gouvernement, la tentative des démagogues n'était qu'un ridicule anachronisme. Et, en effet, devant l'attitude des troupes, dans la journée du lendemain 28, devant les dispositions du général Changarnier et l'enthousiasme de la population sur les pas du Prince Président parcourant à cheval les rues de la capitale, l'insurrection avortait même sans combat, écrasée sous le poids de la réprobation publique. Mais à ce sujet une circonstance curieuse mérite d'être rapportée.

La veille de cette déroute des démagogues et après la scène plus ou moins violente qui s'était passée à l'Assemblée pour ce misérable projet de mise en accusation des ministres, comme il y avait quelque inquiétude dans les esprits, le Prince m'envoya chez M. Thiers pour lui demander, de sa part, ce qu'il pensait de l'incident soulevé par M. Ledru-Rollin. J'arrivai chez M. Thiers à neuf heures du soir et je demandai à le voir en particulier; il me reçut dans une pièce du bas de sa maison et me laissa voir, en entrant, un trouble d'esprit qui me frappa tout d'abord. Je vivrais cent ans que je me rappellerais cette scène inouïe : « Ce pays est perdu, me dit-il avec l'expression d'un découragement et d'un abattement sans nom. Nous allons tomber dans une anarchie épouvantable. L'Assemblée est dominée par les clubs de Paris, Ledru-Rollin est le maître de la situation; dans huit jours nous aurons la Terreur et les échafauds. » Et comme je me récriais et que j'essayais de le ramener à une appréciation plus exacte de la situation : « Non, reprit-il, il ne faut pas s'abuser. Dites au Prince que je le plains, mais que je ne puis rien pour lui.

— Mais, lui dis-je de plus en plus frappé d'étonnement, n'avez-vous donc aucun conseil à donner au gouvernement dans une circonstance qui vous paraît si grave et qui, pour moi, je vous l'avoue, est une tempête dans un verre d'eau ? »

Alors se recueillant un moment il ajouta : « Dites au Prince que je l'engage à faire venir de suite de Lyon le maréchal Bugeaud et à proposer à l'Assemblée de se transporter dans une ville de province, à Châlons ou à Orléans, hors de l'action des clubs et sous la protection de l'armée. — Mais, lui répondis-je, d'ici à ce que le maréchal Bugeaud puisse arriver à Paris, la crise actuelle sera finie. Car c'est demain que l'insurrection doit éclater, et je ne doute pas, du reste, que tout ne soit terminé demain soir. » — Et je le quittai dans un état de surprise inexprimable.

Voilà donc, me disais-je à moi-même, ce que produisent nos absurdes institutions. Dès l'instant qu'un homme a un grand talent de parole, qu'il peut parler pendant trois heures devant une assemblée charmée, ravie de son esprit, qu'il est, en outre, capable d'approfondir, de développer et de présenter une question sous toutes ses faces, cela suffit. Le pays, aveuglé par ces dehors brillants, est convaincu qu'il y a, dans cet orateur, la valeur d'un grand homme d'État; il s'abandonne à lui et court à sa suite même jusqu'à l'abîme, sans se demander un instant s'il y a réellement dans cet homme d'esprit le coup d'œil, la fermeté, la décision, le caractère, en un mot, propre à dominer les circonstances difficiles. Voilà, par exemple, M. Thiers : en moins d'une année il commet deux fautes énormes. En février 1848, sans aucune crainte de la révolution, il l'appelle à son aide, s'imaginant la maîtriser de son regard ou de sa parole, et, en janvier 1849, dans son trouble et son effroi à la vue d'une minorité factieuse, il lui livrerait le pays, si le pays était encore dans ses mains funestes. C'est ainsi, pourtant, que l'on perd les empires et les sociétés. Soit que faute de coup d'œil on n'aperçoive pas le péril, soit que faute de courage on s'en exagère les proportions, le résultat est le même. Un danger qu'on ne voit pas grandit vite, et, à son tour, le fantôme d'un danger qu'évoque la peur devient bientôt une réalité. C'est, en effet, ce qui arriva. Après avoir passé vis-à-vis de la Révolution d'une confiance exagérée à une crainte non moins déraisonnable, M. Thiers, devenu le conseiller du premier ministère de la Présidence, n'osa ni faire révoquer, ni faire changer les fonctionnaires du parti républicain, et cette faiblesse ne tarda pas à créer un danger sérieux. Au 27 janvier il s'épouvantait d'un fantôme, mais quelques mois après, les conséquences de sa faiblesse faisaient, à leur tour, du fantôme une réalité.

Quoi qu'il en soit, de retour à l'Élysée, je rendis compte au Prince Président de ma singulière entrevue avec M. Thiers. Je pensais qu'il allait être aussi étonné que moi d'une pareille aberration. Nullement. Il me dit que cela ne le surprenait pas ; qu'il avait toujours pensé que M. Thiers, quoique si remarquable par son esprit, n'avait pas de caractère ; que mobile et impressionnable comme un artiste, il n'obéissait qu'aux impressions du moment ou à des mobiles personnels ; qu'il le jugeait, par conséquent, incapable de dominer des circonstances difficiles.

Mais, alors, pensai-je en moi-même, comment se jeter dans les bras d'un homme d'une nature si dangereuse ? Comment tenir tant à ses avis ? Et ici se révèle un trait de caractère du Prince que j'ai servi toute ma vie avec trop de dévouement et trop de respectueuse affection, pour ne pas avoir acquis le droit d'en parler loyalement sans manquer à la vérité de l'histoire. Depuis qu'il gouverne le pays, c'est-à-dire, à l'heure qu'il est, depuis près de vingt ans, en voyant les hommes dont il était entouré ou ceux auxquels il accordait sa confiance, on a dit bien souvent, pour expliquer certains choix et certaines anomalies de conduite, tantôt qu'il ne connaissait pas les hommes, tantôt qu'il les méprisait. Je suis convaincu que c'est une double erreur. Ce Prince connaît parfaitement les hommes, il apprécie très bien leurs qualités, leurs talents, leurs défauts ou leurs vices. Il pourrait faire le portrait de tous les hommes qu'il a connus, jusqu'à leurs moindres ridicules, leurs moindres faiblesses. Sauf ces erreurs d'engouement ou de répulsion irréfléchies que chacun peut commettre à première vue, mais qui dans un esprit droit se rectifient bien vite, je l'ai toujours trouvé parfaitement clairvoyant, parfaitement intelligent des caractères, et je dirais même d'une perspicacité à pénétrer les gens jusqu'au fond de l'âme. Pareillement, en ce qui concerne ce prétendu mépris des hommes, rien n'est fondé. Il sait très exactement faire la distinction entre les hommes d'un esprit noble, élevé, et les natures basses ou vulgaires ; il honore les uns et méprise les autres autant que qui que ce soit. S'il a à demander un acte de générosité ou de dévouement, il sait très bien à qui s'adresser; s'il avait, au contraire, à faire connaître une action basse, une lâcheté, il se garderait bien d'en faire la proposition à la même catégorie d'hommes. En un mot, il a l'esprit droit comme le cœur, et le cœur honnête comme l'esprit. Mais tout cela se passe, si je puis m'exprimer ainsi, plutôt dans la théorie que dans la pratique des choses, plutôt dans le monde idéal où la noblesse de son âme se plaît à habiter, que sur le terrain positif où son esprit est forcément ramené par les exigences de la vie politique; car alors tout semble lui être indifférent. Soit effet d'un tempérament flegmatique, soit paresse d'esprit, quand il s'agit de peser, pour déterminer un choix, le poids des qualités et des défauts comparés, il est certain que le hasard semble avoir une grande part dans ses calculs. A force de voir, dans la pratique, que les hommes ont les défauts de leurs qualités et les qualités de leurs défauts, on dirait que, fatigué d'en chercher la résultante, il en laisse le soin à la Providence. Pour moi, j'ai toujours pensé que son indifférence dans le choix des hommes provenait du sentiment qu'il a de sa propre perspicacité. Convaincu qu'il peut aisément deviner les mobiles secrets des actions ou des paroles de ceux qui l'entourent, il croit n'avoir rien à redouter pour lui-même du milieu où il se place. En cela je crois qu'il se trompe, car ni lui ni personne ne peut se soustraire entièrement aux influences de cette nature; et quand il pourrait s'en affranchir lui-même, il n'en n'affranchirait pas l'État. Ainsi, en ce qui concerne M. Thiers, le Prince a pu croire que, le connaissant bien, il pouvait se garantir de ses erreurs ou de ses embûches; et malheureusement il a, plusieurs fois, comme nous le verrons, subi, sans s'en douter, sa funeste influence. Puisque le nom de M. Thiers revient si souvent ici et pour être l'objet d'une critique si vive de ma part, je dirai, une fois pour toutes, que je n'ai jamais eu aucun sujet d'irritation personnelle contre lui; que, dans le souvenir des relations que j'ai pu avoir avec lui, il n'est pas resté, dans mon esprit, l'ombre d'un ressentiment contre lui; et qu'enfin la sévérité de mon jugement ne vient que du fond de ma conscience d'homme politique et de citoyen.

Et maintenant, pour revenir à mon sujet, si, au commencement de l'année, les terreurs de M. Thiers au sujet des démagogues s'étaient montrées sans fondement, si, pendant plusieurs mois, au milieu du calme rétabli dans Paris, elles s'étaient dissipées, elles allaient se ranimer, et, cette fois, avec raison, en même temps que les conséquences de la fausse manœuvre politique de ses amis du ministère devaient se produire. Et, en effet, à mesure que nous approchions des élections, on s'apercevait, mais trop tard, qu'il y avait un mal grave dans le pays, que le mécontentement des campagnes avait réveillé les espérances des hommes de désordre. On commençait à redouter que la démagogie n'eût une action considérable sur les élections. En présence de ce nouveau péril, les ministres, comme M. Thiers, se reprenaient donc à prononcer le nom du maréchal Bugeaud. L'homme éminent dont M. Thiers avait repoussé les services en février 1848, redevenait le point lumineux de ces esprits obscurcis par la peur. Les ministres sentant leur faiblesse voulaient s'appuyer sur une illustre épée, et ils réclamaient, en conséquence, à grands cris du Prince Président que le maréchal fût appelé au ministère de la guerre.

Pour moi, je combattais énergiquement ce projet. Je soutenais que, si les élections devaient réveiller les passions anarchiques, ce n'était pas au dedans, mais au dehors de l'Assemblée, qu'il fallait fortifier l'action protectrice du gouvernement; que le salut de la société, si elle venait à être menacée de nouveau, n'était pas dans la Chambre, mais dans l'armée; que le véritable danger public c'était que les soldats, au milieu de populations égarées par des doctrines funestes, ne se laissassent entraîner par la contagion de l'exemple; que, pour les maintenir dans le devoir et la discipline, il était infiniment plus important de laisser directement à la tête des troupes un chef aimé, respecté des soldats, que de l'employer à diriger les bureaux d'un ministère ou à faire des discours à la Chambre ; que la présence du maréchal Bugeaud à Lyon, à la tête de l'armée des Alpes et pouvant, suivant les circonstances, donner la main au général Changarnier, commandant l'armée de Paris, était mille fois plus rassurante pour la société que sa parole à la tribune ; que, d'ailleurs, ni l'un ni l'autre de ces deux généraux n'avait besoin, pour couvrir sa responsabilité, d'une illustration militaire dans le cabinet ; que le moindre général bureaucrate suffisait à leur transmettre les ordres du gouvernement, et qu'enfin désorganiser, décapiter, à la sollicitation de ministres timorés, la grande armée si heureusement et si vigoureusement organisée à Lyon, c'était créer la possibilité d'un péril pour rassurer des poltrons.

Après une lutte assez longue le ministère finit par l'emporter, et il fut décidé qu'on allait appeler le maréchal Bugeaud au ministère de la guerre ; mais le Prince Président était, au fond, de mon avis, car c'est moi qu'il désigna pour aller à Lyon en conférer avec le maréchal, ce qui voulait dire évidemment que ce dernier déciderait la chose lui-même.

Je partis donc pour Lyon la veille même des élections. Arrivé à Chalon-sur-Saône, où je devais passer la nuit pour attendre le départ du bateau, car le chemin de fer de Lyon n'était pas encore terminé, je fus surpris de l'effervescence de la population. Des groupes animés parcouraient les rues avec le drapeau rouge et faisaient retentir l'air des cris de : *A bas les blancs! Vive la République démocratique et sociale!* La ville, en un mot, était au pouvoir des démagogues, et, ce qu'il y avait de plus fâcheux, c'est qu'un certain nombre de soldats d'un régiment de hussards en garnison dans cette ville fraternisaient avec la canaille avinée. Tout cela n'était grave qu'en un point, c'est que par cette démonstration violente les démagogues voulaient influencer les élections en intimidant les bons citoyens; ce qui arriva en effet, car toute la liste rouge passa avec d'énormes majorités dans tout le département. Mais ce qu'il y avait de vraiment déplorable, c'était l'attitude des autorités. M'étant rendu, en arrivant, à la sous-préfecture, j'y trouvai le préfet, le sous-préfet, le général Morris, commandant la subdivision, le procureur de la République, etc. Tout ce monde était atterré et avait comme perdu la tête; mais je dois dire que le désarroi venait surtout de l'autorité militaire qui, par ses hésitations, ses incertitudes, par une série d'actes contradictoires, d'ordres, de contre-ordres et de concessions à l'émeute, avait surexcité l'audace des agitateurs et démoralisé le régiment de cavalerie qu'elle avait à sa disposition. Chose singulière, le général Morris, qui commandait la subdivision, était un très brave officier qui jouissait dans l'armée, et avec raison, d'une grande réputation de bravoure; mais, évidemment, il lui manquait le courage politique, autrement dit, le courage de la responsabilité. Il chercha toute la soirée à me prouver, mais sans y réussir, qu'il avait fait tout ce que les circonstances lui avaient permis de faire. Il aurait, assurément, bravé mille morts pour faire son devoir, mais, à chaque incident, il avait vu tant d'inconvénients, tant de difficultés, tant de dangers publics, qu'au milieu de toutes les considérations qui s'étaient présentées à son esprit, il n'avait jamais su à quoi s'arrêter. Homme d'esprit, il trouvait une foule de raisons spécieuses pour justifier son inaction, ses contradictions, ses contre-ordres et, partant, l'humiliante situation qu'il avait faite à l'autorité. Mais, ce qui dominait toutes les justifications, c'est qu'il avait manqué de résolution. Je me rappelle que, quand il fut sorti, je dis au préfet, M. Cerfbeer : « Vous voyez ce général, il est certainement un homme distingué; eh bien ! soyez sûr que s'il arrive jamais à un commandement supérieur, faute du courage de la responsabilité, il se montrera au-dessous de sa tâche. » J'étais si convaincu de la justesse de cette observation que, dix ans après, au moment où éclatait la guerre d'Italie, apprenant que le général Morris avait le commandement en chef d'un grand corps de cavalerie, je me permis d'exprimer à l'Empereur les appréhensions que ce choix me faisait éprouver, et je lui racontai à ce propos les scènes qui s'étaient passées à Chalon-sur-Saône en 1849. L'Empereur n'attacha pas une grande importance à cette observation, pensant que la politique et la guerre sont deux choses différentes. Pour moi j'étais et je suis resté convaincu du contraire. Tous les militaires, même les plus braves, que j'ai vus irrésolus, indécis, incapables d'une décision en politique, se sont montrés tels dans de grands commandements militaires; tous ceux que j'ai vus décidés en politique l'ont été pareillement à la guerre, et j'aurai l'occasion d'en citer des exemples éclatants. Quant au général Morris, on sait ce qui lui arriva à Solférino. Le soir de la bataille, il était à Cavriana avec tout le corps de cavalerie de réserve qui n'avait pas donné de la journée. S'il eût envoyé quelques escadrons pour reconnaître l'armée autrichienne et savoir ce qu'elle faisait, il aurait su qu'elle était en pleine retraite sur le Mincio, marchant en colonnes serrées, embarrassée de bagages et engagée dans des défilés. Or, avec la moitié de sa cavalerie, il pouvait enlever une grande partie de l'artillerie ennemie, faire trente à quarante mille prisonniers et changer en désastre la défaite des Autrichiens.

Mais, paralysé par la crainte de la responsabilité, son esprit irrésolu ne put jamais se décider à ce parti sans avoir des ordres absolus.

Enfin j'arrivai à Lyon. La consternation y régnait; le triomphe des démagogues s'y annonçait de la manière la plus bruyante et la plus menaçante pour la sécurité publique. Le préfet, M. Tourangin, homme de mérite et d'expérience, avait fait tout en son pouvoir pour prévenir une situation pareille; mais effrayé, épouvanté, n'ayant pas le caractère propre à faire face à de tels périls, il ne cherchait qu'un moyen honnête de se démettre de ses fonctions. Quoique sa figure démentît ses paroles, il me disait que sa santé était ruinée, qu'il n'était plus en état de s'occuper d'affaires, et me suppliait d'écrire au Prince Président de lui envoyer un successeur. Il y a bientôt vingt ans de ce temps, et quand je le vois au Sénat toujours alerte et vigoureux, je ne puis m'empêcher de me rappeler cet incident. Je ne le cite, du reste, que pour montrer à quel point la terreur s'était emparée des âmes. Tel était l'état des esprits qu'il était impossible dans toute la ville de trouver à changer un billet de banque. L'argent avait disparu. Cette malheureuse cité se croyait à la veille du pillage.

Mais si l'attitude du préfet et de la plupart des autorités laissait voir l'inquiétude produite dans cette grande cité par le triomphe des démagogues, il n'en était pas de même du maréchal Bugeaud. A son calme, à sa sérénité, il eût été impossible de se douter de l'état des choses. Le maréchal avait établi son quartier général à l'extrémité du faubourg de la ville, près des forts qui dominent la Croix-Rousse. Il m'y reçut avec cette bienveillance et cette simplicité qui indiquent tout d'abord un homme supérieur. On sent le lion qui n'a pas besoin de prendre des attitudes pour inspirer le respect. Je lui rendis compte tout d'abord de l'objet de ma mission, mais sans lui cacher mon opinion personnelle sur la proposition que j'étais chargée de lui faire. Je développai, au contraire, cette opinion avec d'autant plus de conviction que ce que je voyais depuis mon départ de Paris ne faisait que m'y confirmer davantage; j'exposai d'ailleurs devant lui la situation tout entière telle que je la comprenais, l'isolement et l'impuissance de l'élu du 10 décembre faute d'hommes capables de tirer parti, au profit de la société, du prestige du nom de Napoléon sur les masses. Je lui rendis compte de l'attitude de M. Thiers et de ses amis, des fautes monstrueuses commises par l'administration intérieure, des luttes que j'avais soutenues en vue des dangers que je prévoyais; je m'attachai surtout à lui faire connaître, apprécier et estimer le caractère du Prince Président, contre lequel il n'avait eu jusqu'alors que des préventions; enfin persuadé qu'un homme de cette nature était avant tout dévoué à son pays et bien au-dessus des misérables calculs de parti, je lui ouvris mon âme tout entière, sans me demander s'il était ou n'était pas resté orléaniste.

Je ne sais ce qui se passa dans l'âme du maréchal, en écoutant cet exposé intime d'une situation nouvelle pour lui, mais je vis bien que ma franchise avait gagné sa confiance. En ce qui concernait la mission dont j'étais chargé auprès de lui, il répondit tout d'abord qu'il partageait mon avis, qu'il se sentait naturellement plus à sa place au milieu d'une armée qu'au sein d'un ministère, plus en état de servir son pays à la tête des troupes qu'à la tribune; mais que jamais proposition ne lui avait paru plus inopportune, car il s'agissait en ce moment d'agir et non pas de parler. Et alors il me communiqua les tristes nouvelles des élections. Ce n'était pas seulement dans la ville de Lyon et dans le département du Rhône, mais dans tous les départements voisins, que la liste des rouges menaçait de l'emporter. Les populations, sourdes aux conseils de l'administration et dans un état de défiance inouïe vis-à-vis des fonctionnaires publics, acclamaient partout les listes rouges. Le cri de : *A bas les blancs!* poussé dans les villes et dans les campagnes bouleversait toutes les têtes.

Si aux yeux des habitants des campagnes l'administration avait paru l'expression du 10 décembre, si cette administration leur avait inspiré la moindre confiance, ce cri de : *A bas les blancs!* emprunté aux souvenirs de la Restauration, fût resté certainement sans écho, sans signification, sans portée. Mais dans l'état de défiance où se trouvait le peuple des campagnes comme des villes, persuadé qu'on voulait escamoter sa victoire du 10 décembre, l'annuler et la tourner contre ses intérêts, ce cri réveillait en lui toutes les passions bonnes et mauvaises de la Révolution. La haine contre la noblesse, la défiance vis-à-vis des classes riches, les souvenirs de l'invasion étrangère, tous les sentiments produits par nos bouleversements antérieurs se confondaient dans l'esprit des masses avec les aspirations nouvelles que des doctrines funestes répandaient partout. Les meneurs de la démagogie triomphaient donc du déplorable malentendu existant entre les populations et l'administration. Or, il n'était pas douteux que le triomphe réel ou apparent du socialisme dans les campagnes des départements voisins allait créer à Lyon une situation des plus dangereuses. La présence du maréchal à la tête de son armée, au milieu d'une immense population ouvrière toujours prête à s'agiter, était donc devenue plus nécessaire que jamais.

Après une longue conversation sur ce sujet, je me disposais à prendre congé du maréchal et à repartir pour Paris; mais le maréchal s'y opposa. Déjà il avait envoyé chercher mon bagage à l'hôtel et l'avait fait placer chez lui. Il me dit que, d'après la tournure que prenaient les élections et l'état violent des esprits à Lyon, il ne s'agissait de rien moins que d'un commencement de guerre civile; que si, en effet, les nouvelles des autres départements ne faisaient pas contrepoids à celles des départements voisins, c'était une épouvantable convulsion qui se préparait pour la France; que, dans ce cas et au milieu de circonstances si graves, il serait bien aise d'avoir auprès de lui un ami du Président de la République, pour témoigner au besoin de la loyauté et de la droiture de sa conduite. « D'ailleurs, ajouta-t-il en riant, je vois dans vos yeux que si les choses en arrivaient là vous ne seriez pas fâché de reprendre votre ancien métier de hussard et de faire campagne avec moi. » Et il ajouta qu'il avait un bon sabre et un excellent cheval à ma disposition. J'acceptai donc avec empressement une invitation si bienveillante, et, en conséquence, je me trouvai bientôt installé chez lui, dans l'intérieur de sa famille, au milieu de son quartier général et comme si je faisais partie de son état-major. Enchanté d'avoir l'occasion de faire la connaissance plus intime du maréchal, je voyais d'ailleurs un avantage pour la cause que je servais à me trouver auprès d'un homme de cette valeur, si de graves événements venaient à se produire autour de lui.

Au bout de quelques jours de vie commune, d'intimité véritable et d'entretiens fréquents, ce que je savais déjà du maréchal par des amis communs se dessinait devant moi en traits plus nets et plus saisissants. Cet homme de guerre aux formes robustes, à la stature élevée, à la figure austère mais tempérée par une bonhomie singulière, frappait tout d'abord par son air d'extrême simplicité. L'absence de toute recherche dans ses vêtements, pris comme au hasard et souvent fort peu confortables, laissait voir qu'il n'avait aucun souci de bien-être ou de paraître. Le contraste de cet oubli de lui-même avec le soin qu'il prenait de tout le monde autour de lui le peint d'ailleurs tout entier. Je comprends qu'il ait été si aimé des soldats. Le reste était à l'unisson. La négligence de son parler, sa manière de couper, de tronquer ses phrases ou de les laisser inachevées s'il voyait qu'on avait compris, tout en lui révélait l'absence de ces mille prétentions où se prélassent les petites âmes. A côté de sa dignité naturelle et de celle que donne l'habitude du commandement, sous cette écorce un peu rude qui tenait peut-être plus du Gaulois que du Franc ou du Romain, il avait le naturel qui s'allie si bien à la dignité. Cette union qui constitue, du reste, la véritable distinction parmi les hommes de tous rangs et de toutes nations apparaissait dans les moindres détails de sa vie intime. Mais c'est surtout dans ses conversations sérieuses en matières de politique et de guerre ou dans ses récits militaires que se montraient, avec une sorte de grandeur antique, ce bon sens, cette netteté, cette sûreté de jugement, dégagé de parures et d'ornements inutiles et dont tout le monde était frappé, ce sentiment noble et généreux qui s'appliquait à toutes choses, enfin cette fermeté inébranlable qu'on sentait derrière les délicatesses de son cœur. Mais je n'ai pas la prétention de faire ici un portrait à la manière des maîtres de style. Je me résumerai donc en disant qu'on trouvait en lui la naïveté d'un enfant, la raison d'un sage et l'âme d'un héros. Aussi puis-je dire que les huit jours que j'ai passés auprès du vainqueur d'Isly comptent parmi les plus intéressants, les plus heureux de mon existence.

Ce mot de « vainqueur d'Isly », ce souvenir d'Afrique me rappelle, du reste, une circonstance curieuse. Un jour que je visitais à Rome, il y a quelques années, les marbres du Capitole, en compagnie de ma famille et de quelques amis, à la vue d'un buste antique remarquable, je fus saisi de sa ressemblance avec le maréchal Bugeaud, et toutes les personnes présentes en furent frappées comme moi. Or, quel était ce buste? C'était celui d'un autre triomphateur de l'Afrique, du premier vainqueur de Carthage, de Scipion l'Africain lui-même! N'est-ce pas un singulier rapprochement?

Mais avant de reprendre mon récit, j'ai encore une digression à faire. Dans la vie du maréchal Bugeaud, il y avait un point obscur qui m'avait toujours attristé. Plus je connaissais et depuis longtemps par des sources intimes et par l'histoire elle-même la noblesse de son caractère, et moins je pouvais m'expliquer son rôle dans la captivité de la duchesse de Berry. Je comprenais bien la partie élevée de sa mission. Dans les commencements d'une nouvelle dynastie, quand son établissement paraît encore incertain et qu'on peut redouter un retour de fortune en faveur du pouvoir déchu, la plupart des hommes, je ne le sais que trop par ma propre expérience, obéissant à des calculs instinctifs de prudence, évitent avec soin de se compromettre personnellement vis-à-vis des princes exilés. Accepter le rôle de garder la duchesse de Berry, au milieu même des populations dont on pouvait craindre les sympathies pour la dynastie tombée, était un acte de courage et de dévouement tout à fait dans le caractère de cet homme généreux. Mais comment expliquer sa présence dans ce spectacle donné à l'Europe par un gouvernement sans pudeur, essayant de déshonorer une femme, une princesse de Bourbon, la propre nièce du Roi? Il y avait là un de ces actes que réprouvent également la morale et la politique, une de ces fautes grossières qui, comme les armes à deux tranchants, blessent surtout les mains qui s'en servent; car, dans le but de paralyser momentanément un parti, on le rendait irréconciliable; pour se venger d'une malheureuse femme on soulevait la conscience de tout un peuple et l'on imprimait un caractère odieux à la dynastie même qu'on prétendait servir.

Eh bien! ce point de la vie du maréchal, j'eus l'occasion de l'éclaircir pendant mon séjour dans sa famille, et je fus heureux d'avoir osé hasarder une interrogation à ce sujet. Le maréchal, qui n'était encore que colonel lorsqu'il accepta le commandement de la citadelle de Blaye, n'avait naturellement, comme tout le monde alors, aucune idée de l'incident qui devait se produire plus tard, et il ne fut même pas des premiers à soupçonner la vérité. Mais dès qu'il en fut averti par une sorte de rumeur dans l'intérieur de la citadelle, il fit prévenir la princesse des bruits qui commençaient à circuler; il lui fit dire que si elle avait quoi que ce fût à lui confier, que si elle avait contracté un mariage qu'elle désirât tenir caché, il se mettait entièrement à sa dévotion pour dérober ce secret au public, déclarant qu'on lui arracherait plutôt la vie que de lui faire trahir la confiance qu'elle voudrait bien placer en lui. Il lui conseillait, en même temps, de cesser ses promenades sur les glacis de la citadelle pour ne pas initier le public à cette situation. Malheureusement la princesse, abusée par je ne sais quelles vaines illusions et s'imaginant qu'à chaque instant elle allait être délivrée par les Vendéens, ne sut pas profiter de sa généreuse ouverture. Non seulement elle nia avoir rien à lui confier, mais elle continua de se montrer tous les jours aux nombreuses personnes qui venaient lui adresser leurs hommages d'un côté à l'autre du fossé des fortifications. Cependant les rumeurs prenaient de la consistance, et le brave et loyal colonel Bugeaud réitérait vainement ses instances auprès de la princesse. Interrogé à la fin par le gouvernement, il répondit qu'il ignorait ce qu'il en était; mais qu'il suppliait, en tout état de cause, le gouvernement de faire cesser la captivité de la princesse et de la renvoyer à l'étranger. Mais les habiles du ministère n'étaient pas gens à lâcher leur proie avant de l'avoir meurtrie, et bientôt la princesse qui avait vainement compté sur la générosité du Roi, son oncle, se voyait forcée de déclarer son mariage. Mais bien loin de confondre le maréchal parmi ses persécuteurs, elle ne cessa et n'a cessé depuis de lui témoigner son estime et sa reconnaissance. Quant à moi, et pendant que le maréchal lui-même racontait les incidents de ce drame où s'était joué l'honneur d'une princesse de Bourbon, j'éprouvais une satisfaction dont je pouvais à peine modérer la vivacité; c'est que les nobles et grands caractères sont si rares que, quand on les rencontre, tout ce qui peut en ternir l'éclat est une douleur, tout ce qui en dissipe les obscurités une joie.

Mais revenons aux circonstances graves au milieu desquelles nous nous trouvions. Les résultats officiels des élections commençaient à parvenir à l'état-major du maréchal, et malheureusement à chaque dépêche arrivant des départements voisins, c'était une nouvelle victoire de la démagogie. Après le Rhône venaient l'Ain, la Loire, l'Isère, l'Ardèche, le Jura, la Haute-Loire, Saône-et-Loire, la Drôme, etc.; toute une vaste région de la France avait acclamé les coryphées du socialisme. Les noms inconnus de tous ces élus du pays indiquaient d'ailleurs à quelles mains funestes ou inexpérimentées le peuple de ces contrées avait confié ses pouvoirs. Pendant deux jours il ne vint pas une nouvelle qui ne fût pour nous un sujet de désolation. Chose remarquable, un seul nom conservateur dans les pays circonvoisins avait trouvé grâce devant les électeurs; c'était le mien dans le département de la Loire, et cela indique bien la nature particulière du malentendu qui avait produit le désordre des esprits. Évidemment, les populations des campagnes ne se doutaient pas qu'en votant au cri d'*A bas les blancs!* la liste rouge, qu'en repoussant ce qu'ils appelaient la liste blanche, ils votaient contre l'élu du 10 décembre, car ne voyant pas sur la liste rouge le nom d'un ami de Louis-Napoléon, les électeurs y avaient pourvu eux-mêmes en effaçant un nom de cette liste pour l'y introduire. Quoi qu'il en soit, on peut juger de l'émoi où nous jetaient ces graves nouvelles, car en voyant ce qui se passait dans les départements de la région de l'Est, nous devions craindre qu'il n'en fût de même dans les autres régions et que cette traînée de poudre ne s'étendît à toute la France. Notre anxiété était extrême.

Quant au maréchal, toujours calme et ferme, il gardait le silence et restait pensif. Mais bientôt je vis son front s'éclaircir, son regard rayonner, et je compris qu'il venait de prendre une grande résolution. En effet, m'ayant emmené dans son cabinet, il sembla se dresser devant moi et grandir de dix coudées. « Eh bien, me dit-il, mon parti est pris. Si au milieu des graves périls où va tomber la société j'attendais des instructions de M. Odilon Barrot et des amis de M. Thiers, je les attendrais longtemps et tout serait perdu. Le pays n'est pas mauvais, il n'est qu'égaré. Les bons habitants des campagnes sont à cent lieues de se douter de ce qu'ils viennent de faire, mais le mal n'en est pas moins grave. Avec le triomphe des démagogues, toutes les digues de la société sont emportées. C'est la guerre civile qui commence. Or, le danger sérieux n'est pas dans le désordre actuel lui-même, mais dans la désorganisation de l'armée qui peut se laisser séduire par l'exemple et s'abandonner au torrent. Il faut donc la faire sortir des villes, surtout de Lyon, et la mettre en campagne. Je connais le soldat. Devant le spectacle de tous les liens du respect et de l'autorité brisés, il pourrait rompre à son tour ceux de la discipline; mais une fois en marche, en campagne, il est soldat avant tout; l'esprit, l'orgueil militaire le dominent, l'entraînent, et la discipline est sauvée. Voilà donc ma résolution : je mets toute l'armée que je commande en mouvement; forte de soixante-dix à quatre-vingt mille hommes, elle s'étend du pied des Alpes au centre de la France. J'en fais marcher tous les corps à la fois pour les concentrer sur un point de la ligne de Lyon à Paris; j'abandonne Lyon, dont je ne garde que les forts; je laisse cette malheureuse cité livrée à elle-même, mais ce ne sera pas pour longtemps, car, une fois mon armée réunie, massée, compacte, mise en haleine et isolée de la contagion, je donne la main à Changarnier et, suivant les circonstances, nous frappons à la tête de la démagogie d'une manière si terrible que l'épouvante se fera sentir dans ses derniers repaires, et la société sera, pour longtemps, remise en possession d'elle-même. Déjà, ajouta-t-il, en prévision des agitations de Lyon, j'avais fait venir des Alpes la plupart des troupes qui y étaient en cantonnement avec l'artillerie. Elles sont, en ce moment, aux portes de Lyon. Aujourd'hui même, je les mets en mouvement sur Paris par un changement de front qui fait du premier corps sur les Alpes le premier corps sur Paris. Pendant que le mouvement va s'exécuter, nous apprendrons le résultat complet des élections. Si la majorité est acquise aux conservateurs, je reviens en arrière; le premier corps fait demi-tour et va reprendre ses cantonnements des Alpes sans que ces déplacements aient causé aucun trouble; que si, au contraire, c'est la démagogie qui l'emporte, au moment même où nous en aurons la certitude, j'évacue Lyon, mon mouvement sur Paris se dessine ouvertement et, huit jours après, la terreur aura passé du camp de l'ordre dans le camp du désordre. »

J'avoue que je fus électrisé par la communication de ce plan et surtout par la résolution de ce grand homme. Je me permis de lui en exprimer ma profonde et respectueuse admiration. Le maréchal n'eut pas, du reste, à se repentir de sa confiance en moi, car, comme il arrive toujours dans les circonstances difficiles, quand il fallut rédiger et transmettre les ordres nécessaires, une partie de son état-major effrayé de l'énorme responsabilité qu'allait assumer le maréchal, souleva des montagnes d'objections. Le maréchal ne fut donc pas fâché de me voir défendre pied à pied chaque partie de son plan et soutenir énergiquement que ce qui semblait si audacieux n'était au fond qu'un acte de haute sagesse et de suprême prudence.

Bientôt tout l'état-major se mit à expédier les ordres nécessaires, pendant que le maréchal rédigeait sa proclamation. Quand il l'eut terminée, il eut la bonté de me la lire et la bonté encore plus grande de modifier, à ma demande, quelques passages pour accentuer plus fortement l'idée de se rallier au nom de Napoléon dans la personne de l'élu du peuple, du président de la République. Cette proclamation était, du reste, l'expression du sentiment patriotique le plus pur et le plus élevé. Cela fait, le maréchal monta à cheval et alla visiter avec moi et quelques officiers les forts de Lyon, où il donna directement ses instructions aux commandants de ces forts en prévision du mouvement projeté. Toute la journée et la nuit qui suivit se passèrent à préparer l'évacuation de Lyon pour le lendemain matin, si les nouvelles télégraphiques que nous compulsions avec soin devaient donner la majorité au socialisme, car le maréchal tenait beaucoup à ce que les troupes quittassent Lyon avant que le résultat redouté fût connu de la population, pour qu'elles n'assistassent pas aux démonstrations anarchiques qui ne manqueraient pas de faire explosion à cette nouvelle. Toute la nuit se passa pour nous, comme on doit le penser, dans une grande émotion; mais, déjà les nouvelles devenaient plus favorables. A mesure qu'elles nous arrivaient les perspectives terribles que nous avions devant les yeux commençaient à se dissiper, car après n'avoir reçu que des nouvelles effrayantes nous n'en recevions plus que de bonnes. Si toute une région de la France nous avait d'abord donné le spectacle du triomphe de l'anarchie, le reste du pays protestait par ses choix contre les doctrines du socialisme; un tiers de la France s'était laissé surprendre par les meneurs de la démagogie, mais les deux autres tiers venaient heureusement au secours de la société menacée. Enfin, à la pointe du jour, quoique les résultats ne fussent pas encore entièrement connus, nous n'avions plus à redouter une majorité socialiste dans la nouvelle Assemblée. Les circonstances étaient changées, le péril était écarté et, par conséquent, la résolution héroïque du maréchal n'avait plus d'objet. Contre-ordre fut donné à l'armée des Alpes dont tous les corps rentrèrent dans leur position première. Mais il m'a semblé que cet incident peu connu méritait d'être rapporté par un témoin oculaire, il m'a paru juste d'arracher à l'oubli cette page de la vie glorieuse de l'illustre maréchal.

Malheureusement, après avoir eu l'heureuse chance de connaître d'une manière intime ce grand homme de bien, après avoir acquis la conviction profonde des services considérables qu'il pouvait rendre et qu'il eût certainement rendus au Prince Président et au pays, je devais bientôt, comme le Prince et le pays lui-même, le pleurer amèrement. L'ordre moral momentanément troublé à Lyon par les élections démagogiques du Rhône et des départements circonvoisins avait été bientôt rétabli. Malgré le dépit et la fureur des meneurs anarchistes désappointés du résultat général des élections, la terrible présence du maréchal à Lyon avait suffi pour y rétablir la tranquillité. Mandé quelques semaines après à Paris, le maréchal avait donc pu quitter momentanément son commandement pour aller conférer avec le gouvernement de la situation nouvelle des choses ; mais, comme on le sait, à peine arrivé dans la capitale, il fut atteint du choléra et mourut en quelques jours au moment où le Prince allait enfin trouver pour l'aider et le soutenir au milieu de tant d'éléments hétérogènes, un homme, un héros, un de ces caractères antiques dont l'unique pensée est le bien public, et qui, dans leurs résolutions, semblent ne compter pour rien leur propre personne.

Villers-sur-Mer, 1ᵉʳ octobre 1868.

PREMIERS TEMPS

DE

L'ASSEMBLÉE LÉGISLATIVE

1849

Quoique les élections du 13 mai, si misérablement préparées par le ministère et partant accomplies au milieu d'un désordre moral et d'une confusion d'idées si déplorables, eussent en définitive donné la majorité aux éléments d'ordre; quoique sur une Assemblée de 750 membres, 500 appartinssent plus ou moins au parti modéré, le chiffre considérable de la minorité révolutionnaire ou socialiste frappa vivement les esprits; et telle fut l'émotion publique à ce sujet qu'en huit jours la Bourse baissa de dix francs. Au fond le triomphe relatif des socialistes n'avait rien de bien sérieux; ce n'était qu'un accident dans le désordre de l'époque, le produit du divorce créé par le ministère entre l'administration et les populations, en faisant la faute de ne pas modifier le personnel administratif après l'élection du 10 décembre. Mais la France n'était pas socialiste, et quoique sortie récemment d'une nouvelle révolution, elle n'était pas davantage révolutionnaire. Revenue des exagérations libérales et des illusions républicaines, elle n'avait qu'une pensée, qu'un but, le rétablissement de l'ordre. Elle demandait avant tout un gouvernement fort, et le 10 décembre avait été l'expression de ce sentiment. Seulement, il faut avouer qu'elle n'avait guère obtenu ce qu'elle désirait; car le Prince, élevé sur le pavois par les sympathies populaires, semblait condamné à l'impuissance. Sans amis véritables dans les régions élevées de la politique, entouré, au contraire, d'ennemis acharnés, sinon de sa personne, du moins de sa cause, il ne pouvait qu'assister en observateur aux événements qui s'agitaient sous ses yeux. Isolé au milieu de tant d'éléments hétérogènes, sans autorité véritable vis-à-vis d'une Assemblée souveraine, il n'avait qu'à attendre avec patience le moment où les périls croissants de la société le forceraient à assumer la responsabilité d'un rôle prépondérant.

L'Assemblée composée de cinq partis d'égale force numérique : légitimiste, orléaniste, bonapartiste, républicain et socialiste, avait aussi le sentiment de son impuissance. Malgré l'union toujours prompte à se former entre les trois partis monarchistes, toutes les fois qu'il s'agissait de combattre l'esprit révolutionnaire ou socialiste, la vue de la masse ardente et avide qui s'étalait sur les bancs élevés de l'extrême gauche frappait d'une certaine terreur les hommes timides du parti de l'ordre. On sentait que si cette nouvelle Montagne eût été autre chose qu'une misérable parodie du passé, la majorité modérée pouvait être aisément dominée, comme jadis, par une minorité violente. Mais, Dieu merci! les temps étaient bien changés. Sans racines, sans sympathies dans le pays, ces vulgaires imitateurs d'une époque enfouie sous les décombres de l'histoire n'avaient guère d'autre importance que celle de mauvais comédiens répétant un rôle. C'étaient bien le ton, les manières, le langage et les gestes de la grande révolution, mais sans les passions, l'audace et la fureur de cette époque violente. D'ailleurs, quelle différence dans les choses! Au lieu d'un édifice vermoulu, croulant de toutes parts, d'un prince faible, irrésolu, sans caractère, et d'une armée désorganisée; au lieu d'une société épuisée, expirante, c'était une société nouvelle, pleine de sève et de vigueur, avide d'ordre et de stabilité, un prince populaire, brave, intrépide, et une armée solide et dévouée.

Quoi qu'il en soit, il faut avoir vu l'attitude de ces énergumènes à froid, il faut avoir entendu la manière dont l'un d'eux, M. Michel de Bourges, prononçait le mot *peuple,* pour se faire une idée de cette caricature de 93. Les grossiers appétits, les misérables convoitises du présent, mal déguisées sous le langage des passions et des idées d'une autre époque, n'inspiraient aux hommes de cœur que le dégoût et le mépris. Quant au chef que cette bande grotesque s'était donné, M. Ledru-Rollin, il était digne du parti dont il avait accepté la direction. De sa personne, c'était un gros garçon, jovial, bon vivant, dont la nature avait voulu faire un honnête bourgeois, un gai convive des dîners de la garde nationale, mais que la flatterie, la vanité avaient poussé à ambitionner les honneurs populaires. Avocat de talent, mais pauvre tête, pauvre courage, fait pour être dominé par les violents de son parti et non pas pour les conduire. Gonflé d'orgueil, enivré de chimères, il marchait à la tête des phalanges de la démagogie, comme aurait pu faire un histrion chargé de représenter le triomphe de Bacchus, et surtout sans se douter des périls vers lesquels le conduisait son aveugle escorte. Or, à sa désinvolture étrange, à son attitude mi-partie cynique et illuminée, on pouvait aisément deviner qu'il allait recommencer les sottises du mois de janvier dernier. Et, en effet, il n'y avait pas quinze jours que la nouvelle Assemblée était réunie que, à propos de l'expédition de Rome, il osait proposer la mise en accusation du Président de la République. Inutile de dire que l'Assemblée repoussait immédiatement sa demande; mais quant à lui, après avoir exalté par cette audace les espérances et les passions de ses partisans, après avoir par son langage violent à la tribune fait appel à l'insurrection, il devenait la première victime de son imprudence, car il se voyait forcé de se mettre à la tête des bandes insurgées à sa voix, et jamais chef de parti n'avait eu un si petit courage à mettre au service d'une si grande audace.

On sait comment se termina la prise d'armes du 13 juin 1849. Sous prétexte de porter une adresse à l'Assemblée et de faire une manifestation, en faveur de la République romaine, la démagogie ne s'était proposé rien moins que d'aller attaquer la représentation nationale. Et cependant le général Changarnier avait défendu à la police de contrarier en aucune façon la manifestation projetée. Jugeant d'un coup d'œil la situation, il avait voulu donner à la démagogie tout le temps de prendre ses dispositions et de s'organiser. Il l'avait, en un mot, laissée se produire librement et s'étaler sans obstacle sur les boulevards. Mais au moment où l'armée démagogique défilait en ordre dans la direction de l'Assemblée et que la tête de colonne arrivait à la hauteur de la Madeleine, le général faisant sortir brusquement ses escadrons de leurs casernes, et débouchant par la rue de la Paix, coupait en deux la colonne des insurgés. Puis, balayant rapidement les boulevards dans les deux sens, il s'emparait des barricades déjà faites, prenait prisonniers plusieurs députés socialistes au palais des Arts et Métiers, mettait en fuite les autres, y compris Ledru-Rollin, et en quelques quarts d'heure débarrassait Paris de toute l'insurrection. Ainsi se terminait la dernière tentative de l'anarchie, et dans la soirée le Prince Président pouvait faire cette belle proclamation où il disait : « Il est temps que les bons se rassurent et que les méchants tremblent. »

Après cette victoire complète de l'ordre sur le désordre, si le ministère avait eu quelque sens politique, il aurait pu débarrasser définitivement l'Assemblée de tout le parti démagogique. Les députés montagnards avaient fait appel à l'insurrection. Cet appel, entendu jusqu'au fond des provinces, y avait causé des désordres graves, et une insurrection formidable allait éclater à Lyon. Dans ces circonstances, la raison d'État, le bon sens, la justice auraient dû déterminer le gouvernement à proposer à l'Assemblée d'exclure de son sein ces hommes indignes d'y figurer et d'en débarrasser le pays, comme on le faisait pour les sept ou huit députés qui avaient pris la fuite avec Ledru-Rollin. Cet acte de vigueur eût dignement couronné la victoire de la veille. La nouvelle de l'arrestation des députés montagnards et de leur expulsion de la Chambre eût désorganisé d'un bout de la France à l'autre le parti démagogique, frappé de terreur ses adhérents, paralysé l'effet de l'appel aux armes et probablement empêché l'insurrection de Lyon. Mais jamais le pouvoir n'était tombé en des mains aussi faibles, aussi débiles. M. Léon Faucher, le principal auteur du mal actuel par son obstination à ne pas modifier l'administration des provinces, mais qui était courageux de sa personne, ne faisait plus partie du ministère; il avait été remplacé à l'intérieur par un avocat de talent, M. Dufaure, mais de la race de toutes ces célébrités du Palais, qui, à force de plaider le pour ou le contre, à force de vivre dans la conception d'arguments contradictoires, finissent par perdre le sens réel des choses, et surtout ne semblent avoir élevé leur esprit qu'aux dépens de leur caractère. MM. Odilon Barrot, Dufaure, Lanjuinais et de Tocqueville, voilà quelle était la partie prépondérante du ministère, tous aussi indécis, irrésolus, incapables d'action les uns que les autres.

Pour moi, j'avais vivement conseillé la mesure énergique contre la Montagne. J'étais certain que l'Assemblée l'eût accueillie avec transport; mais la faiblesse ne raisonne pas. Elle ne cherche ni à trancher les questions, ni même à profiter des avantages que lui offre la fortune. Il suffit que l'ombre d'un danger apparaisse encore à l'horizon pour la rejeter de nouveau dans la voie des compromis et des transactions. Au lieu de frapper les signataires de l'appel au peuple, le ministère trouva plus commode de leur demander de désavouer leur signature, ce que, du reste, chacun des députés montagnards s'empressa de faire sans vergogne, en défilant à la tribune, au milieu des risées et des huées de la majorité. Le ministère, ravi de ce spectacle, semblait triompher de l'humiliation de la Montagne. Mais en réalité le parti démagogique restait à l'Assemblée. On faisait la faute de diminuer aux yeux du pays la gravité de son attentat contre la société. Irrité, mais non désorganisé; blessé, mais non terrassé, ce parti pouvait donc s'agiter de nouveau d'un bout de la France à l'autre, et le lendemain il livrait, en effet, une sanglante bataille à Lyon.

A ce sujet, je me rappelle une conversation que j'eus l'occasion d'avoir avec le général Cavaignac après la défaite des Montagnards par le général Changarnier. C'était dans la matinée du 14 juin et avant la séance où allait se décider le sort de la Montagne. Je me trouvais par hasard dans la salle des fumeurs lorsque le général Cavaignac, que je ne connaissais que de vue, s'approcha de moi, en prenant pour prétexte d'entretien le souvenir de son frère Godefroy Cavaignac que j'avais fréquenté à Londres. Connaissant la réserve, la raideur ordinaire du général, et étonné de sa manière avec moi, je conjecturai qu'il fallait un bien grand intérêt pour le faire sortir de son attitude habituelle. C'est qu'en effet il était très inquiet pour lui-même de la conduite qu'on allait tenir à l'égard des députés de la Montagne qu'à tort ou à raison il considérait comme ses auxiliaires. Et, abordant bien vite ce sujet, il s'attacha à me représenter les dangers d'affaiblir dans la Chambre le parti républicain. Il me faisait remarquer que si les soixante à quatre-vingts signataires de l'appel au peuple étaient exclus de l'Assemblée, la majorité appartiendrait désormais aux légitimistes et orléanistes réunis, et il me signalait ce danger comme aussi grave pour le Prince Président que pour le parti républicain lui-même.

Je répondis au général que j'honorais son caractère, mais que je ne partageais pas son sentiment ; que la présence à la Chambre du parti qu'il avait été obligé lui-même de combattre aux journées de Juin était un malheur pour le pays ; que les hommes dangereux devaient être rejetés du sein de l'Assemblée, comme coupables d'un attentat contre la société ; que quant aux légitimistes et aux orléanistes, je ne m'inquiétais point de leur prépondérance dans la Chambre ; que si nous étions débarrassés des socialistes, les légitimistes et les orléanistes ne nous pèseraient guère ; qu'il nous suffirait de remuer un peu le sentiment populaire, pour les mettre bien vite à la raison; que pour moi je n'étais donc pas sensible à son argument, mais qu'il y avait quelque chose de plus avantageux pour lui que toutes les raisons qu'il pourrait donner en faveur de ces dangereux auxiliaires, c'était la faiblesse du ministère; qu'avec des hommes comme MM. Odilon Barrot, Dufaure et Tocqueville, il n'avait pas à craindre un parti énergique, et que là-dessus je pouvais le rassurer complètement, comme la suite le prouva.

Ce malheureux ministère était, du reste, bien empêtré. Sans caractère, sans résolution, sans but, flottant à l'aventure, comme une bouée détachée de son amarre et ballottée par les flots contraires, il donnait au pays un bien triste spectacle. Obligé de répondre tout à la fois aux attaques de la droite et de la gauche, il n'avait d'autre boussole pour le diriger que l'expédient contradictoire de prendre le langage des monarchistes vis-à-vis des républicains et celui des républicains vis-à-vis des monarchistes; passant ainsi alternativement dans la même séance et aux dépens de la dignité du pouvoir, de la gauche à la droite et de la droite à la gauche. Mais c'est surtout vis-à-vis du Prince Président que l'embarras des ministres était grand. Habitués, façonnés au régime représentatif et n'en comprenant pas d'autre, ils ne pouvaient se faire à l'idée d'un prince parlant et agissant sans un programme délibéré et formulé par des ministres. Oubliant qu'en dehors de sa qualité de prince d'un sang qui avait régné sur la France, élu pour quatre ans seulement, il était personnellement responsable de tout, et que ces ministres n'étaient et ne pouvaient être que des agents de sa volonté et de sa politique, ils auraient voulu que le chef responsable du pouvoir exécutif ne pût rien faire, ne pût rien dire que par leur organe. Or, le Prince, forcé de subir cette situation anormale vis-à-vis des Chambres, s'en dédommageait au dehors. Il profitait des moindres occasions de quitter le milieu étouffant où il se sentait claquemuré, pour aller visiter les provinces et y respirer l'air libre de la patrie. Là, dans les réceptions, dans les banquets, en répondant aux autorités, aux évêques, en parlant au peuple et à l'armée, il se mettait en communication d'idées et de sentiment avec le pays et y provoquait des transports d'enthousiasme inouïs. Cette nation qui espérait tout du chef qu'elle s'était donné, et qui, ne voyant rien paraître, aurait fini par se décourager, à défaut de l'action que ne comportait pas le triste régime que lui avait imposé la Constitution, recueillait avidement ses paroles et se reprenait à espérer. Ce n'est pas tout : en écoutant le neveu de l'Empereur, elle commençait à deviner la cause de l'impuissance à laquelle il était réduit, et comprenant que cette impuissance ne provenait ni de son cœur, ni de son esprit, ni de son courage, elle manifestait chaque jour davantage le désir ardent de lui voir briser les entraves qui le garrottaient.

Quant à ses ministres, ils étaient comme atterrés à chaque mouvement du Prince Président. C'est qu'en effet, non seulement les allures indépendantes du chef du pouvoir exécutif confondaient leurs doctrines représentatives, leurs préjugés parlementaires les plus invétérés; non seulement, comme la poule qui a couvé des œufs de canard, ils restaient pétrifiés d'étonnement en voyant celui dont ils croyaient avoir la garde se jeter en plein élément populaire, sans craindre de s'y abîmer; mais ils avaient à répondre le lendemain à toutes les récriminations que les paroles du nouvel Octave ne manquaient jamais de soulever sur les divers bancs de l'Assemblée. Or, comme les paroles du Prince Président choquaient toujours les propres idées des ministres, on peut juger de l'embarras que ces braves gens devaient éprouver à défendre des choses qu'ils auraient été les premiers à condamner s'ils l'avaient osé.

A ce sujet je dois faire une remarque qui s'applique aussi bien aux chefs des divers partis de l'Assemblée qu'aux ministres eux-mêmes : c'est que les uns et les autres étant nourris des mêmes doctrines et façonnés aux mêmes usages parlementaires, à chaque acte, à chaque parole du Prince Président, ils éprouvaient une impression analogue. Soit que, nouveau venu sur la scène politique, étranger aux hommes et aux choses de son pays, le Prince ne sût pas suffisamment ménager les préventions ou les préjugés des uns et des autres, soit plutôt qu'il y eût, en réalité, dans la situation même du neveu de l'Empereur, quelque chose qui choquât leurs sentiments intimes, il est certain que les parlementaires de toutes nuances, aussi bien les amis du Prince que ses ennemis, se montraient ou inquiets, ou mécontents, ou blessés ou irrités, presque à chaque incident qui en dehors du jeu constitutionnel se produisait dans la vie publique du neveu de l'Empereur; les moindres faits, les moindres paroles leur paraissaient des monstruosités. Ce qui pouvait sembler des imprudences à certains esprits devenait à leurs yeux des fautes épouvantables, des crimes même contre le Parlement. A la nouvelle de chaque incident de ce genre, une émotion singulière s'emparait de l'Assemblée, les bancs se dégarnissaient, les couloirs se remplissaient de groupes animés, agités au dernier degré. Or, dans ces circonstances, on ne manquait jamais de m'entourer, de m'interpeller en disant : « Votre Prince se perd, il est perdu. » Dans les premiers temps, je cherchais à répondre de mon mieux aux interpellations des divers côtés; je discutais, ému moi-même, avec les amis du Prince comme avec ses ennemis les paroles ou les actes en question. Mais bientôt je me bornais à conseiller à tous d'attendre le lendemain pour juger; et, en effet, le lendemain, aussitôt que l'opinion publique avait eu le temps de se prononcer, elle était hors de l'Assemblée si éclatante, si unanime en faveur du Prince que bientôt tout changeait de face. Ces ennemis qui, la veille, se frottaient les mains, se réjouissaient de ce qu'ils avaient appelé une faute monstrueuse étaient comme stupéfaits de l'attitude du public. On les voyait tristes et silencieux à leur banc, ou bien on les entendait se lamenter et gémir de l'inintelligence de ce pays. Les amis, au contraire, qui s'étaient montrés affligés, exhalaient maintenant une joie bruyante, et s'applaudissant du succès du Prince, ils se confondaient en admiration devant une habileté que personne n'avait su deviner la veille.

Au fait, que se passait-il dans ces circonstances? le voici : un des phénomènes politiques les plus remarquables de l'histoire. C'est que quand une nation dévoyée cherche sa voie, que l'instinct public a deviné l'homme ou le nom qui peut servir de centre de ralliement au pays, que tous les intérêts, tous les sentiments se personnifient en lui; que les yeux de tous s'orientent sur sa bannière; ce qu'il fait, ce qu'il dit, quoi qu'il fasse, quoi qu'il dise, entraîne sans raisonnement les masses entières. Le neveu de l'Empereur faisait un signe à droite, et toute la nation se jetait à droite ; le lendemain il le faisait à gauche, et elle se jetait à gauche. Chaque acte, chaque parole du Prince, indépendamment de sa valeur propre, était un symptôme de vie, un appel à la nation, et la nation répondait : « Me voilà. »

Pour moi, personnellement, j'étais si convaincu de ce phénomène et de sa signification, que même dans les cas où je pouvais être porté à désapprouver l'acte ou la parole du Prince, comme, par exemple, un discours qu'il prononça à Dijon et qui me paraissait inopportun ou trop agressif contre l'Assemblée, je ne doutais pas un instant de l'accueil que lui ferait l'opinion publique. Mais je dois dire que quand je voulais expliquer ce fait étrange par les considérations qui précèdent, je trouvais bien peu de gens comprenant assez la situation exceptionnelle du neveu de l'Empereur vis-à-vis de la nation pour se rendre compte du phénomène. Le comte Molé était peut-être le seul des hommes d'État considérables du pays qui en eût conscience ; car après m'avoir entendu un jour donner cette explication, il lui arriva plusieurs fois de me le rappeler. « Voilà, me disait-il, un excès de franchise ou une imprudence qu'on croit ici une faute et que, suivant votre théorie, l'opinion publique va transformer encore en sagesse. »

Quoi qu'il en soit et quelle que fût l'issue habituelle de ces crises politiques, le ministère ne pouvait se faire à ces émotions. A chacune d'elles c'était de sa part de telles lamentations, de telles plaintes, de telles récriminations que le Prince Président en était troublé. Comme d'une part il sentait bien que le seul rôle que lui laissât l'état des choses, c'était de pouvoir agir sur l'esprit public, il ne voulait à aucun prix renoncer aux occasions de se mettre en communication avec la nation. Mais comme de l'autre son extrême bonté lui rendait pénible l'inquiétude qu'il causait à ses ministres et particulièrement à M. Odilon Barrot pour lequel il avait une certaine sympathie, il jugea nécessaire de faire à ses ministres une concession qu'ils réclamaient depuis plusieurs mois, c'était de m'éloigner d'auprès de lui, au moins momentanément.

La vérité est, que trop libre, trop peu réservé dans mes conversations, je ne pouvais m'empêcher de parler avec dédain de la faiblesse, de l'indécision et des tergiversations habituelles des ministres, qu'ils étaient blessés de mon ton à leur égard, qu'ils m'accusaient de chercher à exciter l'esprit du Président contre eux et surtout de pousser le Prince à des partis violents. Déjà, depuis quelque temps, on me représentait dans les couloirs de l'Asssemblée comme l'un des membres les plus ardents de ce qu'on appelait alors le parti des sanguins de l'Élysée ; lorsqu'un jour M. Odilon Barrot, toujours préoccupé de se défendre comme d'un crime d'avoir inspiré les moindres paroles du Président, en renvoyait la responsabilité aux passions détestables qui, suivant lui, s'agitaient autour du Prince, bien des gens avaient cru me reconnaître dans ces paroles du ministre. Or, le Prince, jugeant avec raison qu'il ne fallait pas laisser accréditer des accusations pareilles, pensa que je ferais bien de m'éloigner quelque temps de l'Assemblée. Et, comme il commençait à se préoccuper des affaires d'Allemagne et du rôle que la Prusse paraissait ambitionner dans l'œuvre de l'unification germanique, il me proposa de m'y envoyer pour observer ce qui se passait. J'acceptai, bien entendu, cette mission et je partis de Paris vers la fin d'août, dans une disposition d'esprit singulière.

Il faudrait en effet avoir assisté, comme moi, sans y être mêlé autrement que pour les surveiller, aux divisions intestines de l'Assemblée législative, pour comprendre l'espèce de soulagement que j'éprouvai en quittant ce foyer d'agitations fiévreuses. Il me semblait que je sortais d'une maison de fous. A mesure que le chemin de fer m'emportait loin de Paris, je me sentais délivré comme d'un cauchemar. Le tableau de ce chaos d'aspirations contradictoires restait encore devant mes yeux ; mais je le considérais maintenant plus froidement et avec plus de profit. En énumérant les diverses fractions de l'Assemblée, les partis légitimiste, orléaniste, fusionniste, bonapartiste, républicain et socialiste qui s'y trouvaient en forces à peu près égales, chacun d'eux divisé en outre en groupes distincts représentés par des individualités jalouses les unes des autres; en contemplant cet émiettement, cette désagrégation de tous les éléments politiques du pays, et en leur opposant mentalement la popularité, la puissance d'un nom magique sur les imaginations, je me disais que la logique des choses devait forcément amener le triomphe du neveu de l'Empereur. Comme Octave César qui, après la mort du Dictateur, quoique à peine âgé de vingt ans, sans expérience, sans amis, sans parti, mais fort de l'amour du peuple romain pour le nom de César, profitait naturellement des divisions du Sénat, des rivalités d'Antoine, de Lépide, de Brutus, de Cassius, de Cicéron, pour s'élever chaque jour davantage sur les débris des divers partis, le Prince Président de la République, porté par la faveur du peuple, devait arriver pareillement à dominer les éléments hétérogènes qui l'entouraient. Son rôle en face de partis si nombreux n'était pas, du reste, plus difficile que celui de Henri IV, à la mort du dernier Valois. Quoique couvert de gloire et sympathique à l'esprit français plus qu'aucun prince avant lui, le chef de la maison de Bourbon avait eu, en effet, bien des obstacles à surmonter. Menacé de divers compétiteurs, non seulement il s'était vu repoussé de Paris et des principales villes du Royaume, alors au pouvoir des Ligueurs et soutenues de l'Espagne; mais au sein même de l'armée royale composée de catholiques et de protestants, il s'était trouvé dans cette alternative ou de se voir abandonné des protestants s'il se faisait catholique ou des catholiques s'il restait protestant. On sait qu'il lui fallut cinq ans de luttes, de victoires et de transactions de tous genres pour s'ouvrir les portes de Paris. Mais telles avaient été les difficultés de sa situation pendant cette longue crise que souvent, pour ne pas donner d'ombrages à de nouveaux partisans ou des amis équivoques, il avait dû s'imposer l'obligation de ne voir Sully qu'en secret et même de se séparer de ses meilleurs amis. Or, c'est précisément à quoi se voyait réduit le neveu de l'Empereur. Mais j'avoue qu'en comparant les deux époques, et en pesant la valeur respective des caractères, les burgraves étaient loin de me paraître aussi redoutables que les adversaires de Henri IV, que les *Seize* et le prince de Parme, que les ducs de Guise et de Mayenne, de Nemours et de Joyeuse, les maréchaux de la Châtre et de Saint-Pol. Je partais donc plein de confiance, persuadé que, comme à la fin du seizième siècle, il faudrait du temps pour réduire peu à peu les partis à l'obéissance; mais qu'avec un prince brave comme Henri IV, le résultat n'était pas douteux.

Paris, 16 janvier 1869.

MISSION EN ALLEMAGNE

1849

Parti de Paris à la fin d'août 1849, j'y étais rentré dans le courant d'octobre, après un voyage de six semaines. Pendant ce temps j'avais visité le nord et le midi de l'Allemagne, en séjournant plus ou moins à Aix-la-Chapelle, Cologne, Hanovre, Berlin, Dresde, Leipzig, Munich, Nuremberg, Ratisbonne, Lintz et Vienne. J'avais pu, ainsi, étudier l'état des esprits et des affaires en me plaçant à différents points de vue. A mon retour je rendis compte de mes impressions au ministre des affaires étrangères, M. de Tocqueville, par un rapport en date du 24 octobre. Or, comme la situation que je faisais connaître a été le point de départ des événements considérables qui se sont accomplis dans ces derniers temps, il n'est peut-être pas sans intérêt de reproduire ici les principaux passages de ce rapport.

« Le mouvement des esprits vers l'unité de l'Allemagne, écrivais-je au ministre, est un produit de l'idée révolutionnaire, bien plus que d'un sentiment de nationalité. Au fond des chants patriotiques en faveur de l'unité, on retrouve les idées et les passions de la Révolution française. Que demain le roi de Prusse, se mettant ouvertement à la tête du mouvement unitaire, promette à l'Allemagne de la débarrasser de tous les petits princes, pour ne faire qu'une seule nation des États germaniques, mais à la condition de ne donner à l'Empire ni constitution, ni Chambre : personne ne le suivra. La fureur des discours, des parlements et de toutes les institutions de la liberté moderne; la haine qu'inspirent les princes, les nobles, les supériorités sociales : voilà la passion du jour. L'unité, c'est le moyen de satisfaire la passion; c'est aussi une de ces grandes idées qu'on retrouve toujours au fond des sentiments révolutionnaires; c'est surtout, dans l'imagination mystique des Allemands, l'espérance de grandeurs futures, mêlée aux souvenirs poétiques du passé; mais ce n'est pas la fermentation d'un grand peuple en travail de constituer sa nationalité.

« Quand un peuple morcelé aspire réellement à réunir ses tronçons épars, il court au-devant de l'autorité, se prosterne devant le chef qui peut servir d'instrument à ses desseins, et fait bon marché des conditions de l'union. En Allemagne, au contraire, c'est la haine contre l'autorité et les supériorités sociales qui imprime aux esprits le mouvement unitaire; et, comme aujourd'hui encore, en Italie, l'opinion publique se préoccupe bien plus des conditions de l'union que de l'union elle-même.

« C'est qu'en effet, bien qu'il y ait eu de tout temps en Allemagne l'idée d'une communauté de race entretenue par une communauté de langue et perpétuée par les traditions du vieil empire des Romains, il n'y a jamais eu une véritable nationalité allemande. Depuis Charlemagne et à l'exception de ces derniers temps, on ne voit pas une seule tentative sérieuse de l'esprit germanique en faveur de l'unité. Plusieurs grands princes se sont imposés à l'Allemagne, mais toujours inutilement pour sa nationalité. L'élection de la couronne impériale, déplaçant sans cesse le centre politique, n'a jamais, en effet, permis aux efforts individuels de se continuer dans le même sens. Tandis qu'en France le sentiment des masses a toujours été disposé à favoriser le pouvoir central, il n'a cessé en Allemagne de conspirer pour l'affaiblir. Or, ce n'est pas impunément que le temps a formé au sein des races germaniques les diverses nationalités qu'on appelle l'Autriche, la Prusse, la Bavière, la Saxe, la Hesse, etc. Dans les moments de passion révolutionnaire, ces nationalités particulières semblent s'oublier et ne rêver qu'un but commun; mais dès qu'on arrive à poser les conditions pratiques de l'union, elles se réveillent plus vives, plus acharnées que jamais.

« Cette disposition des esprits s'est manifestée d'une manière bien remarquable dans l'Assemblée de Francfort. Certes si jamais mouvement national a semblé irrésistible, c'est celui de 1848. Sous l'impression des événements de Février, quelques professeurs et publicistes se réunissent un jour à Heidelberg; ils proclament l'utilité de convoquer des citoyens notables de tous les États pour aviser aux moyens de fonder l'unité politique de l'Allemagne. Cette première Assemblée, si bizarrement réunie, s'adjoint, s'impose à la Diète germanique, et voilà bientôt qu'aux acclamations des peuples, et à la stupéfaction des princes qui, ne pouvant arrêter ce mouvement, sont forcés de le sanctionner, un grand parlement national est convoqué avec plein pouvoir de constituer l'unité de l'Allemagne. D'où vient qu'un mouvement qui semblait irrésistible n'a abouti qu'à un avortement? C'est que les passions révolutionnaires elles-mêmes n'ont pu vaincre la résistance des petites nationalités germaniques. D'accord pour constituer l'unité théorique, les députés de Francfort cessent de l'être devant la nécessité d'en régler les conditions pratiques. Dès qu'il s'agit de constituer le pouvoir central, ils se retrouvent Autrichiens, Prussiens, Bavarois, Hessois, Saxons, Souabes. Et ces fougueux démocrates obéissent plus aveuglément aux vues secrètes de leurs cours que n'auraient pu le faire des agents diplomatiques envoyés par les princes eux-mêmes.

« Après ce misérable avortement et surtout depuis que le rétablissement de l'ordre en France, en décourageant en Allemagne l'esprit révolutionnaire, y a fortifié les divers gouvernements, le mouvement unitaire a nécessairement perdu du terrain. Mais on jugerait mal l'Allemagne si l'on supposait qu'elle renonce à ses idées. Elle a trop peu la conscience de son inaptitude pratique pour ne pas renouveler ses tentatives. On peut donc être certain que la question de l'unité va rester le principe des agitations ultérieures de l'esprit public en Allemagne. Des causes diverses contribuent à cet état de choses, et des éléments nombreux y concourent : les ambitieux de chaque État qui espèrent jouer un rôle sur un plus grand théâtre; les professeurs, les journalistes, et toute cette classe de savants et de lettrés, qui, blessés des dédains de l'ancienne noblesse, voient le moyen de la détruire en humiliant les petites cours; les démocrates et socialistes qui se flattent que, dans une organisation nouvelle de l'Empire, la Chambre du peuple sera tout et le reste rien; les libéraux modérés qui, effrayés des tendances désorganisatrices de la démocratie, espèrent que sous un pouvoir central plus fort, la liberté pourra s'implanter en Allemagne, sans de funestes exagérations; les petits bourgeois qui comptent s'affranchir des impôts payés à leurs princes; enfin presque toute la population, qui, en dépit de l'expérience de Francfort, désire le triomphe de l'unité, mais comme l'esprit allemand désire toute chose, d'une manière vague, théorique, et sans comprendre les conditions pratiques de ses aspirations...

« En dehors de ce mouvement des esprits, il ne reste à peu près que trois classes de personnes : l'aristocratie qui repousse l'union parce qu'elle se produit sous le drapeau de la révolution; une partie de la bourgeoisie, qui, organisée en corporations, se croirait ruinée par l'application des principes de Francfort; la vieille bureaucratie, ennemie naturelle de tout ce qui est nouveau; et, par-dessus tout, les princes pour lesquels l'idée de l'union, sous quelque forme qu'elle se présente, est la menace de leur existence même. Car à ce sujet personne ne s'abuse : les princes et les peuples savent bien que l'unité de l'Allemagne, c'est la ruine des petits États et leur disparition prochaine de la carte de l'Europe.

« Quant à la Prusse, il n'est pas nécessaire de dire que sa situation est toute différente de celle des autres États germaniques, car elle est à la tête du mouvement unitaire qu'elle espère faire tourner à son profit. Quelque hostile que fût son gouvernement aux idées libérales, du jour où l'on a reconnu que l'auxiliaire naturel de l'idée unitaire était l'esprit révolutionnaire, la tactique de la Prusse a été de se jeter dans le courant des idées libérales de l'Allemagne pour le diriger à son profit. Comme tout son gouvernement, comme toute sa famille et toute la nation prussienne, le roi Frédéric-Guillaume IV a donc l'ambition de se mettre à la tête de l'Allemagne. Seulement, à la différence de son gouvernement, et par une exception singulière qui tient à son imagination un peu mystique, au lieu d'aspirer à absorber l'Allemagne dans la Prusse, ce qui est le rêve de tout son pays, de sa personne, admirateur passionné des traditions germaniques, il préférerait de beaucoup se voir, dans l'avenir, ceint de la couronne impériale, entouré de princes, des États et des peuples de l'Allemagne, car il est plus Allemand que Prussien.

« On l'a représenté comme un homme faible, versatile, incapable de persévérance et de décision. Cette opinion est très exagérée, si elle n'est pas fausse. Frédéric-Guillaume est un homme d'imagination sans doute, disposé, comme tel, à se passionner pour des chimères et à les abandonner ensuite parce qu'il est en même temps un homme d'esprit; mais on peut être certain qu'il ne renoncera jamais au but de son ambition. Loin de passer, comme on le croit, par bizarrerie de caractère aux déterminations les plus opposées, c'est toujours la même ambition qui, rapprochée des circonstances de son temps, explique les contradictions de sa conduite. On plaisante, par exemple, de l'accouplement singulier de ses opinions libérales avec ses idées mystiques. En fait, le Roi n'est pas libéral dans le sens constitutionnel de ce mot. Il ne croit ni aux Assemblées, ni aux institutions modernes. Mais il sait, d'une part, que l'union politique de l'Allemagne, destinée à faire la grandeur de sa maison, est une idée sortie de la révolution, et il s'est fait libéral dans ce but. Il n'ignore pas, d'autre part, qu'un des grands obstacles à l'union du nord et du sud de l'Allemagne est la différence de religion, et voilà pourquoi l'homme d'imagination se plaît tant à méditer, dans un petit cercle d'amis, sur les moyens de rapprocher les deux religions.

« On a beaucoup reproché au Roi d'avoir fait retirer ses troupes dans la journée du 19 mars 1848, quand elles étaient victorieuses, et d'avoir ainsi abandonné sa capitale à la révolution. C'est toujours le même esprit. L'homme qui avait eu le réel courage de braver l'Autriche et la Russie, en donnant de propos délibéré une constitution à ses peuples pour se rendre populaire en Allemagne et faciliter les voies de son ambition, cet homme, dans une circonstance capitale, n'a pas voulu se brouiller tout à fait avec la révolution. Satisfait de sortir victorieux de la lutte, il a traité en ami avec la démocratie. Puis forcé pour sauver sa propre couronne de faire un coup d'État à la tête de ses troupes, il donne le lendemain à son pays une Constitution plus libérale, plus révolutionnaire que n'eût pu le faire la Constituante elle-même. Voilà donc, selon moi, le secret de cette conduite qui étonne l'Europe. C'est que le roi de Prusse est rivé à la révolution par l'ambition de dominer l'Allemagne. Il ne peut pas plus sacrifier l'une que l'autre.

« Maintenant je ne veux pas en ceci exalter la personne du Roi; le représenter comme un esprit ferme, jouant froidement et avec habileté un rôle difficile. Je ne veux dire qu'une chose, c'est que, homme d'esprit et d'imagination, il est beaucoup plus conséquent qu'on ne le pense avec sa passion dominante. Or, ce que je viens de dire des apparentes contradictions du Roi s'applique également à son frère, le prince de Prusse, et à toute sa famille, parce que le même intérêt explique tout. Le prince de Prusse, brave et loyal militaire, avec moins d'esprit que son frère, est resté longtemps à comprendre que la révolution était l'alliée nécessaire, indispensable, de l'ambition de sa maison. D'une nature franche, ouverte, peu propre à la dissimulation, il a longtemps repoussé du pied l'élément libéral; mais depuis qu'il s'est rendu compte de la situation politique de la Prusse, il s'est jeté ouvertement dans le parti libéral, et dépasse de beaucoup en concessions révolutionnaires tout ce que son frère a jamais accordé.

« Mais, dira-t-on, si la Prusse est si ardente, si passionnée pour opérer l'unité de l'Allemagne, si le Roi est plus ferme, plus résolu qu'on ne le suppose, pourquoi a-t-il reculé devant le but de son ambition, quand l'Assemblée de Francfort lui décernait la couronne impériale, et à un moment où, embarrassée par ses difficultés intérieures, l'Autriche ne pouvait employer contre la Prusse que de vaines protestations?

« Ici je touche à un point délicat qu'il faut exposer sous peine de s'abuser étrangement sur la situation des affaires de l'Europe. Oui, la Prusse est ambitieuse, elle brûle de s'assimiler l'Allemagne, elle est entraînée à ce but par la passion du Roi, de la famille royale, des hommes d'État, de la cour et de l'armée, non moins que par l'esprit public; mais la maison de Brandebourg est dominée dans la marche de son ambition par une crainte encore plus forte que son ambition, la crainte que lui inspire l'existence de la République en France. A ses yeux, la République en France, c'est l'épée de Damoclès sur la tête de tous les rois de l'Europe. La République en France, si elle est violente et désordonnée, c'est le désordre et la violence en Allemagne; si elle est sage et paisible, c'est pis encore, c'est la destruction en Europe de toute idée monarchique; c'est une menace pour tous les trônes, une perpétuelle excitation à la révolte des peuples contre les rois. Or, c'est là l'écueil que rencontre à chaque pas l'ambition du roi de Prusse. En vain la passion le pousse, lui et son gouvernement, à rompre avec l'Autriche et la Russie, en lui montrant le prix d'une alliance ouverte avec le parti révolutionnaire en Allemagne; la peur de la République en France ne manque jamais, au moment décisif, de le faire reculer devant sa proie. Ainsi que l'Autriche elle-même, la Prusse ne pense pas une seule fois à la République française, sans tourner instinctivement ses regards vers la Russie, comme vers l'ancre de salut de la monarchie. C'est la chaîne qui, malgré de vives et profondes jalousies, rive ces deux puissances à la politique russe, et, tant que subsistera la République en France, rien ne les en détachera. Elles se disent que leur union peut seule prémunir les peuples de la tentation de l'exemple et sauver la monarchie en Europe.

« Tenez pour certain, Monsieur le ministre, que c'est la pensée qui domine la politique de la Prusse et de l'Autriche. Tenez également pour certain que c'est la seule cause des hésitations de la Prusse. Ne croyez pas surtout que ce soit la crainte des idées révolutionnaires elles-mêmes qui arrête la Prusse. A force de se servir de l'esprit révolutionnaire au profit de son ambition, le roi de Prusse, comme son gouvernement, en est arrivé à ne plus le redouter; depuis qu'il a pu faire impunément deux coups d'État, sa confiance à cet égard est sans bornes. Il se dit qu'en enlevant, aux yeux du peuple et de l'armée, le caractère d'inviolabilité dont semblaient jouir les Assemblées, il n'a plus rien à redouter d'elles; il est persuadé qu'il peut impunément appeler à son aide l'esprit révolutionnaire de l'Allemagne par l'appât des constitutions les plus démocratiques, parce qu'au jour du danger, il retrouvera sa fidèle armée toute prête à un nouveau 12 novembre. »

Après cet exposé de la situation générale de l'Allemagne, j'essayai de faire connaître au ministre l'esprit d'une nouvelle manœuvre du gouvernement prussien. Je lui exposai comment, forcée par la crainte de la République en France, de substituer la tactique à l'audace, la Prusse avait trouvé un moyen habile de continuer son œuvre et de tenir toujours levé le drapeau de l'union; comment elle exploitait à son profit l'avantage qu'elle avait eu l'habileté d'obtenir sur l'Autriche, en se faisant décerner la couronne impériale par le Parlement de Francfort, quoique sans l'avoir acceptée; comment, parlant au nom de ces peuples comme s'ils réclamaient impérieusement la réalisation des promesses de 1848, et se disant engagée à satisfaire au vœu public, elle avait proposé une alliance volontaire entre tous les États germaniques ; comment sous cette forme modeste elle offrait un aliment aux aspirations unitaires sans affecter cependant l'alliance prusso-austro-russe qu'elle considérait comme le palladium de la monarchie en Europe ; comment par la constitution dite des Trois-Rois, à laquelle avaient adhéré, sous l'empire de la crainte, les rois de Saxe et de Hanovre, ce qui lui avait fait donner son nom des Trois-Rois, elle avait déjà rallié sous sa bannière une foule de petits États ; comment par cette constitution, œuvre de M. de Radowitz, la Prusse, investie de la présidence héréditaire, entourée d'un collège de princes, d'une Chambre des États et d'une Chambre des peuples, posait les bases d'une future réorganisation de l'Allemagne ; comment enfin elle pouvait espérer, si l'Autriche n'était pas en mesure de s'y opposer, de voir bientôt les divers princes de l'Allemagne forcés par les Chambres constitutionnelles de chaque État à lui donner leur adhésion, et constituer ainsi, à son profit, l'agglomération politique de l'Allemagne, d'une manière analogue à ce qui s'était fait pour le Zollverein.

« Je me résume en quelques lignes, ajoutai-je pour terminer mon rapport. L'idée unitaire en Allemagne est révolutionnaire ; c'est l'esprit démocratique qui en fait la force. Cette force est, en grande partie, au service de la Prusse qui lui a offert un but facile à atteindre par la constitution dite des Trois-Rois, si l'Autriche n'est pas bientôt en mesure de tout empêcher. Un obstacle énorme s'oppose à la rupture entre la Prusse, l'Autriche et la Russie, c'est l'existence de la République en France, parce que l'union des trois couronnes est le palladium de la monarchie en Europe. Tant que durera la République en France, rien ne parviendra à détruire cette union; mais, dans le projet du roi de Prusse, le mouvement unitaire peut se continuer sans amener une rupture immédiate, ce qui est tout à l'avantage de la Prusse. Le Roi se flatte que d'ici au moment où devront se prendre les grosses résolutions, les choses auront changé en France. »

Tel était le résultat de la mission officielle que m'avait confiée le ministre des affaires étrangères. Quant à celle que j'avais reçue du Prince ou plutôt que je m'étais donnée à moi-même, elle était d'une tout autre nature. Ayant à visiter l'Allemagne et à y étudier l'état des esprits, je m'étais dit que c'était une excellente occasion de faire connaître aux puissances étrangères le caractère et la situation du Président de la République. Comme toute notre diplomatie formée par les gouvernements précédents n'était remplie que de personnes ou hostiles ou peu sympathiques à la cause du neveu de l'Empereur, il était probable qu'elle n'avait guère songé à en donner une bonne opinion aux cours étrangères. Or, c'était la première fois qu'un ami du Prince, qu'un officier de sa maison arrivait à l'étranger chargé d'une mission; il devait donc y exciter une certaine curiosité, et c'était le cas d'en profiter pour rectifier les fausses idées qu'on avait pu inspirer au dehors et sur sa personne et sur l'état des choses en France. Sachant, d'ailleurs, qu'il suffit de frapper l'attention d'une cour ou d'un corps diplomatique pour que la correspondance des envoyés des diverses puissances reproduise et transmette bientôt l'impression reçue à toute l'Europe, je m'étais promis de faire la contre-partie de notre diplomatie en prenant pour base d'opération Berlin, Munich et Vienne.

Ce que j'avais prévu ne manqua pas de se réaliser. Les journaux ayant annoncé et répété partout que le Prince Président de la République française avait envoyé en mission particulière en Allemagne un de ses officiers d'ordonnance, ce fut pour me voir et pour essayer de pénétrer le secret de ma mission, un empressement singulier. A peine arrivé à Berlin, j'étais la bête curieuse du moment. M. de Lurde, notre ministre plénipotentiaire près la cour de Prusse, sur l'invitation qu'il en avait reçue de Paris, s'empressa de se mettre à ma disposition pour me présenter aux principaux ministres, au comte de Brandebourg, alors président du conseil, et au baron de Schleinitz, ministre des affaires étrangères, et, dès le lendemain de mon arrivée, je recevais une invitation pour dîner chez le Roi à Charlottenbourg. Puis, comme pour un corps diplomatique toujours aux aguets des moindres incidents de la politique, c'était une bonne fortune que de voir de près une chose alors aussi étrange qu'un bonapartiste, un ami de Louis-Napoléon, je fus assiégé de visites, d'invitations, de politesses de tous genres, et, au bout de quelques jours, j'avais vu tout ce qu'il y avait d'important à connaître dans la capitale prussienne. Enfin, après avoir assisté à une revue où j'eus l'honneur d'être présenté au Roi et de l'accompagner à cheval au milieu de son état-major, j'allai dîner à Charlottenbourg. J'y fus reçu avec une distinction marquée. Le Roi me présenta à la Reine, au prince et à la princesse Charles, au jeune Frédéric-Guillaume, fils et héritier du prince de Prusse, et à la princesse de Liegnitz, veuve morganatique du feu Roi, son père, Frédéric-Guillaume III, et après le dîner, Sa Majesté daigna s'entretenir longtemps avec moi.

Le Roi parlait bien, trop bien peut-être, car on lui reprochait, comme à Louis-Philippe, d'aimer trop à parler; mais, dans cette conversation, il se borna en quelque sorte à provoquer mes confidences. Son attitude indiquait une vive curiosité,

et il paraissait s'intéresser extrêmement à ce que je
lui disais. C'est qu'en effet, tout cela était évidemment pour lui comme la révélation d'un monde
inconnu. Prenant pour point de départ le 10 décembre qui avait donné le signal du rétablissement
de l'ordre, non seulement en France, mais dans
toute l'Europe, je m'attachai à exposer au Roi les
causes de la popularité prodigieuse du nom de Napoléon et du culte poétique dont il était l'objet
dans la dernière chaumière du peuple; je lui fis en
quelques mots le tableau de ce million de soldats,
débris de nos longues guerres de la République
et de l'Empire, de nos armées d'Allemagne, d'Italie, d'Espagne, de nos prisonniers d'Angleterre et
de Russie rentrant dans leurs villages en 1814 et
1815, exaltant dans l'âme du peuple les souvenirs
de la grande épopée, et élevant la nouvelle génération dans le culte du héros, comme avaient fait les
vétérans romains pour César et les soldats prussiens pour Frédéric; je montrai ce sentiment, longtemps renfermé dans le cœur des masses populaires, faisant explosion au 10 décembre et triomphant de toutes les résistances; et comme le Roi
me demandait si depuis que Louis-Napoléon était
au pouvoir sa popularité n'avait pas diminué, je lui
répondis que la popularité acquise par des actes
personnels peut s'évanouir aussi vite qu'elle s'est
formée, mais qu'il n'en est pas de même de la

popularité qui s'attache à une grande ombre et qui est scellée dans la tombe d'un héros; que telle était la puissance morale dont le neveu de l'Empereur était investi que, malgré tous les actes de réaction commandés par les circonstances, la répression des passions révolutionnaires, la destruction de la République à Rome, le rétablissement du Pape, la fermeture des clubs, il était aussi populaire, aussi acclamé du peuple que le premier jour; que, bien loin de décroître, son ascendant politique devait grandir chaque jour davantage comme avait grandi celui d'Octave César à Rome et par les mêmes causes; que comme le premier empereur romain, il arrivait sans amis, sans parti, entouré, au contraire, d'une foule de partis ennemis les uns des autres, mais que, appuyé sur les grandes masses, il ne tarderait pas à s'élever sur la ruine des factions; que faute d'hommes, faute d'agents dévoués, il était encore obligé de louvoyer, de subir des ministres étrangers, sinon hostiles à sa cause; mais qu'à mesure qu'il connaîtrait mieux et les hommes et les choses de son pays, il ferait plus fortement sentir sa volonté, son courage et sa décision.

A cet exposé de la situation du neveu de l'Empereur, le Roi, qui me prêtait l'oreille la plus attentive, ne m'interrompait de temps en temps que pour provoquer des éclaircissements. Je les lui donnai le mieux que je pus en citant les faits, les

anecdotes les plus propres à lui faire toucher du doigt la vérité. Ce qui l'étonnait le plus, c'est qu'avec un tel prestige, le Prince avait consenti à se laisser garrotter dans les entraves de la République. Il ne comprenait pas qu'un mouvement aussi clairement monarchique que celui du 10 décembre n'eût abouti qu'à consolider, au moins en apparence, le gouvernement républicain contre lequel l'élévation napoléonienne était une évidente protestation. Je dus entrer dans quelques développements pour expliquer cette situation. Je dis à Sa Majesté que je comprenais d'autant mieux son observation que j'avais moi-même conseillé au Prince de ne pas accepter la constitution au moment de prendre la présidence, mais je reproduisis au Roi la réponse même que le Prince avait faite alors à mes pressantes sollicitations : « Sans doute, m'avait
« dit le Prince, j'ai en ce moment une grande force,
« les masses populaires sont disposées à faire tout
« ce que je puis désirer, mais je n'ai actuellement
« que les masses populaires, c'est-à-dire une armée
« de soldats sans officiers; les classes élevées me
« sont hostiles, et elles me sont hostiles surtout
« parce qu'elles me jugent très mal. Mes entre-
« prises restées inexpliquées ont accrédité dans le
« public les idées les plus fausses sur ma personne.
« On me croit un brouillon, un ambitieux sans
« frein, etc. Il faut que je rassure ces classes, qu'elles

« apprennent à me connaître, que je leur donne
« des gages de modération, de sagesse, d'oubli des
« injures, que je leur rende des services; il faut
« enfin que je les gagne par ma personne tout en
« conservant l'attachement instinctif des masses au
« nom que je porte. Que si, alors, la France veut
« fonder quelque chose de durable avec mon nom,
« il ne manquera rien à l'édifice, et quand l'opinion
« sera prête, les occasions et les moyens ne man-
« queront pas à l'opinion. Mais je ne veux rien
« usurper, rien prendre que ce que la France me
« donnera. »

Ces paroles parurent exciter une vive sympathie dans l'esprit du Roi; il me dit qu'il était heureux de les entendre, et qu'elles faisaient le plus grand honneur au caractère du Prince. Après cette explication, abordant un autre sujet, pour féliciter le Roi de sa conduite tout à la fois énergique et libérale, je lui dis qu'il avait excité la vive admiration du Prince; que le rôle que Sa Majesté savait si bien remplir en Prusse de concilier les idées d'autorité avec les idées de liberté, était celui que le Prince ambitionnait le plus en France; que, au temps où nous vivions, tous les princes de l'Europe devaient se proposer ce but, car tous les États étaient solidaires aujourd'hui; et à ce sujet je me permis de rappeler au Roi comment la chute de Louis-Philippe avait ébranlé tous les trônes, et comment, au contraire, le triomphe d'un Napoléon les affermissait aujourd'hui. Il ne fallait donc pas, lui faisais-je observer, que les souverains de l'Europe se laissassent aller à manifester telles ou telles préférences au sujet du gouvernement de la France. Si l'Europe n'avait pas traité la maison d'Orléans avec mépris, si elle ne s'était pas coalisée contre elle, et n'eût pas donné au monde le spectacle de notre grande humiliation de 1840, Louis-Philippe n'eût point été renversé, et le gouffre des révolutions n'eût point été rouvert. Il peut être aussi très regrettable que la maison de Bourbon soit devenue impossible en France parce qu'elle ne représente plus aux yeux du peuple que la noblesse et le privilège; qu'elle choque par conséquent les idées ou les préjugés actuels de la nation, comme les Stuarts blessaient le sentiment public en Angleterre du jour où le pays était devenu protestant et que les Stuarts étaient restés catholiques. Mais s'obstiner à vouloir rétablir les Bourbons serait le comble de la folie; ce serait inévitablement condamner la France à une nouvelle révolution et l'Europe à un nouveau cataclysme. Je faisais d'ailleurs remarquer au Roi que ce n'était pas pour les riches, pour les grands, qu'on avait besoin de monarchie, mais pour les masses populaires qui vivent au jour le jour dans les préoccupations de la misère, et qu'en conséquence la première condition d'une dynastie, c'est d'être sympathique au peuple; et sur l'observation faite en riant par le Roi que c'étaient là de singulières doctrines pour un serviteur d'un gouvernement républicain, je répondis que je n'étais certainement pas chargé de dire ce que j'allais dire, mais que si je n'hésitais pourtant pas à le faire, c'est que la République en France n'était en réalité qu'une comédie imposée par les circonstances; qu'au fond nous étions sous un véritable gouvernement monarchique, avec un prince de sang royal, tous les principes et toutes les idées de la monarchie; que quant à la forme extérieure et aux mots qui caractérisaient les choses, tout cela n'était qu'une affaire d'opportunité, mais que l'Empire serait rétabli dans sa forme naturelle le jour qu'il conviendrait et à l'héritier de l'Empire et au pays.

Tel était l'ordre d'idées que je m'attachais à développer non seulement devant le Roi, mais dans mes conversations avec tous les personnages politiques que j'eus l'occasion de rencontrer pendant mon voyage en Allemagne, et je dois dire que c'était à l'étonnement général des hommes d'État et des diplomates de tous les pays. Aujourd'hui, il peut paraître singulier qu'en voyant un Napoléon à la tête du gouvernement français, les hommes d'État de l'Europe n'aient pas d'eux-mêmes la perception de ces choses. Mais, à cette époque, l'Europe était tellement abusée par le langage habituel de notre diplomatie et de tous nos personnages importants, ou légitimistes, ou orléanistes, ou républicains, en communication directe ou indirecte avec le dehors, que personne ou presque personne à l'étranger ne croyait à l'avenir de Louis-Napoléon. L'idée générale, c'était qu'ayant manqué l'occasion du 10 décembre pour arriver à l'Empire et s'étant laissé garrotter, emmailloter dans les langes de la Constitution républicaine, ce produit du premier Empire n'était qu'un enfant mort-né; que Louis-Napoléon, de sa personne sans consistance, sans caractère, sans valeur réelle, n'était destiné qu'à achever péniblement, en supposant qu'il pût aller jusque-là, le temps légal de sa présidence, et à disparaître au gré et à la satisfaction des hommes considérables du pays, pour faire place à une restauration bourbonienne ou orléaniste.

C'était donc, je le répète, avec le plus grand étonnement que des esprits, prévenus ou trompés, écoutaient le langage d'un homme de foi et de conviction venant leur dire ouvertement: « Ce que vous croyez un accident est un fait providentiel dont les conséquences sont inévitables; ce que vous croyez un vague sentiment populaire est une grande cause qui s'affirme; enfin celui que vous croyez un prince incapable est un homme ferme et habile qui a la prétention de fonder un ordre de choses durable et qui se sent dès aujourd'hui maître de lui et de la France. » A cette révélation inattendue, bien des gens refusaient, sans doute, de se rendre, mais d'autres en étaient saisis et frappés, et ce n'étaient certainement pas les moins intelligents.

Parmi ceux qui me parurent s'intéresser le plus à cette révélation, était le prince Félix de Schwarzenberg, alors président du conseil des ministres en Autriche. Dès mon arrivée à Vienne, j'avais reçu la visite d'un envoyé de Hollande auprès du gouvernement autrichien, le baron de Heeckeren, qui, s'emparant de moi comme de sa chose, et sans trop se préoccuper de notre ministre à Vienne, M. Delacour, s'était fait mon cornac. Comme je n'avais rien à cacher et qu'on voyait aux allures du baron qu'il était bien plus au service de l'Autriche que de la Hollande, je me laissai conduire le plus docilement du monde par ce singulier personnage. Je n'eus pas, du reste, à m'en repentir, car à peine lui eus-je débité mon chapelet sur le caractère du Prince Président et sur la situation des choses en France, que le prince de Schwarzenberg, qui m'avait d'abord reçu assez froidement lorsque je lui avais été présenté par M. Delacour, demanda à me voir plus intimement et m'invita à dîner. M'étant rendu à son invitation, je le trouvai dans son cabinet où il avait fait préparer une table, car il avait l'habitude d'y prendre ses repas. Nous dînâmes donc tous les deux en tête à tête, et la conversation se prolongea très tard dans la soirée.

Le prince Félix, frère cadet du prince de Schwartzenberg, chef de cette illustre maison, était entré de bonne heure dans l'armée. Après quelques années de service dans la cavalerie, il passa dans la diplomatie, où il ne se fit d'abord remarquer que par ses succès auprès des femmes. Mais ayant été nommé ministre à Naples, il eut l'occasion, au moment de la révolution italienne, en 1848, de montrer la plus grande énergie. Bientôt, abandonnant la diplomatie pour servir en Lombardie sous le maréchal Radetzky, pendant la guerre de Charles-Albert contre l'Autriche, il se distingua dans les principales affaires, notamment à Goïto (1) et à Custozza (2) où il fut nommé feld-maréchal lieutenant. Le maréchal Radetzky, qui le consultait dans toutes les affaires qui concernaient le gouvernement des provinces autrichiennes en Italie, fut si frappé de la fermeté, de l'activité et des facultés éminentes qu'il déploya dans ces graves circonstances, qu'il le désigna à la cour de Vienne comme le seul homme d'État capable de continuer le rôle du prince de Metternich. Nommé,

---

(1) Bourg de Lombardie, sur la rive droite du Mincio où, le 30 mai 1848, les Piémontais remportèrent un avantage éphémère sur les Autrichiens.

(2) Village près de Mantoue. Le 25 juillet 1848 les Autrichiens y battirent définitivement les Piémontais commandés par Charles-Albert. (*Note de l'éditeur.*)

sous ces auspices, président du conseil des ministres le 22 novembre 1848, il se signala, quelques jours après son arrivée au pouvoir, par un acte d'une grande importance, ce fut d'obtenir, de gré ou de force, l'abdication du vieil empereur Ferdinand Ier et la renonciation au trône de son frère l'archiduc François-Charles, en faveur du fils de ce dernier, l'archiduc François-Joseph, alors âgé de dix-huit ans, qu'il fit déclarer majeur la veille de l'abdication de son oncle. Au milieu du désordre des esprits, au sein de cette ville de Vienne qui avait été bouleversée par deux insurrections victorieuses, c'était pour la monarchie autrichienne un grand avantage que l'avènement au trône d'un prince sans antécédents, à qui les divers partis n'avaient rien à reprocher, et qui pouvait, au contraire, offrir à tous des espérances. Mais pour la capitale elle-même, c'était bien autre chose. La métamorphose opérée par le nouveau président du conseil, en présentant à la place d'un vieux souverain usé, impopulaire, un jeune empereur de dix-huit ans, joli garçon, brillant cavalier, était un coup de fortune. L'effet fut irrésistible. Cette ville de Vienne, qui la veille était au pouvoir de la démagogie, ne respira plus que pour son jeune empereur. C'était une joie, une ivresse inouïe. Les femmes, ravies du changement, enchantées de leur nouveau souverain, n'auraient pas souffert un mot contre la maison de

Lorraine. La Révolution était vaincue par la jeunesse. Le prince Félix avait donc bien deviné les sentiments de son pays, et s'il est vrai, comme on le disait, qu'il eût fait son éducation politique avec les femmes, il faut bien avouer qu'il avait au moins appris à bien se servir d'elles.

De sa personne, le prince Félix se distinguait par une taille élevée, mais qu'un manque d'embonpoint rendait peut-être disproportionnée. Sa figure, fière et un peu hautaine, laissait également à désirer quant à la gravité de l'expression, parce que la forme allongée et pointue du nez contrastait avec la noblesse du front et des yeux. Mais dans ce mélange de la finesse et de la force, c'est le lion qui dominait. Sa parole était brève, incisive. On sentait que l'énergie, la vigueur des résolutions était le trait dominant de son caractère. Quelles que fussent ses autres qualités, il avait donc celle qui est le plus nécessaire dans le gouvernement d'un peuple : la volonté; car un gouvernement est une machine à décisions, et sa vertu essentielle, c'est d'être toujours prêt à dire oui ou non. Quant à ses lumières, je ne sais pas si elles étaient à la hauteur de sa fermeté. Si le caractère se révèle vite, en effet, il n'en est pas de même des ressources de l'esprit qui ne sauraient se manifester toutes à la fois aux yeux de l'observateur. Mais il m'est resté cette impression qu'il y avait dans cet homme l'étoffe d'un grand ministre, et je crois que sa fin prématurée, arrivée en 1852, fut un véritable malheur pour l'Autriche.

A l'époque où je le vis, il était absorbé par les préoccupations que lui donnait la réorganisation de l'Empire après la défaite des Hongrois, avec le secours des armées russes. On connaît son mot célèbre à ce sujet : « Nous étonnerons le monde par notre ingratitude », mot profond qui porte l'empreinte de l'homme d'État. C'est qu'en effet une dynastie, sous peine de perdre toute autorité sur ses peuples, ne pouvait rester sous le poids d'une pareille reconnaissance. La première chose à faire, fût-ce au prix d'une ingratitude, était donc de reprendre son indépendance. Or, ce qu'il y a de remarquable dans ce mot, c'est qu'il suffisait au ministre de le prononcer pour dégager de fait son souverain. Sans avoir besoin de blesser autrement la Russie, et par cela seul qu'il avouait la résolution de l'Autriche d'être ingrate au besoin, il replaçait le jeune Empereur vis-à-vis de ses peuples et du monde entier dans la sphère élevée nécessaire à l'indépendance et à la dignité de sa couronne.

Cet acte de haute intelligence politique m'avait vivement frappé, et c'est en souvenir du prince de Schwartzenberg que, publiant longtemps après une lettre de Rome, précisément pour prévenir autant que possible l'ingratitude d'un peuple à notre égard, c'est-à-dire pour dégager d'une manière analogue son indépendance et sa dignité, je disais aux Italiens : « Ce que nous avons fait dans la péninsule, c'était pour nous affranchir des dangers que nous faisait courir la domination de l'Autriche en Italie. C'est donc dans notre propre et unique intérêt que nous avons fait la guerre à l'Autriche : par conséquent quelque avantage que vous en ayez retiré, vous ne nous devez rien (1). »

Quant à la tâche qu'avait entreprise le prince de Schwartzenberg en se proposant l'unification des diverses parties de la monarchie autrichienne, elle était au-dessus des forces et surtout de la vie d'un homme. Il fallait son courage et sa confiance en lui-même pour en concevoir la pensée. Et cependant, loin de se proposer pour modèle le système absolu de la centralisation française, il ne voulait centraliser que la diplomatie, l'armée, les finances, la poste et les voies de communication. Mais pour un empire qui n'est autre chose qu'une aggrégation de peuples, différents de race, de langage, de traditions, formant autant de nationalités distinctes, jalouses les unes des autres, c'était, je crois, déjà trop. L'exemple historique de l'unification de

(1) Voir sur ce sujet la lettre au président Troplong, de Rome, le 30 avril 1865, page 213 (*Le duc de Persigny et les doctrines de l'Empire*, par J. DELAROA, H. PLON, éditeur, 1865). (*Note de l'éditeur.*)

la France, que citait le ministre autrichien pour démontrer la possibilité de son plan, n'était d'ailleurs pas très applicable. Même en supprimant la considération du temps qui avait été chez nous le principal élément de l'opération, il n'y avait eu à l'origine rien de semblable à ce que présente à notre époque la monarchie autrichienne. Les anciennes Gaules quoique divisées en une foule de petits États, de petits peuples, ne formaient en réalité qu'une seule nation par la race, la langue et l'organisation sociale et religieuse; la civilisation romaine et la barbarie franque, en se superposant à ce fond commun, n'en n'avaient pas changé le caractère essentiel : sous Charlemagne, le royaume de France formait un seul État, une seule nation gouvernée et administrée de la même manière, quels que fussent, du reste, les coutumes et les usages particuliers introduits dans chaque division territoriale par la prédominance des éléments constitutifs, ici romains, là francs, plus loin celtiques, ailleurs enfin burgundes, normands, etc. A la vérité, la grande unité carlovingienne s'était bientôt dissoute soit par la faiblesse des successeurs de Charlemagne, soit plutôt par la destruction des routes romaines qui, en isolant les provinces entre elles et surtout du centre politique, avait favorisé la formation d'une foule de petites souverainetés faiblement reliées à la Couronne et constitué ainsi la féodalité. Mais cet émiettement n'avait pas altéré l'homogénéité de l'ensemble. Le régime des fiefs, des francs-alleux et des communes y était à peu près le même partout; loin que les populations redoutassent, comme en Bohême et en Hongrie, d'être plus directement rattachées à l'autorité centrale, à mesure que par mariages, donations, héritages, confiscations ou conquêtes, les divers grands fiefs venaient à tomber dans le domaine royal, c'était pour elles un sujet de contentement et de joie. Pendant les cinq à six siècles qu'a duré le travail d'unification, on ne voit pas de la part des populations un seul exemple de résistance à cette transformation; bien au contraire, elles ne cessent pas de conspirer avec nos rois pour l'unité carlovingienne. Entre la France et l'Autriche, il n'y a donc pas de comparaison possible.

Le prince de Schwartzenberg ne contestait pas la justesse de ces observations. Il reconnaissait qu'en Autriche la résistance à l'union venait des masses elles-mêmes jalouses de leurs diverses nationalités, tandis qu'en France elle ne s'était rencontrée que chez les princes ou comtes et hauts barons du royaume; mais il soutenait qu'à la condition de les ménager dans les mots, dans les formes, les apparences, les sentiments des masses étaient plus faciles à tourner ou à dominer que l'intérêt des grands; il en donnait pour preuve les cinq à six siècles même qu'il avait fallu à la royauté en France pour vaincre la résistance des grands vassaux. Or, il prétendait que les classes élevées, surtout la haute noblesse des divers États de l'empire d'Autriche, étaient favorables à l'union ; il croyait donc qu'en appelant cette noblesse autour du trône, qu'en la forçant de s'occuper des affaires, en augmentant son influence, en la prenant pour auxiliaire, il était possible de déterminer, avec son aide, un mouvement unitaire suffisant non sans doute pour faire un peuple homogène comme la France, mais au moins pour donner à la monarchie autrichienne plus de cohésion et de solidité. Il soutenait, d'ailleurs, que rien n'est impossible à un grand État qui a une idée, et que s'il parvenait, lui ministre autrichien, à faire entrer fortement l'idée d'unification dans l'esprit de son gouvernement, cette idée ferait ensuite son chemin d'elle-même.

Quoi qu'il en soit, le prince de Schwartzenberg qui, comme tous les hommes d'une véritable élévation de caractère, aimait à provoquer les objections ne fût-ce que pour en triompher, revint plusieurs fois, dans nos entretiens, sur cette grande question ; je dis dans nos entretiens, car avant mon départ, il m'invita une seconde fois à dîner en tête à tête avec lui, ce qui était sa manière habituelle de recevoir les personnes avec lesquelles il désirait causer longuement. Il me fit ensuite l'honneur de me présenter à l'empereur François-Joseph, qui me reçut avec beaucoup de bonne grâce et dont la simplicité, le ton naturel et les manières dégagées de toutes prétentions me frappèrent. C'était la première fois que je voyais un grand souverain sous les dehors d'un jeune officier de bonne maison.

Et maintenant, je n'ai pas besoin de reproduire les conversations que j'eus avec le ministre autrichien sur le prince Louis-Napoléon et la situation de la France; ce qui précède le rend inutile. Mais il est un point de mes entretiens qui parut faire une vive impression sur le prince de Schwartzenberg et que sa nature ouverte, loyale en même temps qu'audacieuse, ne pouvait manquer d'apprécier. Je finis donc ce chapitre par l'extrait suivant d'une de mes lettres de Vienne au Prince Président.

« Tenez pour certain, disais-je au prince de Schwartzenberg que Louis-Napoléon ne se laissera pas traiter comme Louis-Philippe. Au temps où nous vivons, c'est le sentiment national représenté en France par le neveu de l'Empereur qui est la seule force capable de triompher des passions révolutionnaires. Or il ne peut pas laisser porter atteinte à ce sentiment sans compromettre l'ordre social en France et par suite en Europe. Il a pour mission de réconcilier l'ancienne France révolutionnaire et conquérante avec l'Europe et de tenir haut et ferme l'arche d'alliance entre deux mondes. Il mettra toute sa sagesse, toute sa prudence à éviter la guerre. Mais il aimerait mille fois mieux s'exposer à tomber sur un champ de bataille que dans la boue des barricades. Si donc les anciens préjugés de l'Europe voulaient lui imposer quelque humiliation, vous verriez les effets d'une étrange résolution. Vous croyez que la France est faible parce qu'elle a de mauvaises institutions. Oui, elle est faible dans la paix parce qu'avec de mauvaises institutions, elle n'a aucun but devant elle. Mais que la guerre éclate et vous verrez ce qu'il y a de vitalité dans notre nation. Vous connaissez les partis qui attaquent le gouvernement du neveu de l'Empereur, mais vous ne connaissez pas les masses qui le défendent. Vienne le jour où le nouveau Napoléon appellera la France sous les armes et vous verrez avec quelle facilité tous ces partis qui font tant de bruit seront noyés dans les grandes masses. Vous avez été frappé, ajoutai-je, de la vive et profonde sensation produite par la lettre du Prince à Edgar Ney (1) et ce n'était qu'un appel

---

(1) Voici cette lettre :

A M. Edgar Ney, à Rome.

Élysée National, le 18 août 1849.

Mon cher Ney,

La République française n'a pas envoyé une armée à Rome pour y étouffer la liberté italienne, mais, au contraire, pour la régler, en la préservant contre ses propres excès, et pour lui don-

indirect à l'esprit de la nationalité française; mais vous verriez bien autre chose si c'était un appel direct, un cri de guerre enfin poussé par un Napoléon. »

Paris, 29 janvier 1869.

ner une base solide, en remettant sur le trône pontifical le prince qui, le premier, s'était placé hardiment à la tête de toutes les réformes utiles.

J'apprends avec peine que les intentions bienveillantes du Saint-Père, comme notre propre action, restent stériles en présence de passions et d'influences hostiles. On voudrait donner comme base à la rentrée du Pape la proscription et la tyrannie. Dites, de ma part, au général Rostolan, qu'il ne doit pas permettre qu'à l'ombre du drapeau tricolore, aucun acte puisse dénaturer le caractère de notre intervention.

Je résume ainsi le pouvoir temporel du Pape : *amnistie générale, sécularisation de l'administration, code Napoléon et gouvernement libéral.*

J'ai été personnellement blessé, en lisant les proclamations des trois cardinaux, de voir qu'il n'était même pas fait mention du nom de la France, ni des souffrances de nos braves soldats.

Toute insulte faite à notre drapeau ou à notre uniforme me va droit au cœur, et je vous prie de bien faire savoir que si la France ne vend pas ses services, elle exige au moins qu'on lui sache gré de ses sacrifices et de son abnégation.

Lorsque nos armées firent le tour de l'Europe, elles laissèrent partout, comme trace de leur passage, la destruction des abus de la féodalité et les germes de la liberté; il ne sera pas dit, qu'en 1849, une armée française ait pu agir dans un autre sens et amener d'autres résultats.

Dites au général de remercier, en mon nom, l'armée de sa noble conduite. J'ai appris avec peine que, physiquement même, elle n'était pas traitée comme elle devrait l'être; rien ne doit être négligé pour établir convenablement nos troupes.

Recevez, mon cher Ney, l'assurance de ma sincère amitié.

Louis Napoléon-Bonaparte.

(*Note de l'éditeur.*)

LE
GÉNÉRAL CHANGARNIER
1851

De tous les hommes considérables de l'Assemblée législative, le général Changarnier était celui qu'il eût été le plus important d'acquérir à la cause de Louis-Napoléon. Réunissant dans ses mains le commandement de la première division militaire et de la garde nationale de Paris, général en chef, par conséquent, de toutes les forces militaires de la capitale, il semblait appelé à jouer un rôle prépondérant dans la guerre intestine qui tendait à se déclarer de plus en plus entre l'Assemblée législative et le Président de la République. D'un caractère énergique et décidé, d'un courage calme et brillant, d'une attitude pleine de confiance et de sérénité au milieu du désordre des esprits, il apparaissait à la majorité de l'Assemblée non seulement comme l'obstacle inébranlable sur lequel devaient s'épuiser les derniers efforts de la démagogie, mais comme l'arbitre suprême qui, en jetant l'épée de Brennus dans la balance, allait décider des divisions du pays.

Or, cette situation éminente prise dans l'Assemblée, le général Changarnier l'avait également conquise dans les rangs supérieurs de l'armée. Quoique n'ayant jamais commandé en chef et, par conséquent, sans véritable illustration militaire, il avait acquis sur ses généraux et ses officiers un ascendant considérable. L'armée se rappelait que c'était lui qui, dans la journée du 16 avril 1848, venant au secours d'un gouvernement aux abois, lors de la conspiration de Louis Blanc avec les cent mille ouvriers des ateliers nationaux, avait donné le premier signal de la résistance de l'ordre. Mais en dehors de ce souvenir, il exerçait par sa personne une autorité morale remarquable; c'est qu'en effet il était doué des plus hautes facultés du commandement, d'un abord agréable et facile dans la vie privée, d'une dignité grave et imposante dans le service, il révélait à tous ceux qui l'approchaient une âme forte et audacieuse, un esprit lucide et pénétrant, une volonté nette et arrêtée. Affable et familier dans ses relations habituelles avec les chefs de corps, il prenait, dès qu'il s'agissait du service, une attitude si haute et si digne que chacun était frappé de la transformation qui s'opérait en lui. Dans ces temps d'agitation populaire, alors que l'émeute semblait toujours prête à disputer à l'autorité la sécurité de la place publique, et que le souvenir des sanglantes journées de Juin pesait encore sur les consciences, il réunissait souvent les chefs de corps de l'armée et de la garde nationale, pour leur donner ses instructions en prévision des éventualités qu'on pouvait avoir à craindre. Là, attentif à suppléer par sa dignité personnelle à ce qui lui manquait en illustration, il attendait que tous ses officiers fussent réunis pour apparaître au milieu d'eux calme, imposant, et il leur parlait avec un mélange de confiance et de fermeté qui réussissait toujours à les subjuguer. Prévoyant le cas où, dans un soulèvement populaire, des corps de troupes, séparés les uns des autres par des obstacles naturels dans Paris, ne pourraient correspondre facilement avec son quartier général et recevoir ses ordres, il professait cette doctrine qu'en pareille situation chaque chef de corps, chaque chef de détachement devait agir suivant ses lumières, sa conscience et son courage, comme s'il avait reçu des ordres positifs du général en chef, et que le général en chef, de son côté, devait couvrir de sa responsabilité tous les actes de ses subordonnés. « N'hésitez pas à suivre vos inspirations, leur disait-il nettement; agissez avec vigueur; quel que soit le résultat de votre action, je prends tout sur moi, c'est moi seul qui serai responsable. » Comprenant bien qu'en temps de révolution le plus rare courage est celui de la responsabilité, à la différence de ces chefs timorés qui tendent sans cesse à rejeter cette responsabilité sur les autres, il ne craignait pas d'en décharger ses subordonnés pour l'assumer tout entière. Certes, un pareil chef était fait pour inspirer à ses troupes la confiance et le dévouement. On conçoit donc quel terrible adversaire le Président de la République devait rencontrer dans le général Changarnier s'il ne parvenait pas à l'entraîner dans ses intérêts.

Malheureusement, bien des causes devaient concourir à séparer ces deux hommes. Les plus graves venaient du général. Nommé au commandement de Paris par le général Cavaignac, après les journées de Juin, à un moment de violente réaction contre l'anarchie, il s'était laissé entourer par une coterie orléaniste des plus aveugles et des plus obstinées. Aux yeux et suivant les calculs de cette coterie, Louis-Napoléon n'était qu'un accident dans le désordre général du temps; sa popularité d'un jour devait s'user et s'épuiser à l'œuvre de réaction que le parti de l'ordre accomplissait en son nom. Il n'avait pour mission que de venger sur les républicains les injures des orléanistes, d'exterminer au profit de ces derniers les auteurs de la révolution de Février; mais une fois cet acte de réparation nécessaire accompli, comme la victime chargée des iniquités d'Israël, il devait être sacrifié à la restauration de la liberté bourgeoise de 1830. Or, l'état-major du général Changarnier n'était composé que de politiques de cette sorte. Deux aides de camp du général, le commandant Valazé pour l'armée et le comte Roger du Nord pour la garde nationale, les personnifiaient tous. Le premier, insolent de langage et, d'ailleurs, sans mesure dans ses propos, sans droiture dans ses relations, toujours prêt à exciter la discussion entre le Prince et le général, ne manquait jamais dans les messages dont il était habituellement chargé auprès du Président de dénaturer et d'envenimer toutes choses. Il ne semblait avoir pour objet que d'entretenir la défiance et la haine entre l'état-major de la place et l'Élysée.

Quoique d'un caractère bien différent, aussi loyal que brave, le comte Roger ne contribuait pas moins à éloigner du Prince le général Changarnier. Membre de l'Assemblée législative, ami intime de la famille Thiers, et très dévoué aux Orléans, il avait d'autant plus d'influence en poussant à la guerre contre Louis-Napoléon, que riche, sans ambition, sans esprit d'intrigue, il était, aux yeux du général, plus désintéressé, plus sincère.

Une autre cause ne devait pas être moins funeste aux rapports entre le Prince et le général, c'était les relations de ce dernier avec la baronne James de Rothschild, femme d'un esprit distingué, d'un grand charme d'intimité, mais dévouée aux Orléans et ennemie acharnée de ce qui n'était pas inféodé à ses princes favoris. Ce n'est pas tout : parmi les causes diverses qui allaient amener la lutte entre deux hommes que tant d'intérêts communs auraient dû réunir, la plus puissante peut-être était cette action singulière que l'esprit des salons de Paris exerce habituellement sur les hommes politiques. Les généraux d'Afrique, sevrés toute leur jeunesse des plaisirs d'une société élégante, en subissaient le charme plus que d'autres. A peine introduits dans ce milieu nouveau, ils s'y voyaient l'objet de tant de flatteries, de tant de caresses, la conversation des femmes y exposait leur âme à tant d'enivrements, que, surpris par le contraste de ces jouissances délicates avec la rude vie des camps, ils devenaient incapables de résister aux séductions. Or, les salons de Paris, dominés par les partisans des deux monarchies bourboniennes, étaient naturellement hostiles au Prince Président. Pour ce monde égaré par les regrets du passé, ce n'était pas assez que l'élection du 10 décembre l'eût délivré des terreurs de l'anarchie, il voulait être affranchi tout à la fois et du mal et du remède.

En voyant le général Changarnier exposé à tant d'influences dangereuses, on pouvait donc prévoir qu'il y succomberait. Cela était d'autant plus naturel que tous les hommes considérables des anciens partis, les Molé, les Guizot, les Thiers, les de Broglie, les Berryer, semblaient concourir à exalter en lui une ambition qui n'était déjà que trop portée à s'exalter d'elle-même. Et cependant je m'obstinais à croire encore à la possibilité de gagner le général à la cause du Prince. En dépit des préventions qu'on s'efforçait d'exciter dans son esprit contre les amis du Président, je recherchais toutes les occasions de causer avec le général et je dois dire que, de son côté, il ne paraissait pas les éviter. Soit qu'il fût encore indécis du parti à prendre, soit qu'il cherchât à découvrir les dispositions du Prince par les miennes, soit plutôt qu'il fût sensible à la haute estime qu'il sentait m'avoir inspirée, il m'écoutait toujours avec une attention aussi sérieuse que bienveillante. Pour moi, abordant, sans hésiter avec lui et sans qu'il parût en être blessé, les sujets les plus délicats, j'analysais sa propre situation avec une complète indépendance d'esprit. Voyant avec quel soin, avec quelle prudence il se tenait entre les orléanistes et les légitimistes, sans qu'on pût découvrir de quel côté il penchait, on pouvait aisément deviner qu'il caressait l'idée d'un rôle personnel. « Plus je vous observe, lui disais-je souvent, plus je découvre en vous des qualités éminentes, et plus je tremble que vous ne vous laissiez égarer par des illusions. De toutes parts on vous entoure, on vous presse, on vous pousse à viser au premier rang et à dédaigner le second. On vous dit, on vous répète que vous avez des facultés d'un ordre supérieur et cela est vrai; car les plus précieuses qualités du commandement abondent en vous. Mais rappelez-vous les leçons de l'histoire. Il ne suffit pas d'être né pour commander, il faut être placé dans les conditions nécessaires au commandement. Qu'autour de vous, ceux qui vous approchent soient frappés de votre dignité, de votre netteté, de votre fermeté, rien n'est plus vrai. Mais cela n'existe pas pour les grandes masses. Vous parlez aisément à la raison, à l'âme des chefs de corps qui vous voient et qui vous entendent; mais vous ne dites rien à l'imagination des soldats et des masses qui sont trop loin de vos regards et de votre parole, pour découvrir ce qu'il y a de supérieur en vous. Et voilà pourquoi les plus brillantes facultés sans le prestige de la gloire, pour agir au loin, sont impuissantes à suppléer aux conditions qu'exige un premier rôle. Que si votre ambition est de jouer ce premier rôle, faites comme les hommes qui, dans tous les pays, ont dominé leurs contemporains. Allez tenir pendant dix ans, comme César, l'âme de tout un peuple attachée aux périls, aux grandeurs, aux merveilles d'une nouvelle conquête des Gaules. Alors vous serez en état de gouverner votre pays; car, à la supériorité du commandement qui subjugue les chefs, vous unirez le prestige de la gloire qui entraîne les soldats et les grandes masses. Mais dans un pays comme la France, prétendre au pouvoir suprême, n'importe sous quel titre, sans être de sang royal ou sans avoir gagné dix batailles rangées, c'est courir à une perte certaine. Aveugles ceux qui ne voient pas l'abîme vers lequel ils vous précipitent! Ils ne comprennent rien au mécanisme des choses humaines. »

Naturellement, quand je lui disais ces choses, le général Changarnier ne manquait pas de se récrier, de protester de son abnégation politique, de son absence d'ambition, de son unique désir de servir le pays et de son obéissance aux lois. De mon côté, tout aussi naturellement, je m'abritais, comme lui, derrière des précautions oratoires. J'étais bien loin de lui supposer une ambition si dangereuse; j'étais convaincu qu'il avait un coup d'œil trop juste pour s'abandonner à des chimères; mais comme je le savais journellement exposé aux conseils les plus imprudents, je lui demandais, dans son propre intérêt, la permission de me faire l'avocat de la partie adverse et je continuais :

« Quand vous vous comparez à la personne de Louis-Napoléon, quand vous pesez mentalement vos facultés et vos défauts réciproques, qu'en regard de son maintien modeste et de son apparente indécision, vous opposez la netteté de vos expressions et la vigueur de votre commandement, je comprends que le Prince puisse vous paraître un adversaire moins redoutable qu'il ne l'est, en effet, malgré son inexpérience actuelle des hommes et des choses de ce pays. Je crois que quoiqu'il ait un courage remarquable, s'il s'agissait d'une lutte politique entre vous deux et qu'il s'appelât simplement le général Cavaignac ou le général Lamoricière, M. Guizot ou M. Thiers, bien des gens parieraient pour vous. Mais il s'appelle Napoléon, c'est-à-dire qu'il est en possession, par hérédité, d'un prestige aux yeux du peuple que dix ans de triomphes et de victoires ne vous donneraient pas. Car, comme Auguste, il a derrière lui toutes les sympathies qu'éveille dans ce peuple le nom du César moderne. A Rome, aussi, les généraux, les orateurs et les tribuns croyaient pouvoir aisément l'emporter sur le jeune Octave; mais vous savez quelle fut la destinée d'Antoine, de Lépide et de Cicéron? Eh bien! si vous vous laissez égarer par des conseils funestes, vous êtes menacé du même sort.

« Un homme supérieur, lui disais-je encore, doit savoir juger sa propre situation, avant de déterminer le but qu'il veut atteindre. La vôtre ne vous destine qu'au second rôle, mais à un second rôle éclatant. Réunis tous les deux, le Prince et vous, vous pouvez tout. Louis-Napoléon a derrière lui, par le prestige de son nom, des masses énormes, une immense armée de soldats, à laquelle il ne manque qu'un état-major. Donnez-lui cet état-major, en venant à lui, vous et les vôtres, alors le pays est sauvé, l'anarchie morale est finie et nous pouvons fonder en France un grand et puissant gouvernement dont vous serez le premier et le plus illustre sujet. Que si, au contraire, méconnaissant les leçons de l'histoire, vous en veniez à croire que le talent, l'habileté, les plus hautes facultés, le génie même peuvent remplacer, dans le gouvernement d'un pays comme la France, le prestige de la gloire ou l'éclat du sang royal, alors je vous plaindrais sincèrement, car, à mes yeux, vous seriez perdu. »

Puis, pour lui faire toucher du doigt, par la pratique des choses, la vérité théorique, je lui contais ce qu'il ne savait que trop par ses propres renseignements : les scènes qui se passaient dans les casernes, quand le Prince Président allait les visiter, l'enthousiasme des soldats, leurs propos audacieux, contre lui le général Changarnier qu'ils accusaient de trahison, enfin leurs menaces de le fusiller s'il osait se déclarer contre le neveu de l'Empereur. « Or, je vous le demande, lui disais-je, à quoi vous serviront vos grandes facultés, votre vigueur, votre énergie, votre autorité morale sur les généraux sous vos ordres, si la troupe vous abandonne et que, au lieu de tirer sur vos ennemis, elle tire sur vous ? »

Dans le cours de ces entretiens, le général, je le répète, me laissait tout dire avec une extrême complaisance et m'écoutait avec une attention visible. Quoiqu'il cherchât habituellement à dissimuler ses impressions par une sorte d'affectation de beaux sentiments, de désintéressement, de devoir, de patriotisme, je le sentais intérieurement oppressé sous le poids de ces écrasantes vérités. Malheureusement, en dépit de ces conversations et des réflexions qu'elles pouvaient lui faire faire, la force des choses l'entraînait chaque jour davantage dans le camp des ennemis du Président.

Pour être juste, il faut dire qu'il hésita longtemps avant de se déclarer contre lui. Comme la plupart des chefs du parti de l'ordre (je ne parle pas, bien entendu, d'hommes comme M. Thiers, dont la vanité ridicule rêvait je ne sais quel rôle personnel), le général, à une certaine époque, avait été sérieusement disposé à refaire l'Empire avec Louis-Napoléon. Il est certain que si le Prince s'était montré plus docile aux avis de ce qu'on appelait alors plaisamment le parti des *burgraves,* s'il eût été surtout plus en état de les dominer, c'est-à-dire s'il eût eu, alors, la réputation des grands talents politiques dont il a donné depuis tant de preuves, il eût pu trouver, dans la Chambre elle-même, les moyens de renverser la Constitution républicaine, sans être obligé de la violer par un coup d'État. C'est qu'en effet, effrayés des périls dont les partis démagogiques menaçaient la société, surtout avant l'échauffourée du 13 juin, au Conservatoire des Arts et Métiers (1), la plupart des hommes considérables des anciens partis se seraient volontiers jetés dans les bras de Louis-Napoléon. A chacune des crises que la démagogie faisait naître, on les voyait accourir à l'Élysée pour exposer la gravité de la situation et demander un remède héroïque. Ce remède, il est vrai, aucun d'eux n'en formulait les conditions et n'en prononçait le nom; car, à l'exception de M. Molé, qui, seul, bien qu'à voix basse, conseillait l'Empire, tous auraient voulu être sauvés par le neveu de l'Empereur, sans qu'on pût les rendre responsables de l'opération à tenter si l'opération venait à échouer.

Quant au général Changarnier, plus audacieux que ses collègues de l'Assemblée, non seulement à cette époque de troubles et d'inquiétude il ne craignait pas d'indiquer la solution de l'Empire, mais il se plaignait souvent des irrésolutions, des lenteurs du Prince Président à prendre son parti. Un jour, c'était à Amiens, pendant une revue de la garde nationale passée par le Prince, le général était à cheval à côté du Président et moi derrière.

(1) Le 13 juin 1849, Ledru-Rollin tenta, avec le concours de plusieurs autres révolutionnaires, de fomenter une émeute contre le gouvernement. Traqué au Conservatoire des Arts et Métiers où il s'était réfugié, il parvint à s'échapper par un vasistas, gagna la Belgique, puis l'Angleterre, où il forma un comité insurrectionnel avec Mazzini, Kossuth, etc. (*Note de l'éditeur.*)

L'enthousiasme de la population allait jusqu'au délire. Le général, frappé de cette manifestation, se retournait de temps en temps vers moi, comme pour me communiquer ses impressions par son regard. Tout à coup, je le vis faire reculer son cheval à la hauteur du mien et se penchant vers moi avec une émotion visible : « Que le Prince en finisse, me dit-il à l'oreille. S'il veut se faire proclamer empereur et répondre aux aspirations populaires, il peut compter sur moi; qu'il me parle franchement, qu'il s'entende avec moi et nous en aurons bientôt fini avec la République. »

Mais le Prince n'était pas homme à se laisser séduire par des ouvertures de ce genre. Comme Octave arrivant de Grèce, après la mort de César, il se sentait mal à l'aise au milieu de tant d'éléments inconnus. Encore privé à cette époque de l'autorité morale que donne seul, dans le monde politique, l'avantage d'avoir fait ses preuves de capacité, il éprouvait une sorte d'embarras vis-à-vis des réputations établies. Les hommes considérables des anciens partis lui inspiraient une défiance dont il ne pouvait se défendre. Et ce sentiment s'augmentant à mesure que moins effrayés par la démagogie, la plupart de ces hommes politiques revenaient à leurs tendances premières, il en arriva à considérer leur concours comme plus dangereux que leur hostilité. Or, c'est cette disposition d'esprit qui, aisément devinée par le général Changarnier et par les autres chefs du parti de l'ordre, décida, je crois, plus que toutes autres causes, la rupture entre le Prince et l'Assemblée.

En ce qui me concerne et quoi qu'on en ait dit dans le temps, personne ne voyait cette rupture avec plus de regrets que moi. Tout en me préparant activement, avec les amis du Prince, à la lutte contre l'Assemblée, si elle venait à éclater, je ne cessais de me préoccuper des moyens de la prévenir. Comme tout homme de sens, je savais bien que le rétablissement de l'autorité n'était possible qu'à la condition de violenter notre absurde Constitution, mais j'aurais attaché un grand prix à ce que le Prince Président n'eût pas à le faire lui-même. Il me semblait, en effet, possible d'amener les principaux chefs de l'Assemblée à quelques combinaisons qui auraient permis de soumettre certains points de la Constitution à la revision du peuple et surtout de donner au Président de la République, au moins dans certaines circonstances, le droit de consulter la nation. J'avais à ce sujet de nombreux entretiens avec les principaux membres de l'Assemblée et particulièrement avec mon ami M. de Falloux, qui me servait de lien auprès des chefs les plus éminents du parti de l'ordre, notamment avec le comte Molé qui m'avait pris en quelque amitié et qui, de tous, était le plus porté à refaire l'Empire; mais, comme ils se plaignaient généralement d'un défaut de confiance de la part du Président, je m'efforçais de combattre auprès du Prince sa disposition à se tenir trop éloigné d'eux. « En fait, lui disais-je souvent, les chefs de l'Assemblée ne représentent en aucune façon les aspirations nouvelles de la nation. Ils sont, la plupart, impopulaires, et n'ont aucune autorité sur les grandes masses qui ne voient que vous et n'attendent que de vous le salut du pays. Mais ils disposent de la majorité de l'Assemblée, et vous avez tout avantage à les ménager, à les gagner; hommes de talent, mais presque tous sans caractère, sans fortes convictions, ils n'ont qu'un culte, c'est celui de leur importance personnelle et ils appartiennent à celui qui la flatte le plus. Jaloux les uns des autres, toujours prêts à rejeter sur leurs collègues la responsabilité des fautes passées, ils offrent mille points faibles à qui veut s'en emparer; à défaut du pouvoir que leur prudence n'ose ambitionner dans des temps périlleux, ce qui les séduit, c'est d'être ou du moins de paraître les conseillers du pouvoir. Or, c'est une satisfaction bien aisée à leur donner, car il suffit pour cela de les voir souvent, de causer familièrement avec eux et de les consulter sur les principales affaires. Vous paraissez craindre qu'une fois parvenu, à l'aide de leur concours, à la réforme de la Constitution, vous ne soyez embarrassé de tels auxiliaires, mais à chaque jour sa tâche, aujourd'hui il s'agit de reconstituer le pouvoir avec les éléments que vous avez sous la main. Que si demain ces éléments sont un obstacle à l'ordre d'idées que vous avez mission de faire prévaloir, eh bien alors, vous les écarterez. Le proverbe : ni jamais, ni toujours s'applique aussi bien à la politique qu'à l'amour. Mais compromettre, rendre plus difficile le rétablissement du pouvoir pour éviter plus tard des difficultés de personnes ou d'apparentes ingratitudes ne me paraîtrait pas politique. »

Ces considérations semblaient toucher l'esprit du Prince; il s'était même prêté à une combinaison que je lui avais proposée, c'était de réunir souvent, sous divers prétextes, les principaux membres de l'Assemblée en les convoquant, par catégories distinctes, suivant leur degré d'importance. Mais les raisonnements les plus justes ne sauraient transformer le caractère. Si la raison conseillait au Président de se tenir plus rapproché des chefs de l'Assemblée, son penchant naturel se refusait à l'idée de marcher avec eux à l'assaut de l'Empire. Là où un politique moins scrupuleux aurait pu, sans peine, les faire servir d'instruments à ses desseins, sa droiture de cœur voyait une sorte de déloyauté à associer à sa destinée des hommes dont il devrait probablement se séparer plus tard.

D'un autre côté, il faut avouer que les chefs de la

majorité avaient de bien étranges prétentions. Ces hommes de talent, mais la plupart, je le répète, sans caractère, se faisaient la plus fausse idée de leur situation. Oubliant que c'étaient eux qui, deux fois, avaient jeté la société dans l'abîme, ils parlaient et agissaient comme s'ils eussent été les sauveurs du pays. Ne comprenant rien à la prodigieuse force morale que le sentiment des masses populaires donnait au neveu de l'Empereur, ils ne voyaient là qu'un engouement momentané que le moindre incident suffirait à faire disparaître. Ils consentaient bien à servir Louis-Napoléon pour remonter, par son moyen, au faîte du pouvoir, d'où les avait précipités leur imprudence ; mais ils auraient voulu régler ses moindres actions, ses moindres paroles et en faire, en quelque sorte, un soliveau dans leurs mains.

La lutte entre le Prince et la majorité de l'Assemblée était donc devenue inévitable, et comme il arrive ordinairement à la guerre, où les premiers coups sont portés par les plus hardis, ce fut le général Changarnier qui la commença. On se rappelle l'attitude factieuse qu'il prit ouvertement à la tribune, le 2 janvier 1851, à propos d'une interpellation imprudente adressée au ministère par le prince Napoléon-Jérôme, cousin du Président (1).

(1) Le prince Jérôme Bonaparte avait interpellé le ministre de la guerre au sujet de l'ordre du jour adressé par le général Chan-

Oubliant qu'il n'était légalement qu'un subordonné du pouvoir exécutif, le général prétendait se mettre en termes peu déguisés à la disposition du pouvoir législatif. Cette prétention ne tendait à rien moins qu'à faire passer toutes les forces militaires de la capitale des mains du Président de la République, dans celles de l'Assemblée, ou pour mieux dire dans les siennes. Naturellement, un pareil acte de révolte ne pouvait manquer d'avoir d'énormes conséquences. Mais si le Prince fut surpris de cette audace, ce n'était pas que le général eût jusque-là dissimulé beaucoup ses sentiments. Déjà, il les avait laissé deviner à l'occasion du remplacement du général Neumayer qui, à la revue de Satory, avait défendu à ses troupes de crier : *Vive Napoléon*. A cet acte de vigueur du Président, le général Changarnier n'avait pas craint de faire une sorte de protestation, en publiant à l'ordre du jour de la 1re division, le 2 novembre 1850, un règlement ancien, tombé en désuétude, et interdisant les cris sous les armes (1). Mais ce n'était rien encore. Peu de temps avant sa déclaration fac-

---

garnier aux troupes placées sous ses ordres ; voyez page 141. (*Note de l'éditeur.*)

(1) Voici cet ordre du jour :
Le général Changarnier, membre de la commission de permanence et commandant de l'armée de Paris.

ORDRE DU JOUR :

Aux termes de la loi, l'armée ne délibère point ; aux termes

tieuse à la tribune, il avait osé manifester son hostilité de la manière la plus grave, en la présence même des ministres du Président. Un jour, en effet, qu'il assistait au conseil des ministres et que le Président s'était absenté un moment de la salle du conseil, le général, désignant le Prince par une expression cavalière, demanda à haute voix aux ministres, si l'on ne se débarrasserait pas bientôt de la personne du Président. Chose remarquable qui peint l'époque et surtout la nature d'hommes qui formaient alors les conseils du Prince, à cette parole qui, à elle seule, était un acte de haute trahison, non seulement les ministres consternés de cette audace n'avaient rien répondu, mais aucun d'eux n'avait eu le courage et la loyauté de révéler au Président une situation qui était un péril pour l'État. Et c'est ainsi que la faiblesse de ces hommes les rendant en quelque sorte complices de la trahison, une conspiration redoutable allait éclater, sans que le chef du pouvoir en fût averti et eût le temps de la déjouer.

Quoi qu'il en soit, me trouvant à l'Assemblée au moment où éclatait cette conspiration, à peine eus-je entendu les paroles factieuses du général Changarnier et les applaudissements frénétiques

---

des règlements militaires, elle doit s'abstenir de toute manifestation et ne proférer aucun cri sous les armes.

Le général en chef rappelle ces dispositions aux troupes placées sous son commandement. (*Note de l'éditeur.*)

de la majorité que, m'élançant hors de la Chambre, au milieu des clameurs de quelques membres de l'Assemblée qui criaient en me désignant : Arrêtez-le! arrêtez-le! je courus prévenir le Prince, en même temps que j'envoyais un de mes amis avertir plusieurs chefs de corps, sur lesquels nous comptions, de se tenir prêts à tout événement. A peine étais-je auprès du Prince que M. de Morny, sous l'empire des mêmes préoccupations, y accourait aussi. Tous les deux, nous fûmes d'avis qu'il n'y avait pas de temps à perdre et qu'il fallait répondre à la provocation du général Changarnier par sa révocation de commandant en chef de l'armée de Paris. Le Prince, qui n'était jamais plus à son aise et plus maître de ses facultés que dans le péril, n'hésita pas à partager notre sentiment. Comme on pouvait s'attendre dans la soirée à quelque coup d'audace du général et de l'Assemblée, le Prince m'avait tout d'abord recommandé de faire prévenir ceux des chefs de corps qui étaient plus particulièrement connus par leur dévouement à sa personne; et comme je lui avais répondu que c'était déjà fait et que même j'avais dit un mot, en entrant à l'Élysée à mon cousin, M. de Charbonnière, commandant du Palais : « Oh! alors, dit-il avec la plus grande tranquillité d'esprit, nous pouvons délibérer en parfaite sécurité; car si nous étions attaqués, ce qui n'est guère probable, nous pourrions tenir aisément deux heures à l'Élysée et pendant ce temps, mes amis arriveraient. Le peuple et les soldats feraient le reste. »

Dans les luttes de la guerre ou de la politique, on est souvent disposé à prêter à ses adversaires une habileté de conduite qu'ils ont rarement. En entendant le général Changarnier pousser son cri de guerre, je m'étais dit qu'avec un homme de cette valeur, il était impossible que le coup ne suivît pas de près la menace. Je n'avais, du reste, aucune inquiétude sérieuse. J'avais la conviction profonde que les sympathies du peuple et de l'armée étaient acquises au neveu de l'Empereur et qu'en cas de conflit entre deux corps de troupes, au cri de : *Vive Napoléon,* les soldats passeraient de notre côté ; mais je ne pouvais comprendre que le général eût sonné le boute-selle sans être prêt à monter à cheval. Je restai donc toute la soirée à l'Élysée, occupé à envoyer des agents dans les principales directions et à en recevoir les rapports. Mais bientôt je compris que je m'étais exagéré l'audace des adversaires du Président ; que les chefs de l'Assemblée étaient de caractère et de tempérament trop pacifiques, pour jouer une aussi grosse partie avec l'entrain qu'aurait pu y mettre le général Changarnier tout seul ; que celui-ci ne se sentait probablement pas assez fort pour oser entreprendre rien de sérieux sans un vote de l'Assemblée; et qu'enfin, soit qu'il eût cédé, en parlant à la tribune, à un mouvement irréfléchi, soit qu'il eût le dessein prémédité d'entraîner l'Assemblée à une énergique résolution, il n'avait obtenu, après tout, que des bravos, des cris d'admiration, des trépignements d'enthousiasme, c'est-à-dire une manifestation très chaleureuse, mais impuissante.

D'ailleurs, un incident nouveau nous faisait bientôt deviner à quelle tactique les chefs de la majorité allaient recourir; car le Prince Président ayant immédiatement convoqué le conseil des ministres pour leur faire connaître sa résolution de remplacer le général Changarnier au commandement de l'armée de Paris, les ministres effrayés donnaient leur démission, puis tous les hommes de quelque importance dans l'Assemblée refusaient, dans ces conditions, d'accepter le ministère. Il était donc évident que n'osant pas s'opposer directement à la révocation du général, les chefs de l'Assemblée allaient chercher indirectement à rendre cette révocation impossible, faute de ministres parlementaires qui osassent s'y associer.

Le lendemain, Paris apprit avec étonnement et la déclaration de guerre du général Changarnier, et la démission des ministres, et la résolution du Président de la République de remplacer le général au commandement de l'armée de Paris. Mais comme il arrivait toujours dans les temps difficiles où les esprits, fatigués de l'anarchie morale entretenue dans le pays par les divisions de l'Assemblée, sentaient le besoin de se rallier autour du Président, l'opinion fut unanime à condamner la conduite du général et à applaudir à la fermeté du Président. Le général qui la veille semblait le plus considérable, le plus populaire, le plus estimé des serviteurs de l'État, se trouvait le lendemain renversé de son piédestal. Son acte de révolte apparaissait à tous les yeux, la révélation d'une ambition coupable qui compromettait la paix publique. L'homme qui avait été jusque-là le défenseur le plus énergique de l'ordre social en devenait le fléau; et chose curieuse, dans le monde des affaires qui si longtemps s'était senti protégé par sa présence à la tête des forces de Paris, la Bourse saluait par une hausse l'annonce de sa prochaine révocation. Le général dut faire de cruelles réflexions.

Cependant, il fallait accomplir l'acte de révocation, c'est-à-dire contresigner le décret qui nommait un successeur au général dans le commandement de l'armée de Paris; et malheureusement le Président ne pouvait constituer aucun ministère disposé à cet acte de courage. Je courais toute la journée, de porte en porte, chez les principaux personnages politiques, chargé des messages du Président. Mais au premier mot de la condition capitale mise au portefeuille que je leur apportais, ils tombaient comme en défaillance. Les hommes les plus dévoués étaient bouleversés à l'idée de se présenter devant la Chambre, avec la révocation du général. M. Billaut à qui j'allai offrir le ministère de l'intérieur, quoiqu'il ne fît pas partie de l'Assemblée, m'étonna surtout par l'extrême épouvante dont le projet de révoquer le général Changarnier frappait son âme.

Quant aux ministres démissionnaires, en dépit de leur démission, ils continuaient à se réunir chez le Prince plusieurs fois par jour et jusqu'à une heure avancée de la nuit, pour discuter et rediscuter cette grosse question, comme s'il y avait encore quelque chose à discuter. A cette manière étrange de se perpétuer aux affaires sans en avoir la responsabilité, se reconnaissait l'habileté particulière de M. Fould. Pour concilier son manque de résolution et son désir de garder le pouvoir, après avoir, lui et ses collègues, vingt fois refusé de s'associer au remplacement du général Changarnier, et vingt fois échoué dans ses tentatives auprès du Prince pour l'y faire renoncer, c'est lui qui avait imaginé cet expédient de réclamer du Prince, à l'issue de chaque conseil, encore quelques heures de réflexion et l'ajournement à une nouvelle discussion. En gagnant du temps, il se flattait évidemment ou d'amener le Prince de guerre lasse à un acte de faiblesse, ou d'obtenir à son profit des incidents de la politique, le bénéfice de quelque solution inattendue. De son côté, tout en appréciant cette conduite, et la jugeant comme elle le méritait, le Prince n'était pas fâché, vu la pénurie d'hommes où il se trouvait, de se ménager encore la possibilité de quelques combinaisons avec les ministres démissionnaires, et voilà pourquoi il se résignait à ces éternelles et misérables discussions.

Pour moi, j'étais indigné de la conduite des ministres. Je comprenais que des hommes de peu de caractère reculassent devant les périls d'une situation grave. Le courage politique est malheureusement une vertu très rare. On ne saurait l'exiger de ceux qui ne l'ont pas reçu de la nature. Mais dans la situation des choses, quand le projet de remplacer le général Changarnier était connu de Paris, de la France et de l'Europe entière, s'obstiner à conseiller au Président de la République de reculer, de s'incliner devant un subordonné révolté, et peut-être pour se ménager à soi, ministre, une situation plus commode, cela me paraissait un acte voisin de la trahison. Autant valait, à mes yeux, livrer le Président à ses ennemis et le laisser conduire à Vincennes. La question posée était, en effet, pour le Prince, une question de vie ou de mort. Dans cette lutte contre le général en chef des forces de la capitale, soutenu par la majorité de l'Assemblée, vainqueur, le neveu de l'Empereur n'avait plus rien à craindre, car l'Assemblée désarmée était en réalité réduite à l'impuissance; vaincu, il pouvait être perdu. Voilà ce que je ne cessais de représenter énergiquement au Prince et à ceux qui l'entouraient. Et, quand je songe que ceux qui l'abandonnaient dans le péril et qui lui conseillaient une capitulation qui était sa perte, ont été les ministres tout-puissants de l'Empire, je ne puis me défendre d'une certaine tristesse. Ce n'est pas que je m'en étonne, car l'histoire est remplie de pareils spectacles. Mais quoique innombrables, ils n'en sont pas moins tristes. Il y a d'ailleurs, pour être juste, une considération qui rend compte de toutes les inconséquences, même de celle des Grecs donnant les armes d'Achille au prudent Ulysse, c'est qu'aux yeux des peuples et des rois les facultés propres aux temps difficiles conviennent rarement aux temps tranquilles, et réciproquement.

Quant à M. de Morny, sa conduite était bien différente. Doué d'un sens et d'un courage politique qui en aurait fait un homme d'État du premier ordre, si la préoccupation de ses intérêts privés n'avait pas souvent obscurci ses facultés, il comprenait parfaitement la situation grave où se trouvait le Prince. Mais devant les difficultés de constituer un ministère, il aurait voulu une transaction entre le Prince et l'Assemblée. Il demandait que le général Changarnier, dans l'intérêt de la dignité du

Président de la République, expliquât publiquement à la tribune, et d'une manière à concilier toutes choses, la situation qu'il avait prise par sa déclaration du 2 janvier. Assurément rien n'était plus raisonnable et plus modéré. Il avait à ce sujet de nombreux entretiens avec les chefs de la majorité. Ses manières courtoises, son esprit conciliant le rendaient très propre à des négociations de cette nature. Mais, malgré le soulèvement de l'opinion publique contre le général Changarnier, les chefs de la majorité aveuglés par le succès de leur tactique parlementaire, croyant le Prince réduit aux abois, faute de ministres, et ne voyant dans les démarches de M. de Morny qu'un indice d'impuissance de la part du Président, se refusaient à toute transaction. Ils se tenaient réunis en permanence, agitaient entre eux les projets de la nature la plus grave, et nous étions prévenus que, dans des conciliabules tenus chez le général Changarnier, les plus audacieux discutaient les moyens d'enlever le Prince de l'Élysée et de le conduire à Vincennes.

La situation devenait certainement périlleuse ; mais, je le répète, elle ne m'inquiétait que médiocrement. J'avoue même que je n'étais pas fâché de voir toute transaction impossible. Je me disais, en effet, que, du moment que la lutte entre l'Assemblée et le Président était inévitable, il était peut-être plus avantageux qu'elle éclatât sur une question où le droit constitutionnel du Président de la République était incontestable, et à propos de la révolte d'un subordonné dont l'ambition personnelle était condamnée par l'opinion publique, que dans toute autre circonstance. Toutefois, connaissant le caractère véritable des chefs de la majorité, je crus utile de poser carrément la question devant eux, et de leur renvoyer la terreur qu'ils avaient su faire passer dans l'âme des ministres démissionnaires. Dans l'espoir de rencontrer quelques-uns des *burgraves,* je me rendis donc à l'Assemblée où je m'étais abstenu de paraître depuis le commencement de la crise. A peine fus-je entré dans la salle des conférences, qui précédait celle des séances, que je fus entouré d'abord par un groupe des amis du Président qui m'interpellèrent vivement. « Comment, me dit un brave et excellent homme, très loyal et très dévoué, M. Évariste Bavoux, aujourd'hui au Conseil d'État, comment pouvez-vous conseiller au Prince de remplacer le général Changarnier? Le général Changarnier qui a rendu tant de services à la société, le général Changarnier qui est l'épée de l'ordre public, etc. — Mon cher, lui répondis-je, si vous ne comprenez rien à la situation, c'est votre affaire et non la mienne », et je passai outre. Mais, aussitôt toute la réunion des *burgraves* qui étaient au nombre de dix à douze en délibération dans un bureau donnant sur la salle des conférences, prévenue de ma présence, sortit précipitamment et vint à moi vivement, M. Berryer, en tête, qui, m'interpellant avec une sorte de colère, tempérée par une bienveillance qu'il m'avait toujours montrée : « Mais, malheureux jeune homme, me dit-il, vous perdez votre Prince. Vous le poussez à un abîme, lui et le pays. Vous voulez donc la guerre civile? »

A ce mot de guerre civile, je répondis, avec une animation dont je ne fus pas maître, que c'était eux qui la voulaient; qu'au lieu d'être les amis, les conseillers d'un Prince dont le nom était sorti miraculeusement des entrailles du peuple; qu'au lieu de sauver le pays, en se groupant autour de cet homme providentiel, ils ne pensaient qu'à conspirer contre lui, quitte à s'égorger ensuite entre légitimistes, orléanistes et républicains; que, puisqu'ils voulaient la guerre civile, ils l'auraient; que le sang versé retomberait sur leurs têtes; qu'entre ces deux cris de ralliement de : *Vive l'Assemblée nationale* et de *Vive Napoléon*, je savais bien de quel côté seraient les sympathies du peuple et de l'armée; que le peuple descendrait de ses faubourgs et ferait justice des intrigues des salons. Et, dans mon exaltation, je fis la faute, qui m'a été si souvent et si injustement reprochée, d'ajouter comme une menace à leur adresse, que quant à moi je n'avais rien à perdre, ni hôtel à Paris, ni château en province.

A ces paroles violentes, personne ne répondit. Une sorte de stupeur s'était emparée de tout le groupe dont j'étais entouré. MM. Thiers, de Broglie, Berryer, Odilon Barrot, Rémusat, etc., semblaient atterrés. M. Molé se retournant, en cachant sa figure dans ses mains, rentrait dans le bureau en poussant une sorte de gémissement. « Ah! malheureuse France! malheureux pays! disait-il. » Seul, M. Piscatory criait à tue-tête, en manière de menace et comme s'il allait forger la foudre : « Messieurs, rentrons au bureau. » Mais il était visible que tous ces hommes étaient frappés de crainte et que la terreur, comme je le sus depuis par MM. de Falloux et Roger du Nord, allait dominer les délibérations de cette fameuse conférence.

Encore tout ému de cette scène, j'entrais dans la salle des séances et me rendis à ma place habituelle, au milieu d'une discussion insignifiante et pour la forme; car, privée de ministres, l'Assemblée se sentait comme un corps sans âme. Voyant que tous les regards étaient fixés sur moi, j'affectai le plus de calme et de confiance qu'il me fût possible. Mais comme on se racontait de banc en banc ce qui venait de se passer, il y avait dans la salle une animation singulière. J'entendis distinctement le général Le Flô dire à haute voix : « Ce misérable prétorien! » D'autres me regardaient d'un air d'insulte. Ma situation était embarrassante. L'un de mes collègues et voisin de banc, M. Legrand (de l'Oise), homme loyal et digne s'il en fut jamais, se pencha à mon oreille et me dit : « Je ne suis pas de votre parti, mais j'estime votre caractère et votre dévouement. On cherche à vous défier, ne restez pas plus longtemps ici. » Je le remerciai vivement, en lui répondant qu'il avait raison; que j'avais, en effet, bien d'autres choses à faire que de relever des défis personnels et je sortis tranquillement de la salle.

Quelques heures après, je recevais une lettre du Prince, qui, informé par d'autres de ce qui s'était passé dans la salle des conférences, m'adressait les plus vifs reproches. Je me rendis auprès du Prince et je lui dis que j'acceptais ses reproches; qu'il pouvait me désavouer tant qu'il voudrait; qu'en réalité je m'étais fait, par une parole imprudente, une blessure qui saignerait longtemps, mais, que nuisible à moi seul, cette blessure serait tout à son profit; car j'étais convaincu d'avoir livré un combat d'avant-garde qui entraînerait infailliblement la défaite de ses ennemis. Et, en effet, le soir même, les ministres démissionnaires, MM. Fould, Baroche, Rouher, etc., avaient changé de ton. Ils acceptaient de rentrer au ministère et de s'associer au remplacement du général Changarnier, par le général Baraguey d'Hilliers, à la condition, toutefois, que le Prince pût trouver un ministre de la guerre pour remplacer le général Schramm, dont la démission était maintenue. Puis les *burgraves*, MM. Molé, Thiers, de Broglie, Odilon Barrot, Daru, Montalembert, Falloux, Dufaure, etc., demandaient une audience au Prince Président qui les recevait le lendemain courtoisement, les écoutait avec bienveillance, mais restait inébranlable sur la question du général Changarnier.

Quant à moi, j'avais recommencé de grand matin mes courses, et cette fois auprès des généraux auxquels il s'agissait d'offrir le portefeuille de la guerre, mais tout aussi inutilement qu'auparavant près des personnages politiques. Déjà je commençais à désespérer d'en trouver un dans la liste des généraux de division, lorsqu'en passant sur le pont de la Concorde, je vis venir à moi le général Regnault de Saint-Jean d'Angely, auquel nous n'avions pas pensé, car nous n'aurions jamais pu supposer qu'il fût d'humeur à accepter une pareille mission. A ma grande surprise, s'adressant à moi, il me demanda avec une sorte d'impétuosité pourquoi le Prince n'en finissait pas avec ce misérable ambitieux de Changarnier. Très étonné, mais saisissant l'occasion par les cheveux, je lui répondis que j'étais très heureux de le rencontrer parce que j'étais chargé d'une mission près de lui; qu'il y avait eu les jours derniers, des difficultés politiques dans le ministère; qu'elles étaient heureusement aplanies et que le Président de la République désirait le voir, pour lui offrir le ministère de la guerre.

Là-dessus, le général paraissant enchanté que le Prince eût pensé à lui pour le ministère, prit mon bras et s'achemina avec moi vers l'Élysée. Tout en marchant, je craignais de rencontrer le Prince avant d'avoir pu le prévenir du petit mensonge que je venais de faire, lorsque je vis Morny arriver avec son phaéton. Je le pris à part et lui dis en quelques mots de quoi il s'agissait. Puis, prétextant une course à faire, je les laissai aller ensemble à pied à l'Élysée par la grande avenue pendant que j'y courais par le faubourg Saint-Honoré.

Le Prince approuva ce que j'avais dit en son nom au général Regnault, enchanté d'avoir enfin trouvé un ministre de la guerre, mais m'apercevant qu'il paraissait considérer la crise comme terminée, je crus devoir l'engager à ne pas trop s'y fier, à brusquer, au contraire, les choses avec le général Regnault et à lui faire signer le décret de remplacement du général Changarnier, avant de le mettre en rapport avec les autres ministres. D'une part, craignant de nouvelles défaillances de la part de ses ministres, et de l'autre attribuant l'attitude du général Regnault plutôt à son ignorance de ce qui se passait dans les régions élevées de la politique qu'à une résolution bien sérieuse de sa part, je représentai au Prince qu'il serait plus sûr de profiter, séance tenante, de sa bonne disposition du moment. Malheureusement, le Prince qui croyait pouvoir compter sur la parole qu'il avait reçue la veille de ses ministres, négligea cette précaution et il ne tarda pas à s'en repentir.

En effet, à peine les ministres surent-ils que le cabinet était complété par l'acceptation du général Regnault de Saint-Jean d'Angely, que comme s'ils avaient seulement engagé leur parole dans l'espérance qu'on ne trouverait pas un ministre de la guerre, leurs défaillances recommencèrent plus vives que jamais, et que leur terreur se communiquant bientôt au général Regnault lui-même, ce dernier en vint à être l'un des plus effrayés du parti à prendre. Le conseil dura jusqu'à deux heures du matin : à mesure qu'il se prolongeait, je n'en devinais que trop le résultat. Enfin, je les vis sortir pâles, défaits, décontenancés et je n'eus pas besoin de demander ce qui s'était passé. Je trouvai le Prince toujours calme, ferme et résolu, quoique fatigué de ces longs débats, et comme je m'indignais de la conduite des ministres : « Non, me dit-il, il ne faut pas leur en vouloir, c'est la peur qui règne parmi eux, et on ne raisonne pas avec la peur. » Et il me renvoya au lendemain, en me disant simplement ceci : « Allons nous reposer et préparons d'avance tout notre courage, car nous en aurons besoin demain. »

J'allai donc me coucher ; mais, dès quatre heures

du matin, on venait me chercher de sa part; je le trouvai en robe de chambre, occupé à écrire. Il ne s'était pas couché. « J'ai réfléchi, me dit-il, à ma situation, elle exige un remède héroïque. Je n'ai perdu que trop de temps à vouloir triompher de la peur de mes ministres par le raisonnement, l'opinion a accueilli avec faveur ma résolution de révoquer Changarnier, mais elle commence à se lasser d'une inaction qui ressemble à l'impuissance. Elle peut se diviser, se démoraliser. Chaque jour perdu est une force qui m'abandonne au profit de mes adversaires; chaque heure écoulée ne fait qu'augmenter au lieu de diminuer la difficulté de trouver un ministère parlementaire. Voici donc ma résolution : faire un ministère extraparlementaire avec des gens courageux et dévoués pour révoquer le général Changarnier; me cantonner dans mon droit constitutionnel et me tenir prêt à tirer l'épée, si l'Assemblée sort du sien. » Alors il me montra la liste du nouveau ministère qu'il venait de composer et dont les principaux membres étaient le général de Cotte, MM. Piétri, Casabianca, Laity, Fortoul et moi, comme ministre de l'intérieur. C'était, au suprême degré, un ministère extraparlementaire, car si plusieurs membres faisaient, comme moi, partie de l'Assemblée, aucun n'avait joué un rôle dans le Parlement, aucun n'était en état d'y soutenir le poids des discussions, et il était entendu, d'ailleurs, que le ministère devait se tenir en dehors de l'Assemblée.

J'avoue que j'avais si peu pensé jusqu'ici à jouer personnellement un rôle officiel, que je fus comme stupéfait à l'idée d'être ministre. Ma qualité et surtout la réputation qui m'avait été faite d'ami particulier du Prince m'avait imposé l'obligation de ne prendre part à aucune discussion publique, de ne me mêler en rien aux travaux de l'Assemblée et d'éviter, par conséquent, toute occasion de compromettre le Président. Je n'avais, d'ailleurs, aucune notoriété politique, et quoique ayant rempli quelque temps les fonctions de ministre plénipotentiaire à Berlin, je ne me sentais en aucune façon en situation morale de prétendre à un ministère et surtout dans de telles circonstances. Or, être réveillé en sursaut pour se voir chargé subitement de porter, comme ministre de l'intérieur, le principal poids d'un gouvernement, surtout d'un gouvernement menacé par le Parlement et probablement à la veille d'une lutte violente, il y avait de quoi ébranler le plus ferme courage. Je sentis comme un frisson glacé parcourir mes membres, mais me remettant promptement de cette émotion et comprenant par l'audace même de cette résolution qu'avec un Prince aussi brave, aussi intrépide et s'appelant Napoléon, on pouvait tout oser, et qu'en osant tout, on pouvait réussir à tout, je répondis au Prince qu'il avait raison, que c'était là le véritable parti à prendre; que dès que son âme héroïque s'élevait au-dessus de tous les périls, tous les périls allaient d'eux-mêmes se dissiper, et que, dès ce moment, je le considérais comme vainqueur de la lutte.

Et alors, avec une espèce d'empressement qui parut d'abord étonner le Prince, je me mis à rédiger les décrets et à les lui faire signer. « Maintenant, dis-je au Président, si je n'étais qu'un ambitieux, j'aurais une bien belle occasion de jouer un rôle; mais il faudrait vous faire courir des périls et je veux et je dois vous les éviter. Or, voici mon idée : je suis convaincu que vos ministres démissionnaires ont des rapports secrets avec vos adversaires. » Et comme le Prince se récriait. « Je n'en sais rien, repris-je, mais j'en suis sûr, et je vous en donnerai la preuve morale ce matin même, car à midi, ils seront ici tous réunis, accepteront le ministère et signeront la révocation du général Changarnier. Je les verrai à neuf heures, je leur apprendrai que s'ils n'acceptent pas je vais être ministre de l'intérieur avec des hommes de ma sorte; aussitôt les *burgraves* en seront prévenus et, épouvantés, frappés de terreur, ce sont eux qui supplieront MM. Fould, Baroche, Rouher, etc., d'accepter le ministère. » Et là-dessus, je quittai le Prince étonné, surpris, mais me laissant voir clairement par son attitude que, au fait, cette solution si elle pouvait se réaliser était la plus raisonnable. Le Prince sentait, en effet, comme je le sentais, moi aussi, qu'enlever l'armée aux mains de ses ennemis pour la mettre dans les siennes était une opération énorme, décisive; que ce résultat finirait de proche en proche par entraîner tous les autres et que, par conséquent, il était mille fois plus à désirer d'obtenir ce grand avantage, sans combat, que d'en livrer le gain aux hasards d'une bataille.

En sortant de l'Élysée j'envoyai prévenir chacun des ministres démissionnaires que je les priais de se rendre, à neuf heures, au ministère de la justice pour y recevoir une communication importante dont j'étais chargé auprès d'eux. Je faisais prévenir, en même temps, les membres du cabinet éventuel que j'avais à former, en cas de nécessité, de se réunir chez moi à dix heures et, en attendant, je me mis à rédiger la circulaire que j'aurais à faire et à préparer les mesures que j'aurais à prendre, au cas où ma tentative auprès des ministres démissionnaires viendrait à échouer. Et en vérité, quand je me rappelle ce que j'aurais dit et fait, j'éprouve, parfois, une sorte de regret égoïste d'avoir repoussé moi-même l'occasion que la fortune m'avait offerte de graver mon nom dans la mémoire de ce pays.

A neuf heures je me rendis au ministère de la justice où je trouvai les ministres réunis. Là, en peu de mots, je leur fis ma communication. « Vous avez amusé le Prince pendant huit jours et vous lui avez fait perdre un temps précieux. Aujourd'hui, il ne peut plus en perdre et faute d'un ministère régulier et parlementaire, il est forcé d'en faire un extraordinaire. Je suis nommé ministre de l'intérieur et j'ai là, dans ma main, ma nomination et celle de tous les autres ministres, gens résolus et dévoués comme moi. Le prince est dans son droit, si d'autres sortent du leur, malheur à eux. Avec le nom de Napoléon, nous remuerons cette nation jusque dans ses fondements, et nous ferons en un jour l'ouvrage d'un demi-siècle. Maintenant, ce n'est pas de gaieté de cœur que j'accepte ce rôle redoutable, je préfère de beaucoup une solution moins périlleuse pour le Prince. Si donc vous voulez prendre ma place et résoudre pacifiquement la question du général Changarnier, je me retire. Je vous donne pour réfléchir jusqu'à midi moins un quart; si à cette heure vous n'êtes pas tous arrivés à l'Élysée et si à midi vous n'avez pas signé la révocation du général, à midi et quart j'aurai pris possession du ministère. » Et je les laissai stupéfaits et atterrés.

A dix heures, les principaux membres du ministère éventuel que je devais former se réunissaient chez moi. Ils étaient pleins de courage et de résolution. Mais quand je leur eus fait part de la proposition que je venais de faire aux ministres démissionnaires, persuadés, comme moi, et par les mêmes raisons que ces derniers allaient se raviser, ils demeurèrent convaincus que le Prince n'aurait pas besoin de recourir à leur courage et à leur dévouement. Ils reconnaissaient, du reste, que si le Prince pouvait obtenir la révocation du général Changarnier, à l'aide d'un ministère parlementaire, cette solution serait bien préférable. L'un d'eux, toutefois, plus ambitieux ou plus téméraire, me blâma vivement de ma démarche auprès des ministres démissionnaires. Il ne m'a probablement jamais pardonné de lui avoir fait perdre cette occasion d'arriver au pouvoir.

Comme je l'avais prévu et comme je l'ai su depuis par les confidences les plus positives, les ministres démissionnaires s'étaient empressés de communiquer, par l'un d'eux, l'état des choses aux *burgraves,* à MM. Molé, Thiers, de Broglie, etc. Les *burgraves* avaient été frappés d'épouvante. Ils s'étaient crus menacés jusque dans leur personne; et en conséquence abandonnant toute idée de résistance, ils avaient eux-mêmes engagé les ministres à tout accepter. A midi moins un quart, les ministres au complet arrivaient donc à l'Élysée, l'air gai, satisfait, radieux, comme des gens n'ayant plus rien à craindre; et faisant blanc de leur épée : « Nous acceptons, me dirent-ils en entrant. Nous ne voulons pas abandonner le Prince dans le péril. » Le conseil se réunit aussitôt, et probablement pour éviter toute nouvelle discussion, le Prince Président m'engagea à assister à la première séance du conseil, sous prétexte de rédiger les décrets, ce que je fis en commençant par la nomination des nouveaux ministres et finissant par les décrets, qui, comme il en avait été convenu, supprimaient le commandement réuni de la garde nationale et de l'armée de Paris, nommaient le général Baraguey d'Hilliers au commandement de la 1re division militaire, le général Carrelet à celui de la place de Paris et le général Perrot au commandement de la garde nationale. Tous ces décrets furent signés immédiatement, sans qu'il y eût une parole prononcée de part et d'autre. J'en expédiai ensuite une copie au *Moniteur* pour un supplément à publier dans la journée; et après quelques conversations entre le Prince et ses ministres, conversations où respirait enfin le sentiment de la confiance et de la sécurité, le conseil se sépara.

Ainsi fut terminée cette grande crise. Je dis terminée, car ce qui suivit mérite à peine d'être rappelé. On sait qu'après la révocation du général Changarnier, l'Assemblée frappée à la tête, désarmée, humiliée et n'osant résister qu'en paroles, se borna à exhaler sa mauvaise humeur, en applaudissant des discours plus ou moins violents, et qu'elle s'imagina sauver sa dignité par un vote de défiance contre les ministres. Quant au parti des *burgraves* qui, après avoir conseillé aux ministres démissionnaires d'accepter la révocation du général, se vengeait sur eux de sa propre faiblesse, il donnait un spectacle plus humiliant encore que sa défaite, c'était d'accepter pour satisfaire son dépit, le concours des républicains et des démagogues. Tant il est vrai qu'une fois confondus dans les Assemblées, les hommes même les plus éminents, abrités derrière des nombres, finissent par perdre le sentiment de la responsabilité et partant celui de leur propre dignité.

Le ministère désappointé, misérablement abandonné par les chefs de la majorité, donna donc de nouveau sa démission et fut remplacé, en manière de trêve entre les deux camps, par un ministère, dit de transition, dont le nom était, en effet, d'une piquante signification. Quelque temps après et comme si toutes ces combinaisons avaient été arrangées d'accord avec les *burgraves,* les anciens ministres rentraient au pouvoir, mais sans le général Regnault de Saint-Jean d'Angely qui, en sa qualité de ministre de la guerre, avait signé le décret de révocation et qui était ainsi seul sacrifié aux rancunes de la majorité. Tout cela, il faut l'avouer, n'avait pas très grand air; et ces diverses transactions ressemblaient bien à des faiblesses. Mais quant au Prince Président dont le caractère a toujours été de n'abuser d'aucun avantage, et pour qui la grosse, la principale affaire était de mettre la main sur l'armée, il pouvait, sans s'en inquiéter, laisser à ses adversaires la satisfaction de se consoler de leur défaite par des vétilles. Il restait, en réalité, le maître de la situation, puisqu'en cas d'une nouvelle lutte avec l'Assemblée, il pouvait compter, désormais, non plus seulement sur la sympathie des soldats, mais sur l'obéissance des chefs, c'est-à-dire sur l'armée tout entière. La révocation du général Changarnier peut donc être regardée comme l'acte le plus considérable de la guerre de l'Assemblée contre le Président. Quoique, dans le cours de cette période militante qui a duré onze mois, du 2 janvier au 2 décembre 1851, il dût se produire comme dans toute autre guerre, des alternatives de bonne et de mauvaise fortune; quoique la rentrée au ministère des hommes, dont nous avons vu les défaillances, dût nécessairement relever le courage abattu des chefs de la majorité, faire passer, du camp du Président dans celui de l'Assemblée, une partie de la force morale que la révocation du général Changarnier lui avait acquise, et par conséquent exposer inévitablement le neveu de l'Empereur à de nouveaux périls, on peut dire, néanmoins, qu'en s'emparant de l'armée, le Prince Président avait changé d'avance, à son profit, toutes les conditions de la lutte, et que l'Assemblée ne pouvait plus, et ne put jamais, en effet, se relever de sa défaite du 10 janvier.

Et maintenant, je dois dire un mot à l'honneur du général Changarnier. Certes, du jour où il prit parti contre le Président, je ne l'avais pas ménagé, car j'avais concouru à sa chute et peut-être plus qu'aucun autre ami du Prince. Eh bien! après l'événement, même quand sa blessure était encore toute saignante, il n'a jamais montré contre moi l'ombre d'un ressentiment. Bien loin de là, encore aujourd'hui, toutes les fois qu'il me rencontre, il arrive à moi avec empressement, me serre les mains avec effusion, et faisant allusion aux conseils que je lui donnais dans le temps : « Ah! c'est vrai, me répète-t-il, je ne vous ai pas cru, je me suis trompé. Vous n'aviez que trop raison. » Et ce qui prouve sa sincérité, c'est que tandis que ses amis exhalent encore avec passion leurs ressentiments contre les ministres qui n'osaient pas révoquer le général, ils me témoignent tous, quand je les rencontre, une sorte de sympathie. Et cela avait lieu, même quand je m'efforçais, comme ministre de l'intérieur, de déjouer les calculs de leur hostilité contre l'Empire. C'est que le général Changarnier n'a jamais eu à me reprocher la conduite équivoque qu'il a tant reprochée à d'autres, malgré mes sentiments chaleureux pour sa personne, il n'avait jamais pensé que j'hésiterais un instant entre le

Prince et lui. Lors de sa déclaration d'hostilité, il n'a donc pas été surpris de me voir le combattre.

Chamarande, ce 11 juillet 1868.

J'ai lu ce chapitre à l'Empereur au commencement de décembre de 1868 à Compiègne. L'Empereur a paru s'intéresser beaucoup à cette lecture et à ce point qu'oubliant le jugement qui y est porté contre plusieurs de ses ministres, il m'a dit qu'il faudrait publier ce chapitre.

Paris, ce 1er février 1869.

PROCLAMATION DE L'EMPIRE

VOYAGE DU MIDI

1852

Depuis le coup d'État, la République n'existait plus que de nom, mais le passage de la forme républicaine à la forme monarchique désiré par les uns, redouté par les autres, apparaissait encore si difficile à réaliser que personne n'aurait osé s'en déclarer publiquement partisan. Obéissant comme à un sentiment de pudeur, la nation semblait écarter de son esprit la nécessité d'une autre transformation. Elle avait acclamé la République depuis si peu de temps que, malgré le désir de stabilité qui s'était emparé d'elle, il lui répugnait de songer à une nouvelle évolution. Les partis allaient se cantonner dans la République comme ils s'étaient cantonnés dans la Constitution, et, à mesure que l'on s'éloignerait du coup d'État, à mesure que l'on rentrerait dans les habitudes d'un gouvernement régulier, le sentiment de la légalité rendrait plus difficile le passage d'un régime à l'autre.

Pour moi, après avoir assisté et pris une part active au mouvement imprimé aux réformes et aux affaires qui suivit le 2 décembre, je commençais à m'inquiéter sérieusement du calme hors de saison dont le gouvernement semblait si pressé de jouir. En me rappelant le mot fameux de Catherine de Médicis je me disais que le drap avait été bien coupé, mais qu'il était temps de coudre; malheureusement, personne ne se montrait préoccupé d'achever l'œuvre commencée. Chaque jour la situation devenait plus calme, plus régulière, et, partant, chaque jour paraissait reculer le moment de la résolution suprême. Plusieurs fois j'avais soumis au Prince Président des observations à ce sujet; toujours il m'avait éconduit comme si l'état présent ne lui laissait rien à désirer. Était-ce habileté d'une ambition dissimulée ou sentiment d'une modération satisfaite? Je ne sais, mais je voyais avec inquiétude le temps s'écouler sans amener aucune solution. Enfin, n'y tenant plus, je crus devoir saisir le conseil (1), quoique sous la forme la plus modeste, de la grosse question du moment. Les circonstances me paraissaient favorables; le Prince Président devait commencer dans une dizaine de jours son voyage du Midi (2). Depuis

(1) M. de Persigny avait été appelé au ministère de l'intérieur, le 22 janvier 1852.
(2) Septembre 1852. (*Notes de l'éditeur.*)

plusieurs semaines on se préparait avec ardeur, dans tous les départements qu'il devait parcourir, à recevoir dignement le sauveur de la patrie. Il était donc naturel de demander au conseil des ministres des instructions précises sur l'attitude que devait prendre, pendant le voyage, l'administration intérieure du pays. Mais au premier mot que je prononçai à ce sujet, je fus interrompu par plusieurs de mes collègues qui me demandèrent vivement de quelles instructions je voulais parler. « Messieurs, répondis-je, nous allons nous trouver dans un grand embarras. Les populations enthousiasmées, délivrées du cauchemar de l'anarchie, vont probablement exprimer très librement leurs sentiments. Or, quelle attitude devons-nous recommander aux préfets dans ces circonstances délicates ? » Ici, je fus interrompu plus vivement encore : « Quelle attitude ? Quelles circonstances ? » me criait-on. « Quelles circonstances ? repris-je ; mais si l'on crie : Vive l'Empereur ? »

A ce mot il se passa une scène inouïe. Il semblait que j'avais mis le pied sur une fourmilière. De toutes parts on m'interpellait. Les membres du conseil se levaient, quittaient leur place, criant, gesticulant. Ils se groupaient dans les embrasures des fenêtres, causant entre eux avec animation, puis revenaient vers moi, comme des furieux en me demandant si je voulais la guerre civile. Enfin, le conseil se termina brusquement, au milieu d'une agitation impossible à rendre. Quant au Prince Président, dont le calme habituel avait été quelque peu altéré par cette scène, il profitait des moments de silence pour me reprocher les insinuations que j'avais paru faire. Il blâmait hautement toute idée de changement et surtout toute tentative pour amener des manifestations inconstitutionnelles. J'essayais vainement de me justifier, toute justification était impossible dans la disposition des esprits. Je me retirai donc seul sous les regards troublés, irrités de mes collègues, me demandant si je n'allais pas recevoir de suite l'invitation de donner ma démission.

Après cette scène, je passai un jour ou deux dans une sorte de stupeur et d'abattement. Je ne pouvais m'expliquer l'attitude de mes collègues. Comment concevoir, en effet, qu'au lieu d'examiner froidement une question grave que la situation des choses posait bien plus que moi-même, et dans laquelle il était d'ailleurs naturel de différer de sentiment, comment concevoir qu'ils eussent été si émus, si agités? Était-ce manque d'intelligence, de courage ou de dévouement? Enfin, à force de penser à ce qui m'était arrivé, il me sembla que je comprenais le sens de toute cette fureur. Ces braves gens, me disais-je, ne sont ministres, pour la plupart, qu'à défaut des hommes éminents que la tournure des choses a rejetés dans les partis hostiles. Ils ne sont arrivés à la tête du gouvernement que comme tant de parvenus à la fortune, par hasard. Or, comme presque tous les parvenus, ils sont avides de jouir. Pour eux, être ministres, c'est avoir un hôtel, des sentinelles à leur porte, des huissiers dans leur antichambre et une nuée d'employés à leurs pieds. Et quand ils sont arrivés, d'une manière si inespérée, à la possession de toutes ces choses, voilà que sous prétexte d'assurer les destinées du pays, on vient leur proposer de nouvelles difficultés, de nouveaux périls à braver. Cela leur paraît intolérable.

Or, une fois engagé dans cet ordre d'idées, je sentis ma raison se révolter. Eh quoi ! me disais-je, faudra-t-il que l'intérêt du pays soit sacrifié à de pareils calculs ? Par égard pour de vulgaires préoccupations laisserons-nous échapper l'occasion unique, peut-être, de remettre la France dans ses voies naturelles ? Je passai plusieurs jours dans une agitation sans trêve, sans repos; à chaque jour, à chaque heure écoulés, l'image allégorique de l'occasion perdue se présentait à ma pensée. Il me semblait que les blonds cheveux de la divinité s'échappaient de mes mains.

Mon anxiété était affreuse. Je ne doutais pas du sentiment national; j'étais convaincu que l'Empire était dans les aspirations des grandes masses populaires, et que si ce sentiment pouvait librement se manifester, il ferait explosion. Mais je connaissais les habitudes du public français : en face de partis irrités et retranchés derrière la légalité, en présence d'une administration obligée, par devoir, à faire respecter le droit établi, le sentiment public se trouverait paralysé; aucun homme considérable n'oserait se mettre en évidence pour donner l'impulsion, et si, sur certains points, des cris de *Vive l'Empereur!* se produisaient sur le passage du Prince, ils seraient étouffés par la crainte de paraître séditieux ou de compromettre le gouvernement lui-même, de sorte que le voyage du Midi, qui pourrait être si aisément le triomphe de l'Empire, deviendrait lui-même un argument en faveur de la République.

Quelle différence, au contraire, si l'administration se mettait à la tête du sentiment napoléonien. Comme ce sentiment existe surtout dans les masses populaires, et qu'à la différence des autres opinions, il n'est organisé nulle part, c'est l'administration qui remplace pour lui ce que sont pour les partis les hommes éminents de ces partis. Si donc le préfet, dans chaque département, osait se mettre à la tête du mouvement populaire, ce mouvement deviendrait irrésistible et dominerait sans peine les minorités opposées. Mais malheureusement, sans une résolution positive du gouvernement, pas un agent de l'administration n'osera prendre sur lui une pareille responsabilité. Bien loin de là : mus par des sentiments divers, la plupart des fonctionnaires trouveront commode d'affecter un respect exagéré de la légalité, et le voyage du Midi, qui aura fourni, sans doute, aux populations l'occasion de témoigner leur reconnaissance au neveu de l'Empereur, manquera de caractère.

Telles étaient les ardentes pensées qui assiégeaient mon esprit et que, dans la situation morale où se trouvait le gouvernement, je n'osais confier à personne. J'avais fait et défait tour à tour mille projets impossibles. J'étais épuisé sous le poids de ces efforts impuissants. Et cependant le temps se passait, le moment fatal approchait, lorsque pendant une nuit sans sommeil, la solution apparut tout à coup à mon esprit fatigué. C'était le cinquième jour avant le départ, il n'y avait plus un instant à perdre. Je descendis à quatre heures du matin dans mon cabinet, et, dominé par une résolution subite, j'écrivis une dépêche télégraphique pour mander auprès de moi les préfets des départements par lesquels devait commencer le voyage. Prenant sur moi l'énorme responsabilité de la nouvelle évolution politique à accomplir, je calculai que si, par des instructions secrètes aux préfets des premiers départements de l'itinéraire, je parvenais à donner au voyage le caractère propre à déterminer cette évolution, il suffirait ensuite d'annoncer aux autres préfets, comme aux populations, la manifestation populaire qui allait se produire devant le neveu de l'Empereur, pour leur faire comprendre, à leur tour, la conduite à tenir dans ces graves circonstances. L'itinéraire du voyage commençait par Orléans, Bourges, Nevers et Moulins. Il s'agissait donc de faire venir les préfets du Loiret, du Cher, de la Nièvre et de l'Allier; mais une circonstance particulière me fit renoncer à prévenir le premier.

Dans ce fameux conseil où ma demande d'instructions avait causé un si grand émoi, le ministre qui s'était montré peut-être le plus irrité, c'était, chose extraordinaire, l'un des plus sincèrement attachés à la famille impériale, un Corse, un ami personnel du Prince Président, en un mot, M. Abbatucci, alors ministre de la justice. Spirituel, fin et prudent, autant que dévoué, mais d'opinions jadis très avancées, il s'était probablement exagéré la résistance que pouvaient faire les partis, et sa prudence habituelle lui faisait sans doute redouter un conflit violent. Or, il avait été député d'Orléans; il conservait de nombreuses relations dans le Loiret et avait fait mettre à la tête de ce département, comme préfet, un de ses amis intimes, M. Du Bessay. Je jugeai avec raison, je crois, que si je faisais venir ce dernier, il ne manquerait pas, malgré toutes mes recommandations, d'en instruire M. Abbatucci, et que tout serait perdu. Je laissai donc Orléans de côté, et je me bornai à mander MM. Pastoureau, préfet du Cher, Lerat de Magnitot, préfet de la Nièvre, et le comte Guyot, préfet de l'Allier.

M. Pastoureau arriva le premier dans mon cabinet, et voici ce qui se passa dans cet entretien de quelques minutes. Mon premier soin avait été de consulter l'*Indicateur des chemins de fer.* « Il y a un train, dis-je au préfet, qui part dans une heure pour Bourges, ne le manquez pas. Retournez à votre poste, sans voir ici personne et sans faire connaître à âme qui vive les instructions secrètes du voyage. Ces instructions les voici : *L'Empire! Vive l'Empereur!* et ne nous trompons pas : le duc de Reichstadt, Napoléon II, n'a pas régné, mais le peuple l'a connu sous ce nom pendant longtemps. Il a été proclamé par son père. Rendons cet hommage à sa mémoire, et que le neveu de l'Empereur soit donc Napoléon III. Ce titre vieillira la dynastie. Après Napoléon III, la logique des choses portera plus aisément au trône Napoléon IV, Napoléon V, et la dynastie sera fondée. Dans mes instructions précédentes, je vous ai invité à convoquer toutes les municipalités de votre département. Faites faire, sans perdre un instant, pour les distribuer à chacune d'elles, des drapeaux sur lesquels il y aura écrit d'un côté : *Vive l'Empereur!* et de l'autre : *Vive Napoléon III!* et quand elles défileront devant le Prince, laissez-les crier. Faites de même pour les arcs de triomphe; que les mots : *Vive l'Empereur!* et *Vive Napoléon III!* y soient inscrits en grandes lettres. Dirigez vos préparatifs dans le plus grand secret; et quand le grand jour sera venu, envoyez-moi d'heure en heure, par le télégraphe, les détails de ce qui se passera. »

A chaque mot de ces instructions le préfet semblait électrisé. Personnellement très dévoué à la cause napoléonienne et d'un caractère hardi, il ne s'était pas attendu à des instructions aussi catégoriques. Il était ravi et persuadé que c'étaient là les instructions décidées par le gouvernement tout entier : il partit enthousiasmé. Les deux autres préfets de la Nièvre et de l'Allier arrivèrent à leur tour et reçurent les mêmes instructions, peut-être avec moins d'enthousiasme, mais tout aussi résolument; ainsi fut préparée la mise en scène de l'événement qui allait rétablir en France le gouvernement impérial.

Maintenant, dire au milieu de quelles angoisses je passai les quelques jours qui précédèrent le départ de l'Empereur serait impossible. Après avoir pris cette audacieuse résolution, je tremblais que quelque indiscrétion ne la portât à la connaissance du gouvernement et ne la fît échouer. A chaque moment, à chaque bruit, à chaque relevée de la sentinelle à ma porte, je craignais qu'on ne vînt me remplacer, m'arrêter, que sais-je? et que l'œuvre ne fût compromise. Puis il me venait des doutes, des terreurs secrètes. N'avais-je pas trop présumé du sentiment populaire? Les acclamations en faveur de l'Empire n'allaient-elles pas provoquer des collisions? Mais ma raison et ma foi me rassuraient bien vite. Ma véritable inquiétude, c'était qu'une indiscrétion ne fît tout avorter. Je sentais parfois une sueur glacée couvrir mon visage.

Enfin, le jour si anxieusement attendu arriva. L'Empereur partit pour son voyage du Midi, accompagné du général Saint-Arnaud, et j'eus la satisfaction de le voir monter en wagon, sans que lui ni personne autour de lui ne parût avoir le moindre soupçon de ce qui allait arriver. Je rentrai au ministère, ivre de joie, plein d'espoir et de confiance, et pour la première fois je pus enfin confier à quelques amis le secret qui me dévorait.

La première nouvelle du voyage arriva d'Orléans. Là, comme rien n'avait été préparé, le Prince Président fut reçu de la manière habituelle, aux cris mêlés de : *Vive le Président de la République! Vive Napoléon! Vive la République!* Le sentiment de la délivrance que le succès du coup d'État avait produit dans toute la France, s'était fait sentir à Orléans, par un redoublement d'enthousiasme; mais aucun cri de : *Vive l'Empereur!* ne s'était fait entendre. Rien ne pouvait encore faire prévoir à l'auguste voyageur ce qui allait se passer plus loin. Mais bientôt les nouvelles du Cher nous parvenaient. Dès le moment où le Prince Président avait mis le pied dans le département, il était acclamé Empereur par une population ivre d'enthousiasme. Les cris de : *Vive Napoléon III! Vive l'Empereur!* ne cessaient de résonner à son oreille; et tout ce mouvement des esprits s'accomplissait sans l'ombre d'une résistance ou d'une collision. Je n'ai pas besoin de dire qu'à mesure que les dépêches télégraphiques m'arrivaient, elles étaient renvoyées par moi à tous les départements, où, publiées, affichées dans toutes les communes de France, elles généralisaient la manifestation commencée dans le Cher et y excitaient les mêmes transports. On sait le reste.

Je n'ajouterai plus qu'un trait à ce récit. Avant le départ du Prince, j'avais obtenu l'autorisation de me rendre à Roanne, dans mon pays natal (1), pour y attendre l'illustre voyageur et l'accompagner jusqu'à Lyon. L'accueil que me fit le Prince fut glacial. Jamais il ne m'avait traité avec tant de froideur. Il ne fit aucune allusion à mon initiative; mais il était évidemment courroucé de la détermination que j'avais osé prendre à moi tout seul, contre ou sans son avis (2). Et ce sentiment l'exaltant, soit par ma présence, soit plutôt par la

---

(1) M. de Persigny était né à Saint-Germain-l'Espinasse (Loire), le 11 janvier 1808.
(2) Voir la note p. 184. (*Notes de l'éditeur.*)

crainte d'une lutte d'opinion dans certaines villes, il en vint à ce point de vouloir refuser l'Empire; car, à peine arrivé à Lyon, il prépara un discours à cet effet. M. Mocquart (1) qui l'accompagnait m'en ayant prévenu et m'ayant même communiqué une épreuve déjà imprimée de ce discours, je forçai la porte du Prince, qui ne voulait pas me recevoir, et je lui parlai avec tant de chaleur et de conviction qu'il voulut bien remettre ce grave sujet en délibération, en présence du général Saint-Arnaud, de M. Mocquart, de M. Bret, préfet du Rhône, et de moi. Nous fûmes unanimes pour démontrer au Prince que non seulement il ne devait pas se dérober au vœu public, mais que, voulût-il sérieusement rester Président de la République, il était maintenant trop tard pour arrêter un mouvement d'opinion qui avait envahi la France entière. J'ajoutai que, à moins de jeter le pays dans des difficultés inextricables, cette renonciation n'aurait d'autre résultat que de faire douter de sa bonne foi et de paraître une comédie; que, quant à une collision avec les partis hostiles à Lyon, nous ne devions avoir aucune espèce d'inquiétude; qu'en temps ordinaires, les minorités pouvaient bien avoir leur importance, mais que, quand un sentiment passionné agitait tout un peuple, elles étaient noyées dans les

(1) Secrétaire du Prince Président, plus tard chef du cabinet de l'Empereur. (*Note de l'éditeur.*)

grandes masses; et qu'enfin, comme l'événement le démontra, au milieu de cette foule immense d'hommes, de femmes, de vieillards, d'enfants, électrisés par le cri de *Vive l'Empereur!* les meneurs des partis seraient complètement réduits au silence.

L'Empereur céda à nos observations sans grande résistance, et le discours fut changé séance tenante. Mais il me parut qu'au milieu même d'un triomphe inouï, l'âme de ce grand Prince éprouvait une sorte de tristesse, en pensant, d'une part, aux collisions dont sa personne pouvait être le sujet, et de l'autre, au regret d'avoir été surpris par un événement qu'il n'avait pas prévu. Je compris surtout que, si j'avais été un ambitieux vulgaire, je me serais singulièrement trompé en croyant que le service que je venais de rendre pouvait être un titre à la faveur (1). Des actes de ce genre échap-

---

(1) Ce n'est pas la seule fois que l'on verra, au cours de ces *Mémoires*, les éminents services rendus au souverain, accueillis par celui-ci avec une froideur qui ne laissait pas que d'étonner le serviteur dévoué qui avait fait sienne cette devise du vieux roi de Bohême : *Je sers*.

Quelque surprenante que cette froideur puisse paraître à première vue, on en trouvera, je crois, l'explication et l'excuse dans les deux lettres suivantes, où l'Empereur indique les principes, d'ailleurs fort sages, qui, selon lui, devaient invariablement diriger la conduite des personnages investis de sa confiance. Mais l'âme de M. de Persigny, cette âme ardente, héroïque, toujours tendue vers le but à atteindre, ne put jamais s'accommoder aux scrupules d'un prince naturellement prudent et circonspect, ni se plier aux exigences de son formalisme. Ces divergences de

pent aux règles ordinaires. L'homme qui les accomplit, sous l'influence d'un ardent patriotisme,

tempérament n'exercèrent pas une médiocre influence sur leurs relations mutuelles.
Voici les extraits de ces deux lettres :

Saint-Cloud, 2 août 1855.

Mon cher Persigny (1), Walewski m'a remis votre dépêche du..... (*date en blanc*) dont vous m'avez envoyé le duplicata. Je dois, à ce sujet, vous faire, dans votre propre intérêt, une recommandation bien importante. Quand on occupe une position officielle comme la vôtre, il faut se pénétrer de cette vérité qu'on n'est pas maître de développer ses idées personnelles, quelque bonnes et utiles qu'elles soient. Car un ministre ou un ambassadeur ne peuvent donner d'autorité à leurs paroles que si l'on est bien convaincu qu'ils sont les échos fidèles de leur gouvernement; et si, par malheur, cette conviction venait à s'affaiblir, ils perdraient toute influence et toute importance politiques. Il faut donc, lorsque vous communiquerez une idée au gouvernement anglais, qu'il soit bien persuadé que vous êtes l'organe officiel et fidèle de mes vues et de mes intentions. Or, dans votre dernière communication au gouvernement anglais, qui contient, je l'avoue, de bonnes choses, dont l'application peut être plus ou moins prochaine, vous vous êtes avancé sans savoir réellement si telle était la détermination actuelle de mon gouvernement.

. . . .
Recevez, mon cher Persigny, l'assurance de ma sincère amitié.

Napoléon.

Le 9 février 1863.

Mon cher Persigny (2), il faut bien que les ministres se pénètrent de l'esprit de la Constitution, qui les rend responsables vis-à-vis de moi seulement, ce qui revient à me rendre responsable de leurs actes. Ils ne doivent donc rien faire d'important sans mon assentiment.

. . . .
Recevez, mon cher Persigny, l'assurance de ma sincère amitié.

Napoléon.

(1) M. de Persigny était alors ambassadeur en Angleterre.
(2) M. de Persigny était ministre de l'intérieur à cette date. (*Notes de l'éditeur.*)

se place lui-même hors la loi commune; il ne peut demander qu'une chose pour prix du service qu'il a pu rendre, c'est qu'on oublie les moyens qu'il a osé employer.

Chamarande, ce 15 novembre 1867.

DE

LA LISTE CIVILE

1852

Une des premières questions qui se présentèrent à l'examen du gouvernement, après la proclamation de l'Empire, fut celle de la liste civile. Il fut convenu, tout d'abord, de reconstituer l'ancien domaine de la couronne avec les palais, châteaux, bois, forêts et fermes qui en faisaient partie sous Louis-Philippe, mais le chiffre proposé pour la liste civile souleva de ma part une vive opposition dans le conseil. Le projet, conçu par M. Fould, approuvé par le nouvel Empereur, ne portait la liste civile qu'à douze millions, c'est-à-dire à six millions de moins que sous Louis-Philippe et treize de moins que sous les Bourbons. En acceptant ce chiffre modeste, l'Empereur faisait preuve d'une modération à laquelle j'étais le premier à rendre hommage; mais il n'avait pas, selon moi, une idée nette des exigences qu'allait comporter sa nouvelle situation. Comparant ce chiffre à celui de son traitement de Président de la République, il se persuadait qu'un million par mois suffirait amplement à toutes les nécessités de la couronne. La simplicité de ses goûts lui faisait d'ailleurs redouter plutôt que désirer les facilités d'un luxe royal : il ne lui déplaisait peut-être pas, tout en satisfaisant son penchant personnel, de se donner par sa modération le caractère d'un Washington couronné.

Quant à M. Fould, le sentiment qui lui avait dicté ce chiffre était d'une tout autre nature. Par ses relations, par ses antécédents, par son caractère, le ministre d'État appartenait à cette catégorie de dévouements équivoques qui n'ont cessé d'envahir le gouvernement de l'Empereur, en flattant habilement le goût naturel de ce prince pour tout ce qui ressemble à de la modération, mais qui n'ont, en réalité, d'autres mobiles de leurs ménagements envers les partis que le désir de se faire pardonner leur élévation et la crainte des retours de la fortune. La question de la liste civile était donc de nature à mettre en lumière les plus secrètes préoccupations de cette race d'hommes. Comme dans la question de l'hérédité dont ils auraient voulu écarter les Bonaparte, ils n'auraient pas été fâchés de gagner les louanges des salons hostiles de Paris en dotant avec parcimonie la liste civile du nouveau souverain. Sans conviction, sans foi dans l'avenir et tant que les événements n'auront pas complètement résolu, à leurs yeux, le problème dynastique de notre temps, des hommes comme M. Fould n'ont, en effet, et n'auront d'autre politique que de maintenir les choses dans une situation mixte, à cheval également sur l'Empire et sur les anciens partis; malheureusement, à mesure que leur influence se perpétue, elle prolonge l'indécision des esprits et ajourne, par conséquent, la solution du problème.

M. Fould n'était pas le seul de son espèce dans le ministère ; à deux ou trois exceptions près, tout le conseil appartenait à cette nuance d'opinion. La proposition du ministre d'État, si généreusement agréée par l'Empereur, de ne fixer la liste civile qu'à douze millions, y fut donc accueillie avec la plus grande faveur, et comme le talent de parole n'a jamais manqué dans ce gouvernement où, malgré la nature des institutions, les avocats ont eu jusqu'ici une si grande place, le projet fut appuyé de raisons spécieuses très habilement exposées. La France, y disait-on, quelle que soit la forme de son gouvernement était une grande démocratie, et l'avènement du nouveau souverain, le couronnement de la République. La Révolution française s'étant faite contre les privilégiés, contre la noblesse de cour, la société nouvelle abhorrait tout ce qui pouvait lui rappeler d'antiques servitudes. L'esprit d'égalité y était plus vivace que l'esprit de liberté. Une cour avec les splendeurs, les magnificences de l'ancienne royauté n'appartenait plus à notre époque. Les grandes charges, les grands chambellans, les grands maîtres des cérémonies, tout cela était devenu aussi ridicule que les marquis du dix-huitième siècle. Relever ces oripeaux était contraire à l'esprit du temps. Il fallait donc se débarrasser du cortège vermoulu des anciennes monarchies pour constituer un ordre nouveau, une monarchie populaire, une royauté républicaine, la seule qui fût compatible avec les mœurs nouvelles; c'était dans cet esprit que devait être réglée la nouvelle liste civile. L'Empereur gagnerait beaucoup dans le pays par sa modération. Toute la nation lui saurait gré de se contenter d'une liste civile modeste.

Pour moi, plaçant la question sous un autre point de vue, je soutenais que relever le trône des Napoléons c'était terminer la Révolution, et, comme on venait de le dire, couronner la République, mais que c'était aussi restaurer les idées monarchiques et continuer la vieille royauté de la France par une quatrième dynastie; que, par conséquent, la quatrième dynastie ne devait pas être placée dans des conditions d'éclat, de grandeur et de puissance inférieures aux anciennes; que faire une monarchie au rabais n'était certainement pas dans les aspirations des grandes masses populaires qui avaient acclamé l'Empire; qu'au temps où nous vivions, il y avait encore malheureusement trois monarchies en présence : la monarchie des nobles, des bourgeois et du peuple, et qu'il serait singulier que la dynastie du peuple fût moins bien traitée que les deux autres; que, sans doute, la pompe habituelle des anciennes monarchies n'était plus de notre époque; qu'il était de bon goût pour les souverains d'aujourd'hui de se débarrasser, dans l'ordinaire de la vie, d'un cérémonial inutile, et de montrer, par exemple, comme les empereurs d'Autriche et de Russie, la simplicité des manières unie à l'éclat du rang; mais que si l'on aimait à voir les plus grands princes se promener seuls et sans escorte au milieu des autres citoyens, il n'en était pas de même quand ils avaient à apparaître, aux yeux des peuples, dans l'exercice de la puissance royale; que cette distinction était surtout nécessaire à faire, en France, où le peuple aimait l'éclat, la pompe, la magnificence des cérémonies publiques; qu'on méconnaîtrait le génie de notre pays si l'on voulait faire de l'Empereur un roi bourgeois; que l'affectation de Louis-Philippe à prendre ce caractère, loin de le rendre populaire, n'avait fait que le rendre ridicule; qu'il ne s'agissait pas, d'ailleurs, de restaurer l'étiquette pompeuse et puérile qui, sous Louis XIV, faisait du souverain une sorte d'idole, de fétiche, jusque dans les détails les plus vulgaires de la vie; que l'empereur Napoléon Ier avait fait justice de ces sottises en opérant la séparation, dans sa cour, entre le service des besoins et le service des honneurs; qu'enfin il ne fallait pas voir dans le nouveau souverain seulement le Président de la République couronné, le premier magistrat de l'État, mais le symbole de la grandeur du pays, la personnification de la démocratie française, en un mot, le roi du peuple; que ce peuple enfin, plus il était fier de l'avoir élevé sur le pavois, plus il voulait que son œuvre fût entourée d'éclat, de grandeur et de puissance.

Passant à un autre ordre de considérations, je disais qu'en dehors de la pompe nécessaire à la royauté, la liste civile avait à fournir à bien d'autres exigences, car il ne s'agissait pas seulement, pour le souverain, de paraître devant la nation entouré des splendeurs du trône, mais de s'associer, de concourir à toutes les grandes conditions de la société, d'encourager les arts, de secourir les infortunes et d'être, en quelque sorte, dans les calamités publiques, la providence du peuple; qu'avec nos mœurs actuelles, la munificence royale n'était pas seulement une vertu princière, mais une fonction de l'État; que dans les malheurs publics ou privés, c'était à l'Empereur personnellement qu'on s'adresserait, comme on s'adressait naguère au Prince Président, et qu'il serait profondément regrettable de voir se renouveler le spectacle récent d'un chef d'État impuissant à soulager l'infortune ; que dans mille circonstances il fallait que le souverain eût les moyens d'agir de sa propre initiative, d'accorder des secours immédiats, de pourvoir aux premiers besoins sans attendre les Chambres, et surtout sans être obligé de leur tendre la main, à chaque occasion où il aurait à exercer les vertus de la charité royale. J'ajoutai que douze millions de liste civile c'était trop ou trop peu ; trop pour un Président de République couronné, dispensé des représentations et des charges de la véritable royauté, et trop peu pour un vrai souverain, avec tous ces devoirs et toutes ces obligations. Enfin, comparant la liste civile proposée avec celle que l'Assemblée nationale de 1789 avait constituée pour l'ancienne monarchie, je faisais remarquer que les vingt-cinq millions de la dotation de Louis XVI représenteraient aujourd'hui plus de cinquante millions ; que réduire, par conséquent, la liste civile d'un Napoléon au quart de celle des Bourbons c'était un contresens, une erreur, et peut-être quelque chose de plus qu'une faute.

Mais, malgré mes observations, l'avis de la grande majorité du conseil l'emporta sur l'esprit de l'Empereur : le projet des douze millions fut adopté. Je sortis du conseil attristé de cette solution, persuadé qu'on faisait une faute grave ;

rencontrant le président du Sénat, M. Troplong, qui sortait également du conseil, je repris, en attendant nos voitures, la conversation sur le sujet qui venait de nous occuper. M. Troplong, qui n'avait pris qu'une faible part à la discussion, me fit compliment de la manière dont j'avais soutenu mon opinion. Il m'avoua que, quant à lui, il n'avait pas voulu entrer en lutte avec M. Fould et parler contre le sentiment de l'Empereur, mais qu'au fond, il partageait ma manière de voir et considérait la solution comme une faute qu'on ne tarderait pas à regretter. Frappé de cet aveu, je lui demandai s'il ne pourrait pas essayer d'influencer la commission du Sénat pour lui faire faire un contre-projet, mais il se récria vivement à cette idée, qu'il jugeait impraticable en elle-même et compromettante pour lui; cependant, comme je lui reprochais amicalement le silence qu'il avait gardé au conseil, il me dit que s'il avait eu l'occasion d'en causer seul à seul avec l'Empereur, il n'aurait pas hésité à lui faire connaître son opinion, et que si je voulais aller voir l'Empereur, il m'autorisait à le lui dire. Enfin, s'animant par degrés au delà de ce que comportait la nature noble et élevée, mais peut-être faible et trop prudente de cet esprit éminent, il en vint à m'engager à retourner auprès de l'Empereur pour savoir d'une manière certaine quelle était sa pensée réelle et s'il n'avait pas fait le sacrifice de sa propre opinion aux obsessions de M. Fould ou à la majorité du conseil. Naturellement, je ne pouvais saisir qu'avec empressement une pareille ouverture; je rentrai, en conséquence, aux Tuileries, après être convenu avec M. Troplong que si j'obtenais un changement de solution je me rendrais de suite au Luxembourg, avant que la commission du Sénat, qui était convoquée le jour même pour cet objet, fût réunie. Mais au premier mot que je voulus dire à l'Empereur, il se montra impatient de me voir revenir sur ce sujet, me répondit que tout cela était décidé, me reprocha mon obstination, et comme il allait sortir, me renvoya sans vouloir m'entendre davantage. Je rentrai donc chez moi, où l'on m'attendait pour déjeuner, de plus en plus convaincu qu'on faisait une faute, mais avec la satisfaction qu'il n'avait pas dépendu de moi de l'empêcher.

Cependant je venais de me mettre à table, l'esprit toujours agité de ce qui venait de se passer, lorsqu'une pensée subite traversa ma cervelle et s'empara de moi. Je redemandai ma voiture vivement et courus au Sénat. Le temps pressait. Il était une heure quand j'arrivai au Luxembourg. C'était l'heure à laquelle la commission du Sénat devait se réunir pour examiner le projet de sénatus-consulte, le Sénat lui-même étant convoqué de son côté à deux heures pour en délibérer d'urgence. Je rencontrai

M. Troplong au moment où il entrait dans la salle de la commission, tenant à la main le projet des douze millions, et l'abordant d'un air résolu : « Eh bien, lui dis-je, vos raisons ont fait merveille sur l'esprit de l'Empereur; il se range à votre avis et consent aux vingt-cinq millions. Veuillez donc changer le chiffre du projet. » M. Troplong accepta mon dire sans hésiter; il entra dans une salle voisine, fit le changement indiqué et retourna à la commission. Inutile de dire que bientôt après le nouveau projet de vingt-cinq millions, adopté par la commission, était voté ensuite par le Sénat.

Dans la soirée, vers six heures, comme nous étions, la plupart des ministres, en conférence aux Tuileries, M. le président du Sénat vint apporter le sénatus-consulte à l'Empereur et en donna lecture devant nous. Au chiffre de vingt-cinq millions il y eut un étonnement général, mais M. Troplong prit la parole, et se gardant bien de dire ce qui s'était passé entre nous, pour ménager la dignité de l'Empereur, il reproduisit à peu près les considérations que j'avais exposées le matin au conseil et les donna comme les raisons qui avaient déterminé la commission à proposer ce chiffre au Sénat; en conséquence, tout fut approuvé et signé sans résistance de l'Empereur. Mais pendant que tout cela se passait, je n'étais pas sans une certaine appréhension qu'une parole de M. Troplong ne mît à nu mon artifice, et je ne fus pas fâché quand tout fut fini et que mes collègues se retirèrent. Malheureusement, pendant un moment où je me trouvais seul auprès de l'Empereur avec M. Troplong, voilà que ce dernier se tournant vers moi me dit tout haut : « Eh bien ! il n'était que temps ; si vous étiez arrivé un instant plus tard au Luxembourg, c'est le projet des douze millions qui aurait été voté ! » Je restai confondu. L'Empereur me regarda et comprit tout ; mais avec sa présence d'esprit et sa réserve habituelles, il ne dit pas un mot. Ainsi M. Troplong sortit avec moi sans se douter de l'audacieux expédient que j'avais employé pour déjouer ce que je considérais comme une sorte de trahison de mes collègues.

Quant à l'Empereur, il ne m'en parla jamais, si ce n'est une fois, plus de dix ans après, que se plaignant avec moi des charges énormes qu'il avait à supporter et de la difficulté d'y suffire, il ajouta : « Et que serait-ce si vous n'aviez pas fait changer le chiffre de la liste civile (1) ! »

Paris, 20 février 1868.

(1) Voir la note, page 184. (*Note de l'éditeur.*)

L'ALLIANCE ANGLAISE

1852

Vers la fin de l'année 1852 et à la suite d'un grave accident (1) arrivé à ma jeune femme (2), j'avais obtenu un congé pour la conduire à Dieppe prendre des bains de mer. Pendant mon séjour sur cette plage, Mme de Persigny m'ayant exprimé le désir de faire une petite excursion en Angleterre, je la conduisis à Londres par le bateau à vapeur de Dieppe à Newhaven. Pour un ministre de Louis-Napoléon, le moment de visiter l'Angleterre semblait bien mal choisi. La presse anglaise, le *Times* en tête, faisait alors une campagne des plus violentes contre le nouvel empire. Quoique le cabinet de lord Derby eût reconnu, et même avec un certain empressement, l'établissement du gouvernement impérial en France, il y avait en Angleterre, à en juger par l'attitude des journaux, comme un

(1) Un accouchement avant terme.
(2) M. de Persigny avait épousé, le 27 mai 1852, Mlle Albine-Marie-Napoléone-Eglé Ney de la Moskowa, fille unique du général prince de la Moskowa et de Mlle Laffitte. (*Notes de l'éditeur.*)

soulèvement de l'opinion contre l'avènement de la dynastie napoléonienne. Le souvenir de nos luttes passées s'y était réveillé d'une manière singulière; soit qu'une partie notable du public anglais craignît sérieusement de retrouver dans le second empire les sentiments et les rivalités du premier, soit qu'une intrigue se fût emparée de la presse, il est certain que, de l'autre côté de la Manche, un déchaînement de passions rétrospectives nous menaçait de sérieuses complications.

Le comte Walewski était alors ambassadeur à Londres. Son langage conciliant et ses loyales explications avaient beaucoup contribué à éclairer le cabinet anglais sur les intentions pacifiques du nouvel empereur, mais le public était loin de partager la confiance des ministres. La situation paraissait très difficile, et le comte Walewski ne me dissimula pas ses appréhensions. C'est que, en effet, quoique lord Derby fût de sa personne d'inclination très modérée, très conciliante, il était entouré d'hommes d'État appartenant à cette école violente de 1815, qui ne rêvait que l'abaissement et l'humiliation de la France. Le premier ministre accueillait avec plaisir, et en quelque sorte par tempérament, la déclaration pacifique de notre ambassadeur, mais autour de lui certains hommes dissimulaient mal le vieux levain de haines, de préjugés dont leur jeunesse avait été nourrie.

Heureusement qu'il y avait dans le cabinet un homme d'une disposition d'esprit toute différente : c'était lord Malmesbury, alors ministre des affaires étrangères. Lord Malmesbury, le plus jeune membre du cabinet, avait beaucoup voyagé en France ; il y avait contracté de nombreuses amitiés, parlait notre langue avec facilité, appartenait enfin à une génération qui, n'ayant pas connu les terreurs que le grand Empereur avait jadis causées à l'Angleterre, était étranger à ces sentiments tumultueux que le nom seul de Napoléon produisait d'ordinaire sur la génération précédente. Une circonstance particulière rendait, d'ailleurs, sa présence au *foreign-office* encore plus avantageuse pour nous : pendant les quelques années que le prince Louis-Napoléon avait passées en Angleterre, lord Malmesbury, connu alors sous le nom de lord Fitzharris, avait eu l'occasion de se lier avec le Prince. C'était un jeune homme élégant, d'une très belle figure, très aimé des femmes et qui, je crois, ne songeait guère à jouer un rôle politique. Quoique ardent tory et nourri des idées aristocratiques de sa classe, il n'en avait aucun des préjugés vis-à-vis de la France pour laquelle, au contraire, il montrait un goût très vif. Ayant rencontré le Prince à Eglinton Castle, chez son ami lord Eglinton, il avait conçu pour le neveu de l'Empereur une véritable amitié.

Personnellement, je voyais beaucoup lord Fitzharris, nous causions souvent ensemble, et il nous rendait au Prince comme à moi, avec une bonne grâce charmante, tous les petits services de société qui pouvaient être à la disposition d'un jeune lord d'une famille illustre et répandu dans le monde le plus élégant. Au nombre de ces services, il en est un, d'une nature plus sérieuse, que je me plais à rappeler ici : ce sera la première fois que je l'aurai fait connaître. On se rappelle peut-être l'odieuse intrigue de police qui lança un jour contre la personne du prince Louis-Napoléon un certain comte Léon, fils naturel, disait-on, de l'empereur Napoléon Ier, qui vint à Londres provoquer en duel celui qu'il appelait son cousin. Raisonnablement, ce duel n'aurait pas dû avoir lieu, car le Prince, n'ayant fait aucune injure à ce triste personnage, n'avait aucune réparation à lui donner. Mais l'imprudence d'un ami du Prince, en le compromettant dans cette circonstance, le força à accepter le défi. Le Prince devait se battre le lendemain. J'étais au désespoir de n'avoir pu réussir à empêcher une pareille affaire; je tremblais devant l'issue possible de cette rencontre, lorsque l'idée me vint d'aller voir lord Fitzharris et de lui faire connaître ce qui se passait. Lord Fitzharris me tranquillisa d'un mot, et me demandant de lui garder le secret, m'assura qu'il viendrait à bout d'empêcher le duel. En effet, le lendemain au moment où les deux champions étaient en présence, la police intervint puis, s'emparant de l'un et de l'autre, les conduisit devant un magistrat qui, suivant la loi anglaise, leur fit jurer d'observer la paix de la Reine. Ainsi fut terminée cette misérable affaire. Pour achever de faire connaître lord Malmesbury dans ses rapports avec Louis-Napoléon, je rappellerai qu'il fut un des rares amis du Prince restés fidèles dans son infortune et qu'il alla lui rendre visite à sa prison de Ham.

Or, pendant que la destinée du neveu de l'Empereur préludait, par le malheur et la captivité, aux grandeurs qui lui étaient réservées, le jeune lord Fitzharris, dont nous venons de voir le caractère noble et élevé, passait des loisirs de la vie élégante aux occupations de la vie publique. Devenu par la mort de son père comte de Malmesbury et pair d'Angleterre, il débutait avec éclat dans les discussions de la Chambre des lords, prenait une place éminente dans les rangs du parti tory, puis à l'avènement du cabinet de lord Derby, en 1852, obtenait le ministère des affaires étrangères, qu'il exerça également plusieurs fois dans divers cabinets de lord Derby, où il fit preuve d'un grand sens politique et d'un patriotisme aussi éclairé que chaleureux. Il était donc ministre des affaires étrangères lors de l'avènement de Louis-Napoléon à l'Empire; ce fut certainement à sa haute influence qu'il faut attribuer l'empressement avec lequel, malgré tant de préventions nationales, le nouvel empire fut reconnu par l'Angleterre.

Quoi qu'il en soit, ce qui précède fera comprendre quel vif désir j'avais de revoir Malmesbury, en me retrouvant en Angleterre, dans ces nouvelles circonstances. Après avoir fait connaissance l'un de l'autre pendant les plus belles années de la jeunesse et nous être liés par une communauté de goûts et de penchants, nous nous retrouvions tous les deux ministres, l'un en Angleterre, l'autre en France, tous les deux amis du nouvel Empereur, également désireux de faire servir notre amitié commune à l'établissement de bonnes relations entre nos deux pays. Pendant les huit jours que je passai à Londres, je vis donc souvent lord Malmesbury; nous dînâmes plusieurs fois ensemble, soit chez lui, soit chez Walewski. Nous eûmes surtout de longs entretiens sur la situation des choses. On va voir de quelle politique nouvelle ces entretiens furent le point de départ.

Naturellement, les préoccupations du moment nous portaient à considérer l'état des esprits en Angleterre depuis l'avènement de l'Empire. Lord Malmesbury ne s'en expliquait pas entièrement les causes, ou plutôt elles lui paraissaient si complexes qu'il ne voyait aucun intérêt à en faire l'analyse.

Ce qui le rassurait, c'est que dans le monde des affaires, on se montrait très désireux de voir s'établir de bons rapports avec la France. « Nous ne voyons pas, disait-il en parlant du cabinet anglais, un commerçant de la cité de Londres, nous ne recevons pas une lettre d'un négociant de Liverpool ou d'un fabricant de Manchester, de Birmingham, de Glascow, etc., qui ne nous recommandent de rester en bons termes avec le nouvel empire. « Soyez bien avec la France », nous crie-t-on de tous les points commerciaux de l'Angleterre. » Or, à chaque appréhension que je manifestais, c'était de la part de lord Malmesbury le même argument : « La cité de Londres veut la paix avec la France. »

J'avoue que sur le moment cet argument glissait sur mon esprit sans y pénétrer, car je l'ai remarqué bien souvent dans le cours de ma vie politique, il y a presque toujours entre deux étrangers qui conversent ensemble, même à cœur ouvert et dans la plus complète intimité, des nuances d'appréciation qui échappent à l'intelligence de l'un ou de l'autre. Quelque connaissance qu'on ait d'un pays étranger, on y est disposé à juger les choses avec les idées et les préoccupations de son propre pays. On peut entendre parfaitement le sens des paroles, mais faute de pouvoir s'identifier avec les sentiments intimes de l'étranger, la valeur précise de son argumentation vous échappe. Lord Malmesbury m'avait répété dix fois son raisonnement. Pour me faire comprendre le caractère des préoccupations du commerce anglais, il avait saturé ses entretiens d'anecdotes, de traits piquants, caractéristiques, mais tout cela n'avait guère plus saisi mon esprit que si un homme d'État français m'avait parlé des instincts pacifiques des boutiquiers de Paris. Seulement à peine avais-je quitté Malmesbury que toute son argumentation se redressait de nouveau devant moi. Le souvenir des moindres détails de sa conversation, de son accent, de son geste, de ses manières venait assiéger ma mémoire. Tout me faisait pressentir l'existence d'une inconnue qui se dérobait à mes regards. « Mais, me disais-je, qu'a donc à faire la cité de Londres dans nos questions internationales ? Pourquoi ces honnêtes commerçants désirent-ils tant l'amitié de la France ? Et ces ministres tories, ces ardents représentants de l'aristocratie, pourquoi semblent-ils donc si préoccupés de l'opinion de la cité de Londres ? » A ces questions, je ne savais que répondre; j'avoue que je n'y comprenais rien, mais comme je restais convaincu qu'il y avait là un problème politique des plus sérieux, j'en cherchais avidement la solution.

En vain je m'adressai à Walewski et à d'autres. Les uns me disaient que la cité de Londres était engagée à la hausse dans les valeurs françaises, d'autres qu'il y avait sur la place encombrement des produits industriels à écouler; d'autres enfin que le cabinet avait des embarras financiers, etc. Mais tout cela n'était pas de nature à me satisfaire, et je n'en étais que plus désireux de pénétrer ce mystère. Enfin, comme je rentrais en France, l'esprit toujours tendu vers cette recherche, pendant que, sur le bateau à vapeur, je soignais ma jeune femme malade du mal de mer, il me sembla qu'un voile tombait de mes yeux et que j'avais enfin trouvé la solution du problème. J'en fus tellement frappé qu'en arrivant à Paris, en entrant au conseil des ministres, j'annonçai à l'Empereur, avec une certaine solennité, que je venais de faire une découverte importante; que, malgré des apparences contraires, l'Angleterre désirait ardemment notre amitié; que ce peuple qui avait été le plus terrible adversaire du premier empire pouvait être l'allié le plus puissant du second, et que si nous savions comprendre cette nouvelle situation, ce qui avait causé jadis la ruine de la dynastie napoléonienne en garantirait aujourd'hui le triomphe. Puis, comme l'assurance un peu singulière de ces paroles avait excité des sourires d'étonnement ou d'incrédulité dans le conseil, je demandai à l'Empereur de vouloir bien me prêter son attention. J'exposai ainsi qu'il suit, comme je l'ai répété bien souvent depuis, soit de vive voix, soit par écrit, et comme je le reproduisis quelques jours après sous la forme d'un mémoire à l'Empereur, la justification de ce que je venais d'avancer :

« Depuis la chute de l'Empire, une grande révolution s'est accomplie en Angleterre; non seulement l'oligarchie anglaise du temps des Pitt s'est transformée en aristocratie, mais cette aristocratie elle-même, en subissant à son tour la modification que la Réforme, l'émancipation des catholiques et mille causes diverses ont introduites dans son sein, a perdu beaucoup de son ancienne puissance; à l'heure qu'il est, elle n'est plus en état d'entraîner l'Angleterre, comme jadis, au gré de ses passions, de son orgueil ou de ses préjugés. Elle est encore le frontispice, mais elle n'est plus le livre. Le livre, c'est le grand mouvement commercial qui consiste à faire venir les matières premières du bout du monde pour les renvoyer au monde en objets manufacturés; c'est la classe moyenne, c'est la bourgeoisie cent fois plus nombreuse, cent fois plus riche, cent fois plus puissante que l'aristocratie. Cette classe moyenne rattachée aux classes supérieures par mille liens de respect, de sympathie, de tradition, se plaît, il est vrai, à les maintenir au pouvoir, mais à cette condition absolue que l'aristocratie y fera les affaires du commerce et de l'industrie et non pas les siennes propres. Que si, au contraire, les hommes d'État se laissaient aller aux penchants naturels des aristocraties, à l'orgueil, à la soif de domination au dehors comme au dedans, l'instinct de la bourgeoisie mis en défiance les aurait bien vite rappelés au sentiment de la situation nouvelle. C'est ainsi que placée entre ses intérêts et ceux du commerce, l'aristocratie terrienne, sous Robert Peel, se vit obligée de se sacrifier elle-même dans la question du *corn Law*.

« Ceci compris, quel est donc, vis-à-vis de la France, le sens des dispositions pacifiques du commerce anglais, de la cité de Londres qui le représente particulièrement et de l'Angleterre en général? Le voici : Nous avons conquis en 1814 et en 1815, sur la France, se disent les Anglais, la suprématie maritime, industrielle et coloniale; nous l'exerçons aujourd'hui dans de vastes proportions. Or, si nous avions une nouvelle lutte avec la France, qu'après une guerre de dix ans, après des efforts gigantesques nous ayons la chance de terminer la guerre par un nouveau Waterloo, nous n'aurions que ce que nous avons déjà, la suprématie maritime, industrielle et coloniale. Si nous étions vaincus, tout serait compromis. Nous avons donc tout à perdre, rien à gagner d'une lutte avec la France.

« Eh bien, Sire, disais-je au conseil, n'est-ce pas là une situation remarquable, extraordinaire? Voilà un peuple qui, après des siècles de rivalités et de haines, en est arrivé, par la considération de ses propres intérêts, à désirer ardemment l'amitié de la France. De notre côté, avons-nous besoin de recommencer la lutte avec l'Angleterre ? Est-il nécessaire de refaire l'histoire au point de vue maritime et colonial ? Mille fois non. Et pourquoi ? C'est que par le nouveau régime commercial adopté par l'Angleterre, nous sommes aujourd'hui complètement désintéressés en matières commerciales et coloniales. Le jour, en effet, où l'Angleterre a renoncé au monopole colonial, où elle a dit à ses colonies : « Soyez libres de vendre ou d'acheter à « qui vous voudrez », c'est-à-dire quand elle a proclamé ce principe que la mère patrie pouvait se procurer ses matières premières n'importe où, mais que de leur côté les colonies avaient le droit d'acheter ou de vendre n'importe à qui, à la France comme à l'Angleterre, ce jour-là elle a effacé d'un trait de plume les conquêtes coloniales qu'elle avait faites sur la France. Comme il ne dépend plus que de nous d'inonder désormais de nos produits non seulement nos anciennes colonies, mais le monde entier, nous pouvons dire aujourd'hui que la lutte séculaire entre la France et l'Angleterre est enfin terminée et qu'il n'y a plus entre nous de causes réelles de rivalités.

« Or, s'il en est ainsi, où chercher ailleurs une alliance plus avantageuse pour nous que l'alliance anglaise ? Dans quel pays du continent trouver l'intérêt public conspirant pour notre amitié? Quelle alliance, enfin, pourrait réaliser à notre profit une pareille accumulation de forces? Si, d'une part, en donnant à la politique anglaise, isolée sur le continent, l'appui d'une armée de six cent mille hommes, nous lui rendons l'influence qu'elle y a perdue, de l'autre, en obtenant, par l'union de nos deux marines, la domination des mers, nous devenons la première puissance du monde. Ce que l'Angleterre gagne, par notre alliance, en sécurité pour ses intérêts commerciaux, nous le gagnons en grandeur, en prépondérance politique en Europe, et abritée derrière une force aussi énorme, notre dynastie nouvelle peut s'établir sans peine et sans courir aucun péril.

« Or, du moment qu'en Angleterre les classes moyennes, toutes-puissantes aujourd'hui sur leur gouvernement, ont un intérêt si vif à notre amitié, il ne dépend que de nous d'établir l'alliance anglaise. Que si, en effet, nous nous attachons à inspirer confiance à nos voisins, à leur montrer un désir sincère de réconcilier les deux peuples, d'oublier Waterloo et les souvenirs d'un autre âge; que si, surtout, nous savons ménager dans nos relations les susceptibilités d'une nation qui, après s'être vue à la tête du monde, souffre secrètement de sentir sa prépondérance lui échapper, non seulement nous pourrons constituer l'alliance sur des bases solides, mais faire en quelque sorte de l'Angleterre, et toute réserve de langage à part, une sorte de satellite volontaire de notre politique en Europe; je veux dire que, quoique l'Angleterre n'ait ni autant de goût, ni autant d'intérêt que nous à se mêler aux affaires du continent, elle n'hésitera pas à nous y suivre pour ne pas se séparer de nous et nous retrouver ailleurs disposés à défendre ses intérêts de la même manière.

« Voilà donc, disais-je à l'Empereur, le secret de l'Angleterre. Les intérêts commerciaux y sont plus forts que l'orgueil aristocratique; ils dominent et domineront chaque jour davantage le gouvernement de la Grande-Bretagne, et comme les intérêts ont tout à perdre et rien à gagner d'une lutte avec nous, qu'ils ne se sentent en sécurité que lorsqu'ils sont en paix avec la France, il y a pour le second Empire, dans cette révolution accomplie en Angleterre, la base de toute une politique nouvelle, grande, féconde, glorieuse, qui doit nous venger de nos défaites passées plus que ne pourrait le faire le gain d'une contre-bataille de Waterloo. »

L'Empereur parut frappé de ce point de vue que je ne craignais pas de qualifier de grande découverte. Toutefois, la situation était trop nouvelle pour être suffisamment comprise du conseil. L'exposé que je venais d'en faire parut plutôt une argumentation en faveur de l'alliance anglaise qu'une démonstration des nouvelles tendances de l'Angleterre vers l'alliance française. Mais bientôt, une circonstance imprévue allait donner à mon argumentation une valeur singulière.

Peu de temps après cette séance du conseil, quelques membres importants de la cité de Londres s'étaient réunis pour délibérer sur le danger de la situation. Inquiets de la persistance des journaux anglais à attaquer le nouvel empire, particulièrement de la polémique du *Times,* que tout le monde considérait comme acquis à une intrigue orléaniste, ils prenaient la résolution de protester contre cette ligne de conduite en manifestant hautement leur sympathie pour la France par une adresse à l'Empereur. Tel était l'état des esprits qu'en quelques jours l'adresse fut signée par quatre mille maisons considérables de la Cité, c'est-à-dire non seulement par toute la haute banque, mais, on peut dire, par les représentants de tout le commerce de l'Angleterre. Apportée à Paris et présentée à l'Empereur par une députation composée du lord-maire et des principaux membres de la Cité, cette adresse produisit sur l'esprit des deux pays l'effet le plus salutaire. La cité de Londres venant solennellement féliciter l'Empereur d'avoir rétabli l'ordre dans son pays, protester de ses sentiments d'estime et de sympathie non seulement pour la France, mais pour la nouvelle dynastie, c'était là, en effet, un spectacle d'une étrange signification. Sous l'impression de ce grand acte d'opinion publique, les journaux anglais s'empressaient de changer de ton; le *Times,* donnant lui-même l'exemple du revirement, faisait amende honorable à l'Empereur. Ainsi, l'exposé que j'avais fait deux mois avant au conseil des dispositions nouvelles du commerce anglais se trouvait merveilleusement justifié.

Ce n'est pas tout. Très peu de temps après l'adresse de la Cité, la question d'Orient s'ouvrait à Constantinople. Dans cette circonstance grave, comme nous le verrons dans un autre chapitre, c'est encore l'exposé des nouvelles tendances de l'Angleterre qui, reproduit par moi au conseil, déterminait l'Empereur, malgré l'avis contraire de tous ses autres ministres, à envoyer la flotte en Orient. Convaincu que l'envoi de notre flotte à Salamine entraînerait celui de la flotte anglaise, que quoique l'attitude de lord Aberdeen, le nouveau chef du cabinet de Saint-James, ne fût rien moins que sympathique à la France ou à son nouveau souverain, l'opinion de la cité de Londres et de la nation en général forcerait son gouvernement à ne pas se séparer de nous; persuadé enfin qu'en dépit de tous les mauvais vouloirs, l'alliance des deux pays ne manquerait pas de se faire contre la Russie, l'Empereur résista aux conseils timorés de ses ministres, donnant ainsi à mon argumentation l'adhésion la plus éclatante.

On sait comment les événements justifièrent les prévisions de l'Empereur; comment l'opinion publique en Angleterre, particulièrement l'attitude de la cité de Londres, força la main à lord Aberdeen pour envoyer la flotte anglaise, comme la nôtre, à Salamine; comment cette attitude triompha successivement des résistances du cabinet qui, à chaque mouvement à faire en avant, d'abord pour aller aux Dardanelles, puis dans le Bosphore, enfin dans la mer Noire, ne cessait de faire des objections; comment, en définitive, cette puissance formidable qui s'appelle l'alliance anglo-française trancha, par la ruine de Sébastopol, une question qui depuis si longtemps faisait trembler l'Europe.

Assurément, rien ne semblait plus propre à convaincre l'esprit public en France des grands avantages de l'alliance anglaise que les triomphes de cette alliance; rien ne pouvait justifier d'une manière plus saisissante aux yeux du gouvernement de l'Empereur la théorie que j'avais eu l'occasion d'exposer devant lui. Malheureusement, comme nous le verrons, les considérations sur lesquelles s'étayait cette théorie n'ont jamais été suffisamment comprises des principaux membres du gouvernement. Jusqu'ici aucun des ministres des affaires étrangères qui se sont succédé au pouvoir, et malgré les nombreux efforts que j'ai faits auprès d'eux pour leur faire partager ma conviction, ne se sont sérieusement inspirés de cette politique.

Il y avait pour nous, dans le caractère des tendances nouvelles de nos voisins d'outre-Manche, dans la conspiration permanente de leurs intérêts commerciaux en notre faveur, le germe de tout un monde de prospérités gigantesques qu'il dépendait de nous d'en faire sortir. Nous en avons tiré certainement de grands avantages; mais, faute d'en comprendre clairement le principe, faute d'avoir fait résolument de l'alliance anglaise la base constante de notre politique extérieure, le levier permanent de notre action sur le continent, nous n'avons cessé d'en affaiblir ou d'en compromettre l'existence. A l'heure qu'il est, je me demande si le hasard, l'intérêt irrésistible des deux peuples, la force des circonstances, en un mot, n'a pas plus contribué aux divers rapprochements qui ont eu lieu entre les deux gouvernements que le sentiment de la révolution morale et matérielle accomplie chez nos voisins. Dans cette longue histoire de nos relations avec l'Angleterre, histoire à laquelle j'aurai l'occasion de toucher souvent dans le cours de ces Mémoires, les moindres affaires, les moindres incidents, les moindres détails semblent avoir eu plus de poids sur nos délibérations que l'intelligence du puissant intérêt qui aurait dû dominer notre conduite et servir de phare à notre politique. On dirait que, comme les Irlandais, nous tenions encore des Celtes et que sur nous l'impression du moment ait toujours plus d'empire que la réflexion.

Chamarande, 12 novembre 1868.

ORIGINE

DE LA

GUERRE DE CRIMÉE

1853

On se rappelle que lorsque le Prince Président fut proclamé Empereur et reconnu par les principales puissances de l'Europe, l'empereur de Russie, en répondant à la notification de l'avènement de Napoléon III, crut devoir faire un changement dans le formulaire habituel entre les souverains, c'est-à-dire qu'au lieu de la formule de *Monsieur mon frère,* il avait, seul des Princes de l'Europe, maintenu celle de *Monsieur et bon ami,* précédemment usitée envers le Président de la République. Cette modification introduite dans les rapports de souverain à souverain n'était pas sans importance. Elle ne tendait à rien moins qu'à donner à la reconnaissance du nouvel empire le caractère d'un fait accidentel et transitoire, en même temps qu'elle semblait placer le nouveau souverain en dehors de la famille des rois de l'Europe. Le gouvernement français fut donc naturellement ému de cet incident, et cette affaire fut portée au conseil. Là, contrairement à l'opinion de la plupart de mes collègues, j'avais émis l'avis de ne pas recevoir les lettres de la Russie, mais l'opinion qui prévalut fut de ne pas se préoccuper de cet incident par considération pour l'Empereur lui-même, qui, en prenant les choses de trop haut et en exposant la nation à un conflit, aurait pu paraître plus préoccupé de sa situation personnelle que des intérêts du pays. Ce fut l'Empereur lui-même qui exposa cet avis; je m'empressai d'y adhérer, mais je fus péniblement affecté du ton général du ministère.

C'était la première fois qu'une question d'honneur, de dignité, se présentait à l'examen du gouvernement impérial. Sous un prince s'appelant Napoléon, une impolitesse faite à la France, dans la personne de son souverain, était nécessairement une chose grave. Mais pour MM. Fould, Baroche, etc., ce n'était qu'une question d'étiquette, une formule rappelant les préjugés des vieilles monarchies, une manie particulière à l'empereur Nicolas égaré par ses idées du droit divin, manie qui lui faisait tort aux yeux de l'Europe, mais dont l'expression, quelque peu convenable qu'elle fût, ne pouvait toucher ni la France ni l'Empereur. En vérité, il me semblait assister à un de ces conseils de ministres sous Louis-Philippe, tels du moins que je me les représente, les préoccupations matérielles et bourgeoises y dominant les aspirations de la politique, et le manque d'élévation se cachant sous les dehors de l'indépendance d'esprit. Je ne pus m'empêcher de protester contre cette attitude.

« J'approuve, dis-je au conseil, l'opinion de l'Empereur, car il serait regrettable qu'un différend sérieux s'élevât entre la France et la Russie à l'occasion d'une question en apparence personnelle à Sa Majesté; toutefois, en réalité, l'injure est encore plus pour la France que pour l'Empereur, car si l'Empereur n'est pas un vrai roi, si ses pairs ne l'acceptent pas au même titre que les autres souverains, c'est qu'on dénie à la nation le droit de disposer d'elle-même et de se donner un gouvernement. C'est donc la France qui est blessée, menacée dans l'exercice de sa souveraineté. Vous ne voyez là qu'une question d'étiquette : moi j'y vois le symptôme d'une hostilité audacieuse qui ne tardera pas à se manifester d'une manière plus grave. L'Empereur croit préférable de laisser tomber cette affaire, je m'incline et me rends à ses raisons; mais alors sachez bien que vous aurez la guerre avec la Russie et préparez-vous à la faire, car après avoir pu nous blesser impunément, pourquoi l'empereur Nicolas aurait-il plus de ménagements pour nous que pour Louis-Philippe ? Dans son orgueil ne se croira-t-il pas tout permis ? Or, comme l'Empire n'est pas dans les conditions de la monarchie de Juillet, la première insolence de la Russie amènera infailliblement la guerre. »

Quelque temps après, je rencontrai M. de Kisseleff, l'ambassadeur de Russie. Il était radieux et commençait, dès lors, à prendre ce ton superbe qui contribua si fort à aveugler l'empereur Nicolas sur le caractère de notre gouvernement. M. de Kisseleff, homme d'esprit, mais présomptueux, croyait parfaitement connaître l'entourage de l'Empereur; il ne considérait la plupart des ministres que comme des hommes d'affaires, plus préoccupés de la hausse ou de la baisse de la Bourse que des conceptions de la politique. Il les jugeait surtout incapables de grandes résolutions, ennemis naturels des moyens énergiques. Vivant habituellement dans l'intimité des personnes connues par leur hostilité à l'Empire, il lui était impossible, dans ce milieu dénigrant, de deviner les causes véritables de l'influence de certains hommes sur l'Empereur; jugeant, par conséquent, ce prince d'après le caractère de ces hommes, il se flattait que le gouvernement était incapable de résolutions vigoureuses, ou que si, par hasard, l'Empereur avait quelques velléités de grandeur ou de gloire, son entourage viendrait à bout de les étouffer. Ainsi, le prestige du 2 décembre qui avait agi si puissamment sur l'imagination des masses, ne suffisait pas pour révéler à l'Europe la valeur véritable de l'Empire. Aux yeux d'une certaine diplomatie habituée à analyser, à décomposer les forces vives des États, ce n'étaient pas les racines puissantes de l'arbre nouvellement planté dans les profondeurs du sol qui faisaient juger de son avenir, mais les altérations, les gerçures et les parasites dont le tronc pouvait être affecté.

M. de Kisseleff avait su par ses affidés ce qui s'était passé au conseil. Du ton moqueur qui lui était habituel : « Eh bien ! me dit-il, vous voulez donc nous faire la guerre ? » Et faisant allusion à la formule de *Monsieur mon frère* dont l'absence dans le protocole russe avait causé l'émotion du conseil, il ajoutait : « Vous n'y allez pas de main morte. *La fraternité ou la mort !* mais heureusement que tout cela n'est pas bien grave, car vos collègues connaissent mieux que vous le cours de la rente, et ils ne vous laisseront pas faire de folies. — Mon cher monsieur de Kisseleff, lui dis-je, ne vous abusez pas, je ne veux pas la guerre, surtout avec vous, car j'honore probablement autant que ceux de mes collègues auxquels vous faites allusion, le caractère noble et chevaleresque de l'empereur Nicolas ; mais, dans l'intérêt de la paix, je crains les conséquences de tout ce qui pourrait ressembler à une faiblesse vis-à-vis d'un prince aussi fier et aussi hautain ; je redoute surtout les impressions que vous ne cessez de lui donner. Vous croyez notre Empereur dominé par un entourage terre à terre; la vérité, c'est qu'il a peut-être la faiblesse commune à beaucoup de gens d'esprit, pour s'épargner des luttes intérieures, d'aimer à s'entourer de caractères effacés, d'esprits superficiels ou sceptiques. Il a peut-être aussi le tort de se laisser séduire par l'apparence d'une fausse science. De ce qu'il ne sait rien des éléments premiers du droit administratif ou judiciaire et des sciences économiques, il ressemble au général qui, n'ayant jamais appris l'école de peloton, n'oserait rien faire sans avoir un sergent instructeur auprès de lui. Il semble émerveillé d'entendre à chaque instant citer dans son conseil tel paragraphe de tel article, de telle loi, modifié par tel article de telle autre loi ou de telle ordonnance ou de tel décret. Et comme il me juge aussi ignorant, et avec raison, que lui-même de toutes ces belles choses, il me considère très peu quand il s'agit de ces matières. Cette erreur étrange dont il ne paraît pas avoir conscience est probablement destinée à peser toute sa vie sur son gouvernement. Elle paralyse et paralysera souvent des facultés éminentes. C'est le secret de l'influence de certaines individualités sur son esprit. Mais tout cela n'a rien à faire dans les questions élevées de son gouvernement, tout cela est étranger aux nobles susceptibilités de son caractère bienveillant, modéré sans doute, mais ferme, résolu, singulièrement audacieux dans l'exécution. Or, en le jugeant d'après les dispositions bien ou mal appréciées de son entourage, vous vous exposez à vous tromper étrangement; à force de tendre la corde au profit de votre orgueil, vous la briserez infailliblement. »

En effet, les événements allaient bientôt justifier ces appréhensions. Notre politique extérieure se trouvait alors fréquemment troublée par une coterie cléricale qui, comme un ver rongeur, était parvenue à se glisser, à s'établir dans les réduits secrets du ministère des affaires étrangères. Le 2 décembre n'avait pas réussi à l'en déloger. Bien loin de là, elle n'en paraissait que plus audacieuse, car, profitant des préoccupations intérieures du gouvernement, elle avait réussi à jeter notre diplomatie dans les petites complications de ce qu'on appelait la question des Lieux saints ; elle triomphait d'un succès puéril comme d'une victoire nationale. On sait ce qui arriva de cette intrigue. L'empereur Nicolas, feignant de se formaliser outre mesure du droit de protection accordé à la France sur quelques pauvres prêtres catholiques de Jérusalem, réclama pour lui avec audace, comme compensation, de la Turquie, un droit analogue de protection sur les Grecs schismatiques d'Orient, c'est-à-dire sur la moitié des sujets de l'Empire ottoman. Et ainsi se posait la question d'Orient dans toute sa gravité.

A cette nouvelle qui causa dans toute l'Europe la plus vive émotion, l'Empereur, convoquant un conseil extraordinaire, nous demanda s'il ne serait pas opportun d'envoyer de suite notre flotte sur un point rapproché de la Turquie, à Salamine, par exemple, pour être à portée des événements.

M. Drouyn de Lhuys, ministre des affaires étrangères, exposa la situation dans un discours préparé avec soin, où il s'attacha à démontrer la gravité de la demande faite par la Russie. Après avoir fait l'historique de la politique russe depuis un siècle et compté chacun de ses progrès vers le but de son ambition, il n'hésitait pas à dire que nous étions arrivés sinon à la crise suprême de l'Orient, du moins au dernier acte des préparatifs nécessaires à l'opération finale. L'Empire ottoman était tombé dans un état de décrépitude sans nom, les populations grecques et slaves n'attendaient qu'un signal pour se révolter, et le petit nombre de musulmans habitant la Turquie était hors d'état de leur opposer une résistance sérieuse. La Russie, au contraire, se trouvait à l'apogée de sa puissance. Elle avait à Sébastopol une base d'opérations où tout était préparé pour l'exécution, une flotte nombreuse prête à prendre la mer et pouvant transporter, en quelques jours, une armée sous les murs de Constantinople. Que restait-il à faire pour la Russie ? une seule chose : acquérir le droit d'intervenir, sans l'agrément de l'Europe, dans les affaires de la Turquie. Or, si elle obtenait ce droit, sous la forme d'un droit de protection sur les Grecs, elle n'avait plus qu'à attendre un moment favorable pour faire naître, par ses intrigues, une occasion d'intervenir; alors elle pouvait se jeter sur Constantinople et s'emparer du Bosphore et des Dardanelles avant que l'Europe eût le temps d'aviser. Que si le Sultan refusait d'obtempérer aux demandes de la Russie, que l'Europe ne prît pas sa défense, la dernière heure de la Turquie avait sonné, et nous devions nous attendre à voir l'aigle à deux têtes planer sur les tours de Sainte-Sophie.

Après cet exposé de la situation, l'on devait s'attendre à ce que le ministre nous conseillerait d'envoyer sans retard notre flotte en Orient. Mais pas du tout; et ceci caractérise la nature d'hommes qui dominaient dans les conseils de l'Empereur. Bien loin de là, M. Drouyn de Lhuys nous conjurait de ne rien faire, de ne pas donner signe de vie, et voici pourquoi : dans la demande russe il y avait deux choses distinctes, une menace sur Constantinople, une vengeance de notre petit succès des Lieux saints. Or, malgré la reconnaissance officielle du nouvel empire, l'Europe tout entière, l'Angleterre en tête, était si enchantée de l'espèce d'affront que nous faisait la Russie, qu'elle ne voyait pas ou ne voulait pas voir la menace sur Constantinople. Si donc nous paraissions prendre parti pour la Turquie en envoyant notre flotte en Orient, les grandes puissances ne donneraient à notre intervention que le caractère d'un ressentiment particulier. Nous serions isolés en Europe, et comme un différend entre deux puissances telles que la France et la Russie ne manquerait pas de s'étendre de proche en proche, nous verrions bientôt l'Europe entière, se rappelant les coalitions du passé, se prononcer contre nous. Si, au contraire, nous avions le courage de dissimuler notre mécontentement, c'est-à-dire, en d'autres termes, de dévorer en silence notre affront, si nous paraissions ne pas considérer la réclamation russe comme une revanche de notre misérable affaire des Lieux saints, la question d'Orient se trouvant dégagée de la question française qui la compliquait, apparaîtrait bientôt à l'Europe dans toute sa gravité; le ministre en concluait que notre effacement, notre abstention, notre inaction servirait plus que toute autre chose à préserver Constantinople.

A cette conclusion, le conseil, que la première partie du discours de M. Drouyn de Lhuys avait d'abord très troublé, fit entendre des murmures d'une vive approbation. Cette théorie de l'effacement fut trouvée de la dernière habileté, chacun s'efforçait d'ajouter un éloge à l'éloge dont chacun gratifiait le ministre. Une fois sur cette pente plus commode qu'honorable, on en arrivait à ce point de trouver qu'il n'y avait pour la France, dans cette affaire, aucune atteinte à sa dignité. On soutenait même que nous avions été investis par la Porte d'un droit de protection considérable; que le droit, en plaçant sous notre égide les catholiques de Jérusalem, nous donnait une influence immense sur l'Orient; que, par contre, nous ne devions pas trouver mauvais que l'empereur de Russie réclamât un droit analogue en faveur de ses coreligionnaires.

Pendant que ces platitudes se débitaient, l'Empereur donnait des marques fréquentes d'improbation. Il avait rappelé plusieurs fois au conseil la gravité de notre situation morale en face des éventualités qui nous menaçaient; mais la presque unanimité des ministres paraissait cependant avoir fait quelque impression sur son esprit, car il se demandait, comme s'il voulait préparer l'ajournement de sa décision, si l'envoi de la flotte à Salamine était bien ce qu'il y avait de mieux à faire pour arrêter la Russie. Jusque-là je n'avais pu prendre la parole, parce que l'Empereur avait demandé les avis par la droite et que je me trouvais à l'extrême gauche; mais j'avais peine à me contenir. Chacun des ministres avait dit son opinion et tous, pour approuver les conclusions de M. Drouyn de Lhuys, même le maréchal Saint-Arnaud, quoique, je dois le dire, à contre-cœur; lorsque enfin ce fut mon tour de parler, voici l'espèce de discours que je prononçai, tel que mon chef de cabinet l'écrivit sous ma dictée après le conseil :

« Depuis le temps que j'entends ce qui se dit au conseil, je suis tenté de me demander dans quel pays et sous quel gouvernement nous vivons. En vérité, je ne comprends rien à ce qui se passe ici. Ce qui m'étonne, c'est que vous vous croyiez libres de vouloir ou de ne pas vouloir la guerre, d'éviter ou de braver un péril, d'accepter ou de repousser une injure. Ce qui m'étonne bien davantage, c'est qu'une armée qui a fait le 2 décembre ne soit pas une armée de prétoriens. Elle n'est pas une armée de prétoriens parce qu'elle a un héritage d'honneur et de gloire à conserver. Elle ne demande pas comme les prétoriens qu'on dépouille le peuple pour s'enrichir. Elle vit dans la pauvreté et s'en contente; mais à une condition, c'est que l'épée de la France soit tenue d'une main ferme et haute, et qu'à défaut de richesses, elle reste en possession de l'honneur. Mais si la France qu'elle a mission de faire respecter était humiliée aux yeux du monde; si, par une faiblesse sans nom, nous laissions la Russie étendre la main sur Constantinople, un Napoléon régnant à Paris, alors trem-

-blons pour la France, tremblons pour l'Empereur et pour nous-mêmes! car jamais l'armée ni la France n'accepteraient le rôle d'assister l'arme au bras à ce honteux spectacle. Mais, sans aller jusque-là, je suppose, Sire, que vous acceptiez momentanément la politique d'effacement qu'on vous propose et que, par un calcul d'étrange habileté, nous ayons le courage, comme on a dit, de dissimuler notre ressentiment. Savez-vous ce qui arrivera? La première fois que vous passerez la revue des troupes, vous trouverez les visages attristés, les rangs silencieux, et vous sentirez le terrain trembler sous vos pieds. Alors, comme je vous connais bien, pour reconquérir l'armée vous ferez des actes de témérité; et vous, Messieurs, qui aurez voulu la paix à tout prix, vous serez jetés dans une conflagration terrible.

« On nous a parlé de coalition. Ah! s'il était vrai qu'on voulût entreprendre une coalition contre la France, ce n'est pas par des actes de faiblesse que nous l'empêcherions de se former. Et pourquoi une coalition contre la France? Quelles raisons donner aux peuples pour les entraîner à une si grave résolution? Que l'Europe se soit coalisée jadis contre la France révolutionnaire ou conquérante, cela se conçoit. Mais aujourd'hui, qui donc menace la sécurité ou l'indépendance des peuples? N'est-ce pas l'Empereur qui, en rétablissant le principe d'autorité en France, a rétabli et consolidé l'ordre dans toute l'Europe ? Et comme rien ne menacerait davantage l'indépendance de l'Europe que la prise de Constantinople par les Russes, qui donc pourrait condamner la politique destinée à prévenir cet événement ? J'admets que les rois de l'Europe puissent avoir encore au fond de leur âme un reste de haine et de préjugés contre la France, et qu'ils aient vu avec peine le retour de Napoléon sur le trône; mais s'ils étaient assez insensés pour essayer de soulever les peuples contre la France, ne donneraient-ils pas le droit à la France de soulever les peuples contre les rois ? Certes, je n'oublie pas ces belles paroles de l'Empereur Napoléon I*r* : « J'ai dessouillé la Révolu-« tion, anobli les peuples et raffermi les rois. » Mais si ces derniers repoussaient eux-mêmes la réconciliation, ce n'est pas nous qui devrions nous en effrayer. La guerre des peuples contre les rois conduite par un Napoléon ne serait pas de longue durée, car au temps ou nous vivons, il est plus facile de renverser les trônes que de les élever. Mais tout cela n'est pas sérieux. Rien de semblable n'est à craindre. Ces appréhensions sont un anachronisme. C'est juger le temps présent avec les idées et les préoccupations d'une autre époque.

« Quant à l'Angleterre, qu'on nous dit toute prête à nous condamner si nous résistons à la Russie, c'est là une étrange assertion. Si, en effet, lord Aberdeen avait tenu un langage qui autorisât M. le ministre des affaires étrangères à admettre une pareille supposition, c'est que lord Aberdeen, en homme de 1815, serait plus préoccupé de satisfaire ses passions personnelles que de servir les intérêts de son pays. Mais quand il s'agit de l'Angleterre, qu'importe l'opinion d'un ministre, même d'un premier ministre, même de la Reine? Comme j'ai eu l'honneur de l'exposer déjà au conseil, une grande révolution sociale s'est accomplie en Angleterre. Là, l'aristocratie n'est plus maîtresse d'entraîner le pays au gré de ses passions ou de ses préjugés. Elle est encore le frontispice du livre, mais elle n'est plus le livre. Le livre, c'est le grand mouvement industriel, c'est la cité de Londres, c'est la bourgeoisie, cent fois plus nombreuse et plus riche que l'aristocratie. C'est cette bourgeoisie qui fait l'opinion, et quand l'opinion s'est prononcée, l'aristocratie n'a plus qu'à s'incliner. Or, s'il y a un pays au monde où l'opinion soit unanime pour empêcher que la Russie ne vienne à Constantinople, n'est-ce pas l'Angleterre? Comment donc supposer qu'elle nous en voudra de résister à la Russie? Bien loin de là, le jour où elle nous saura résolus à arrêter la marche des Russes sur Constantinople, elle poussera un cri de joie et viendra se ranger à nos côtés. »

J'en étais là et j'allais parler de la situation des autres États de l'Europe, et du rôle que devait avoir notre marine en Orient, lorsque l'Empereur d'un ton ferme et convaincu m'interrompit en disant : « Décidément, Persigny a raison. Si nous envoyons notre flotte à Salamine, l'Angleterre en fera autant, et l'union des deux flottes entraînera l'union des deux peuples contre la Russie. » Et au milieu de la stupéfaction du conseil, se tournant vers le ministre de la marine, il ajouta : « Monsieur Ducos, rédigez de suite la dépêche télégraphique pour donner l'ordre à la flotte de Toulon de partir pour Salamine. »

M. Drouyn de Lhuys, un peu étourdi de cette décision, hasarda une observation. « Mais, Sire, dit-il, avant d'envoyer la flotte, il faudrait au moins consulter l'Angleterre. — Mais vous n'avez pas le moyen, lui dis-je, de consulter l'Angleterre. Vous ne pouvez consulter que lord Aberdeen qui, d'après ce que vous supposez vous-même, vous répondra non. C'est l'envoi de la flotte annoncée par le *Moniteur* qui consultera l'Angleterre, et soyez sûr que l'Angleterre répondra oui, et qu'elle forcera la main à son gouvernement. »

Ainsi se termina cette discussion, ainsi fut résolue l'une des plus grandes questions de notre temps. Je dis résolue; car dès que la flotte française fut partie pour Salamine, l'opinion publique en Angleterre forçait le gouvernement de lord Aberdeen à en faire autant. Malgré les préventions, les haines, les préjugés d'une partie considérable de l'aristocratie, à chaque phase de la question, quand il s'agissait d'aller de Salamine aux Dardanelles, des Dardanelles au Bosphore, du Bosphore dans la mer Noire, l'opinion du peuple anglais triomphait des résistances du ministère tory, et une fois l'union de la France et de l'Angleterre accomplie, la question d'Orient était virtuellement résolue.

Chamarande, 2 décembre 1867.

LES
TRAVAUX DE PARIS
1853

L'idée d'améliorer la viabilité de Paris, non plus par la voie lente du reculement des façades, à mesure de la reconstruction des maisons, mais en ouvrant directement un passage au travers des massifs, par le procédé de l'expropriation publique, cette idée féconde, qui devait si heureusement transformer Paris et nos grandes cités, appartient au règne de Louis-Philippe. M. de Rambuteau, préfet de la Seine, l'avait inaugurée par le percement de la rue qui porte son nom. La population de Paris avait été vivement impressionnée, à la vue de cette voie nouvelle traversant un quartier misérable, malsain, pour y porter l'activité, l'air, la lumière et la santé; et la popularité qui accueillit cette œuvre était de nature à encourager l'imitation. C'est en effet ce qui arriva : à peine le prince Louis-Napoléon parvenait-il à la présidence de la République qu'on lui soumettait le plan d'un percement bien autrement considérable, celui du prolongement de la rue de Rivoli, depuis le Louvre jusqu'à l'Hôtel de ville, au travers de quartiers épouvantables. M. Berger, le nouveau préfet de la Seine, jaloux des lauriers de M. de Rambuteau, avait mis un grand zèle à faire étudier le projet et à en déterminer l'adoption par le gouvernement. Ce grand travail, commencé vers le milieu de l'année 1851, était déjà en pleine exécution à l'époque du coup d'État. La voie, déblayée sur la plus grande partie de son parcours, montrait tout à la fois, et l'étendue du mal auquel il s'agissait de remédier dans Paris, et l'importance du service rendu par le percement de cette grande artère.

La question de la transformation de Paris était donc virtuellement posée devant le public au moment où je prenais possession du ministère de l'intérieur, c'est-à-dire vers la fin de janvier 1852. Depuis le coup d'État, la sécurité dont jouissait le pays, l'activité qui se déployait dans toutes les branches de l'industrie, l'ouverture des nouvelles lignes de chemin de fer, enfin mille causes diverses déterminaient alors une affluence considérable sur la capitale. Les rues étroites de Paris étaient si encombrées, la circulation y était devenue si difficile, qu'en voyant d'une part cette augmentation si rapide de population, de l'autre le spectacle animé de cette rue de Rivoli si heureusement ouverte, chacun réclamait de nouveaux débouchés, de nouveaux percements, de nouvelles voies de communication, mais sans se préoccuper beaucoup des moyens d'y pourvoir.

Comme ministre de l'intérieur, il m'appartenait d'étudier cette question. L'Empereur, qui depuis longtemps aspirait à transformer Paris, m'avait fortement recommandé cet intérêt. En conséquence, six semaines après mon entrée au ministère, sur mon rapport et sur ma proposition, le Prince Président de la République, par décret du 10 mars, décidait le percement du boulevard de Strasbourg, à partir de l'embarcadère du chemin de fer de ce nom jusqu'au boulevard Saint-Denis. Mais ce projet dont l'exécution ne pouvait guère être commencée que dans le cours de l'année suivante, et pour lequel l'État devait supporter la charge principale, n'était qu'un détail dans l'ensemble des travaux dont chacun comprenait la nécessité. Il s'agissait d'étudier le plan général des opérations à entreprendre, et surtout le plan financier propre à ces opérations. C'était là le sujet habituel de mes entretiens avec le préfet de la Seine.

En ce qui concerne le plan général d'opérations, je lui disais que les larges voies de communication à ouvrir devaient passer de préférence à travers les quartiers les plus malsains, les plus misérables; que les premières grandes lignes ou les premiers boulevards à percer devaient être considérés comme des rectifications de routes nationales dans Paris, et par conséquent comme donnant droit à la ville de réclamer le concours de l'État ; que les embarcadères du chemin de fer étant les portes nouvelles de Paris, c'est d'un embarcadère à l'autre qu'il fallait tracer les grandes lignes ou routes nationales ; que, quant au système financier à adopter, le préfet de la Seine devait étudier avec soin les ressources de la ville pour mettre le gouvernement en mesure de décider comment, et dans quelle proportion, elles pouvaient concourir à cette grande entreprise.

Mais M. Berger montrait une vive répugnance à me suivre sur ce terrain. L'affaire de la rue de Rivoli avait été sa bataille d'Actium. Ce n'était pas sans peine qu'il en était venu à bout; il faut avoir vu de près fonctionner un conseil municipal, pour comprendre les difficultés que présente à l'administration d'une ville toute grande opération à décider. Quoique l'État, considérant le prolongement de la rue de Rivoli comme rectification de route nationale, eût pris à sa charge une grande partie de la dépense effective, la part contributive de la ville avait été pourtant considérable. Elle avait dû consentir à un emprunt de cinquante millions, tant pour cet objet que pour la reconstruction des Halles centrales. Or, bien que la portion de l'emprunt affecté à la rue de Rivoli dût en grande partie faire retour à la ville, par la vente des terrains qu'elle avait eu à exproprier, on conçoit qu'après un pareil effort, le conseil municipal aspirât à se reposer et surtout à laisser aux finances de la ville le temps de se dégager du fardeau. Parler de nouveaux travaux, de nouveaux percements, de nouveaux sacrifices, c'était, je le reconnais, s'exposer à effaroucher le patriotisme citadin de la municipalité.

M. Berger était, du reste, de sa personne l'homme le moins propre à se laisser aller à des entraînements de ce genre. Fin, rusé, sceptique, habile surtout à tirer parti pour lui-même de toutes les circonstances, il avait su se servir de ses anciens amis orléanistes pour arriver à la préfecture de la Seine et se maintenir dans la faveur du Prince Président sans perdre la confiance de ses amis. Sous une enveloppe épaisse, des allures communes et les dehors d'une fausse bonhomie, il dissimulait assez bien l'ardeur de ses préoccupations personnelles. En réalité, il avait déployé une habileté et une activité remarquables pour arriver au percement de la rue de Rivoli. Grâce à la popularité de cette œuvre, et malgré ses affinités orléanistes, il avait su doubler aisément le cap dangereux du 2 décembre. Il semblait donc avoir assuré pour longtemps sa position à l'Hôtel de ville. Mais une fois le grand travail mis en train, le sceptique Auvergnat n'était pas d'humeur à affronter de nouvelles difficultés, de nouvelles luttes, dans le seul intérêt du bien public. Pour plaire tout à la fois au parti de l'ordre, alors en possession du pouvoir avec MM. Odilon Barrot, Dufaure, Tocqueville, et au parti républicain qui avait eu la première idée des travaux de la rue de Rivoli et l'avait même formulée par un décret du gouvernement provisoire de 1848, M. Berger avait entrepris avec énergie cette grande opération; mais sous un gouvernement pour lequel il n'avait aucune véritable sympathie, dont l'avenir lui paraissait encore si incertain, il était peu disposé à se dévouer à de nouvelles entreprises. Il se montrait donc inquiet, embarrassé, en me voyant préoccupé de la question des travaux de Paris ainsi que des moyens d'entreprendre de nouveaux percements. Quand j'appelais son attention sur les besoins croissants de la viabilité de Paris, sur la nécessité d'ouvrir en d'autres points des débouchés à la circulation; il ne manquait jamais de se récrier, de rappeler l'emprunt des cinquante millions et d'affecter une vive inquiétude pour les finances de la ville. Il n'oubliait pas surtout, à l'issue de nos entretiens, d'aller trouver ceux de mes collègues qu'il savait les plus opposés à mes idées, pour se plaindre des exigences du ministre impatient et téméraire qui n'attendait pas que la ville fût libérée des charges qu'elle s'était imposées, pour vouloir lui en imposer de nouvelles.

Cependant, au commencement de l'année 1853,

comme M. Berger voyait que je persévérais dans mes dispositions et que l'Empereur ne cessait luimême de stimuler mon zèle à ce sujet, il jugea prudent de faire une sorte de capitulation; voici ce qui se passa un jour entre nous deux. « Eh bien! monsieur le ministre, me dit-il en entrant vivement dans mon cabinet, vous allez être content de moi. Je vous apporte les éléments du budget de la ville. Il en résulte que nous avons très clairs, très liquides, quatre millions d'augmentation de recettes sur nos dépenses; en conséquence, je viens vous proposer de faire cette année pour quatre millions de travaux extraordinaires. »

Je reçus cette nouvelle avec une vive satisfaction, et examinant les documents que le préfet tenait à la main, je demeurai émerveillé de la prodigieuse prospérité de Paris. C'était bien quatre millions, au moins, qui restaient à la disposition de la ville, après avoir couvert largement toutes les prévisions de dépenses, y compris non seulement l'intérêt et l'amortissement de l'emprunt de cinquante millions, mais l'engagement de la ville pour les travaux du boulevard de Strasbourg. D'ailleurs, cette augmentation de recettes, qui correspondait naturellement à l'augmentation croissante de la population, avait suivi depuis le 2 décembre une progression si rapide que le tableau de cette progression était à lui seul la condamnation des inquiétudes réelles ou imaginaires du préfet sur les finances de la ville.

« Mais, dis-je à M. Berger, si malgré les charges du dernier emprunt et les prévisions de dépenses pour le boulevard de Strasbourg, vous avez déjà une augmentation de recettes de quatre millions, augmentation qui indique dans la progression de vos recettes une marche ascendante si prononcée, pourquoi vous borner à quatre millions de travaux, ce qui serait insignifiant? pourquoi ne pas réaliser le capital de ces quatre millions, en engageant une série d'annuités de quatre millions pour l'intérêt et l'amortissement, de manière à pouvoir continuer avec un gros capital le système de travaux commencé par la rue de Rivoli? »

Ensuite, j'expliquai au préfet comment je comprenais ce genre d'opérations. Je lui faisais remarquer que la ville de Paris, en devenant le centre d'une population croissant si rapidement, avec un revenu croissant dans les mêmes proportions, n'avait pas à craindre de s'engager au delà de ses ressources; qu'en réalité l'immobilisation de quatre millions, dans un tel état de prospérité, serait insignifiante; qu'une fois le capital constitué par l'engagement d'annuités de quatre millions, elle pouvait faire servir ce capital à une série d'opérations de même nature avant de l'épuiser; qu'avec la coopération de l'État appliquée à la voie et sauf les dépenses accessoires d'eau, d'éclairage, d'égouts, etc., il s'agissait surtout pour la ville d'une avance de fonds, c'est-à-dire d'acheter les terrains par expropriation pour les revendre aux constructeurs; qu'en passant par des quartiers misérables, elle pouvait même bénéficier de l'opération par la plus-value donnée aux terrains; qu'à chaque opération terminée, elle devait retrouver la plus grande partie de son capital primitif; que ce capital jusqu'à son entier épuisement servirait donc comme de bélier pour ouvrir, au travers des divers quartiers de Paris, les voies nouvelles destinées à y porter l'aisance, la lumière, l'activité; que de tels travaux, en provoquant dans la capitale un immense mouvement d'affaires et de richesses, féconderaient infailliblement les finances de la ville; qu'ainsi en accomplissant une grande œuvre, Paris n'aurait fait qu'augmenter ses ressources, au lieu de les diminuer.

Au moment où j'écris ces lignes, il y a quinze ans que j'ai eu cet entretien avec M. Berger. Depuis ce temps, les grandes opérations de Paris ont été réalisées; l'ancienne ville en partie misérable, malsaine, avec ses rues étroites, infectes, privées d'air et de lumière, est devenue la plus belle capitale de l'Europe. Le revenu de la ville, qui était alors de 20 millions, est aujourd'hui de 200 millions, et le monde entier est en admiration devant ce merveilleux résultat.

Mais il faut dire que l'idée d'emprunter le capital correspondant à une augmentation de recettes pour l'appliquer aux travaux productifs et féconds que réclament si vivement les besoins de la société nouvelle, idée qui me semblait si simple et si juste, choquait alors bien des préjugés. A l'heure qu'il est, elle effarouche encore bien des esprits; car malgré le succès de l'expérience faite à Paris, à Lyon et ailleurs, malgré le revirement qui s'est produit à ce sujet dans l'opinion, et l'impossibilité reconnue de terminer avec les seules ressources du budget nos routes, nos canaux, nos chemins de fer, nos voies de communication, c'est à peine aujourd'hui si le gouvernement, dans la généralité de ses membres, accepte encore complètement le principe de recourir à l'emprunt, c'est-à-dire à l'épargne publique, pour achever l'outillage économique du pays.

Au fond, quelle est donc la cause de cette répugnance? Comment concevoir que des hommes raisonnables s'opposent à des opérations qui, en augmentant la richesse publique, doivent inévitablement rendre plus légères les charges imposées par ces opérations? Voici un travail, un canal, par exemple, qui avec les ressources annuelles du budget demanderait vingt ans pour être terminé, par conséquent pour être livré au public et engendrer les richesses dont il doit être l'instrument.

Si en consacrant les mêmes ressources chaque année, sous forme d'intérêt et d'amortissement du capital total, il pouvait être exécuté en une année, pourquoi ne pas faire profiter de suite l'État et le public des avantages qu'il doit produire? Les bénéfices, en se réalisant avant le payement de l'opération, ne rendraient-ils pas plus facile ce payement? Sans doute, en ceci comme en toutes choses, il y a des limites que la raison ne doit pas dépasser, limites du crédit, limites des capitaux et des bras disponibles; mais, sauf cette considération naturelle, l'avantage de ce système appliqué aux travaux productifs des voies de communication n'est-il pas de la dernière évidence? Et cependant à une proposition de ce genre aussi simple, aussi sensée que possible, des esprits qui se prétendent éclairés ne manquent jamais de crier à l'imprudence, à la témérité. Encore une fois, quel est donc le secret de cette aberration? Le voici : c'est le défaut de confiance dans l'avenir. Des hommes qui craignent ou qui désirent à chaque instant une nouvelle révolution en France, sont naturellement disposés à ne pas entreprendre des opérations à longs termes, à ne pas charger l'avenir au profit du présent, à ne pas rendre plus difficile à réparer la catastrophe qu'ils redoutent ou qu'ils espèrent. Mais un gouvernement sérieux n'a pas à prendre pour règle de conduite la considération de sa mort prochaine. Un tel gouvernement doit avoir la prétention de ne pas mourir; pour lui, la meilleure garantie de vivre toujours, c'est de remplir résolument toutes les fonctions de la vie, de développer la richesse, l'activité, la prospérité du pays et de l'État. Mais sacrifier le présent pour qu'en cas de bouleversement la catastrophe soit un peu moins rude, ce serait le comble de la déraison, si ce n'était pas une indignité. Vouloir empêcher un gouvernement de faire ce qui doit le faire vivre, sous prétexte que ses jours sont comptés, c'est le calcul des moines du dixième siècle, sollicitant les familles de se dépouiller à leur profit, sous prétexte que la fin du monde devait arriver en l'an mil.

Quoi qu'il en soit, M. Berger, qui n'apportait évidemment pas dans les affaires un esprit dégagé des préjugés ou des préoccupations du temps, parut comme stupéfait des doctrines qu'il venait d'entendre. Dans son trouble, son mécontentement visible, il ne sut que balbutier quelques paroles inintelligibles. Bientôt après il se leva pour prendre congé de moi; mais arrivé à la porte, ne pouvant plus se contenir, il laissa échapper ces paroles que j'entendis parfaitement : « Au surplus, ce n'est pas moi qui me prêterai jamais à ruiner la ville. »

Naturellement, en sortant de mon cabinet, il alla ameuter contre moi ses amis du ministère. Avec cette élasticité de conscience qui distingue profondément, dans la vie publique, ceux des hommes d'État ou des hommes d'affaires qui n'ont reçu ni de la nature, ni de l'éducation, les instincts ou les habitudes du gentleman, il défigura toute ma conversation. Dans sa bouche, il n'était plus question d'amortissement; je voulais charger Paris d'une dette éternelle. C'était ruiner les finances de la ville, jeter le trouble dans cette grande cité, entraver l'achèvement de la rue de Rivoli, s'exposer à transformer en catastrophe l'opération si heureusement commencée ; car, contrairement à toute vérité, M. Berger affectait de laisser croire que je voulais commencer le système d'opération en question, sans attendre que la rue de Rivoli et le boulevard de Strasbourg fussent terminés.

Pendant quinze jours, ce fut comme un déluge d'inventions, de sottises, de platitudes débitées sur mon compte dans le monde officiel et semi-officiel de Paris. Cette arme déloyale dont les ennemis de l'État et les intrigants dans l'État n'ont cessé de se servir jusqu'ici; cette organisation mystérieuse si habile à répandre, au moment opportun, de faux bruits, de fausses nouvelles, à produire de fausses impressions sur l'esprit public et sur l'Empereur; enfin cette agence de mensonges et de scandales que j'aurai, ailleurs, l'occasion de faire connaître, ne manqua pas de me représenter comme un fou, un maniaque d'entreprises déraisonnables et surtout comme un ignorant des affaires financières et économiques. Les choses en arrivèrent à ce point, qu'il me fallut sérieusement me justifier devant l'Empereur des plus stupides, des plus grossières accusations. Mais je n'eus pas à regretter toute cette campagne contre moi, car elle me donna l'opportunité non seulement de voir mes idées approuvées par l'Empereur, mais de poser nettement devant Sa Majesté la question de retirer à M. Berger la préfecture de la Seine, ce que j'eus la satisfaction d'obtenir, et je me mis dès lors en devoir de lui chercher un successeur.

Plus résolu que jamais à faire triompher dans l'administration de la ville de Paris le système financier de l'emprunt remboursable à long terme, et sachant par ma propre expérience combien un esprit généralisateur et politique non initié aux détails, aux formes de la bureaucratie, pouvait être contrarié, empêché, annulé par la franc-maçonnerie des bureaux, je rejetai tout d'abord l'idée de chercher le successeur de M. Berger dans nos assemblées politiques. A mes yeux, un préfet de département qui, étranger aux coteries des salons de Paris, mais familiarisé avec les procédés de la bureaucratie, accepterait franchement, dans toutes ses conséquences, le système proposé, aurait mille fois plus de chances de réussir qu'un personnage politique. Mais pouvais-je trouver l'indépendance d'esprit nécessaire dans des préfets habitués à s'incliner devant la toute-puissance des ministres? C'était là la question. Je fis venir successivement plusieurs des principaux préfets : MM. Le Roy, préfet à Rouen, Besson, à Lille, de Crèvecœur, à Marseille, Tourangin, anciennement à Lyon, Haussmann, à Bordeaux, etc. Outre ce que je savais d'eux et par moi-même et par les traditions de l'administration, je m'attachai à les étudier avec soin pendant leur séjour à Paris, et en dînant presque en tête à tête avec eux. Pour me servir d'épreuves sur leur caractère, je leur faisais raconter ce qui s'était passé dans leur département au moment du coup d'État. La manière dont ils se mettaient eux-mêmes en scène dans le récit de ces graves circonstances était souvent lumineuse. A leur insu, toute leur âme se montrait à nu. Je leur faisais dire, en outre, les hostilités, les résistances qu'ils avaient rencontrées, enfin les difficultés qu'ils avaient éprouvées de la part de l'administration centrale, des ministres en particulier, et surtout leur conduite au milieu de ces difficultés. Puis, pour arriver à la grande affaire des travaux de Paris, comme ils savaient tous les mille sottises qu'on avait débitées sur mon compte à ce sujet, j'affectais d'avoir besoin de rectifier ces bruits absurdes, pour me donner l'occasion d'exposer, en manière d'apologie, les idées que j'avais émises sur cette question et de provoquer des observations de leur part. Il m'était ainsi facile de connaître leur sentiment sur ce point, sans qu'ils pussent se douter des vues que j'avais sur eux, car ni M. Berger ni personne ne savait que le préfet de la Seine était sacrifié.

Comme me l'avait prédit M. Frémy, alors secrétaire général de mon ministère, c'est M. Haussmann qui me frappa le plus. Mais, chose étrange, c'est peut-être moins les facultés de son intelligence remarquable que les défauts de son caractère qui me séduisirent, et voici les raisons de cette disposition de mon esprit : quoique j'eusse encore peu l'expérience du régime que nous venions de fonder, je voyais que sous un gouvernement personnifié dans un homme, malgré les facultés éminentes de cet homme, à défaut de la liberté qui, seule, peut mettre les caractères sous leur véritable jour, c'est l'intrigue qui allait prendre la plus grande place dans l'État. A moins de supposer dans le Prince la puissance de volonté, la connaissance des hommes, le coup d'œil d'Alexandre, de César ou de Napoléon, comment, en effet, le nouvel empereur pourrait-il échapper aux conditions habituelles des gouvernements absolus? Pour moi, quelque amitié que me témoignât le souverain, quelque confiance qu'il me montrât, je sentais déjà, par les justifications qu'il me fallait faire à chaque instant auprès de lui, combien sa raison assiégée de toutes parts avait de peine à résister aux assauts de l'intrigue. Ce que je sentais encore plus, c'était mon inaptitude à lutter contre des manœuvres souterraines. Mes amis me reprochaient d'être trop absolu, trop impétueux, trop violent, de ne pas surtout ménager les amours-propres et de marcher droit devant moi sans m'inquiéter des chocs sur mon passage. Cela était vrai; mais ce qui est encore plus vrai, et d'une manière générale, c'est que l'homme honnête, plus préoccupé de servir l'État que de s'en servir, une fois en butte aux intrigues de cour, est vaincu d'avance. Car s'il a affaire, comme cela n'arrive que trop souvent, à des adversaires peu scrupuleux, la lutte n'est plus égale, puisque lui n'a et ne peut avoir qu'une arme dans la main, tandis que les autres les ont toutes, même les armes prohibées et empoisonnées.

Ces réflexions me venaient à l'esprit pendant que j'entendais M. Haussmann. J'avais devant moi un des types les plus extraordinaires de notre temps. Grand, fort, vigoureux, énergique, en même temps que fin, rusé, d'un esprit fertile en ressources, cet homme audacieux ne craignait pas de se montrer ouvertement ce qu'il était. Avec une complaisance visible pour sa personne, il m'exposait les hauts faits de sa carrière administrative, ne me faisant grâce de rien; il aurait parlé six heures sans s'arrêter, pourvu que ce fût de son sujet favori, de lui-même. J'étais, du reste, loin de me plaindre de cette disposition. Elle me révélait toutes les faces de son étrange personnalité. Rien de curieux comme la manière dont il me racontait son coup de collier du 2 décembre, ses démêlés avec le ministre de la marine, ce pauvre M. Ducos, embarrassé de deux femmes, et surtout ses luttes avec le conseil municipal de Bordeaux. En me faisant connaître dans le plus grand détail les incidents de sa campagne contre ses redoutables adversaires de la municipalité, les pièges qu'il leur avait tendus, les précautions qu'il avait prises pour les y faire tomber, puis les coups de massue qu'il leur avait appliqués, une fois par terre, l'orgueil du triomphe illuminait son front. Quant à moi, pendant que cette personnalité absorbante s'étalait devant moi avec une sorte de cynisme brutal, je ne pouvais contenir ma vive satisfaction. « Pour lutter, me disais-je, contre les idées, les préjugés de toute une école économique, contre des gens rusés, sceptiques, sortis la plupart des coulisses de la Bourse ou de la Basoche, peu scrupuleux sur les moyens, voici l'homme tout trouvé. Là où le gentilhomme de l'esprit le plus élevé, le plus habile, du caractère le plus droit, le plus noble, échouerait infailliblement, ce vigoureux athlète, à l'échine robuste, à l'encolure grossière, plein d'audace et d'habileté, capable d'opposer les expédients aux expédients, les

embûches aux embûches, réussira certainement. »
Je jouissais d'avance à l'idée de jeter cet animal de
race féline à grande taille au milieu de la troupe
de renards et de loups ameutés contre toutes les
aspirations généreuses de l'Empire. Jamais la doctrine d'Hahnemann : *Similia similibus curantur*,
ne m'avait paru plus opportune.

Maintenant, il s'agissait de connaître ses idées
sur la question spéciale des travaux de Paris. Mais
pour ne pas m'exposer à la possibilité d'une contradiction, je lui dis de suite et ouvertement pour quel
poste et à quelle condition j'avais l'intention de le
proposer à l'Empereur. Assurément, il était homme
à comprendre, aussi bien que personne, le grand
côté de l'opération et à en surmonter les difficultés,
comme il l'a bien montré ; mais à la vue, à l'odeur
de l'appât, sans hésiter il se jeta dessus avec fureur.
Il ne me restait donc plus qu'à obtenir l'agrément
du souverain.

A son passage à Bordeaux, lors du fameux discours : *l'Empire c'est la paix*, l'Empereur avait
pu apprécier la capacité de M. Haussmann. Il avait
reconnu en lui cette faculté qui est propre aux
esprits organisateurs que le préfet de la Gironde
possédait au plus haut degré, de soigner les détails
comme l'ensemble. Il avait été très favorablement
impressionné à son sujet. Quand je lui dis que je
croyais devoir lui proposer M. Haussmann pour la

préfecture de la Seine, il accueillit son nom avec plaisir. Sa Majesté fut encore plus satisfaite quand elle apprit dans quel ordre d'idées il se proposait de diriger l'administration de Paris. J'avais plusieurs fois expliqué à l'Empereur le système financier proposé par moi pour les travaux de la capitale, je ne crois pas, toutefois, qu'il y eût fait grande attention ; car, en général, et comme si son esprit répugnait à s'y appliquer, il prenait peu d'intérêt aux questions de finances. Ce qu'il voyait de plus clair dans tout ceci, c'est qu'il s'agissait de faire de grands travaux dans Paris, d'améliorer les conditions des classes populaires, de détruire les quartiers malsains, de faire de la capitale la plus belle ville du monde, toutes choses qu'il désirait ardemment et qu'il ne cessait de nous recommander. Toujours passionné pour les améliorations, pour les grandes choses, il avait étudié depuis longtemps, sur les lieux mêmes, les divers projets à exécuter dans Paris. C'est lui, en effet, qui a réellement tracé toutes les grandes voies qu'on y admire aujourd'hui, et réglé l'ordre de leur exécution. Déjà il avait conçu l'idée de transformer le bois de Boulogne en parc anglais et en avait tracé le plan. Ce fut même un des premiers travaux qu'il confia à M. Haussmann après sa nomination de préfet de la Seine, qui fut signée le 23 juin 1853.

La chute de M. Berger, quoique nommé au Sénat

en récompense de ses services, excita une colère violente parmi ses amis politiques et produisit une stupeur profonde parmi ces dévouements équivoques, toujours si nombreux sous un gouvernement nouveau, qui se crurent menacés dans sa personne. Mais dans certaines régions de la politique, quand on sut à quelles mains vigoureuses avait été confiée l'administration de Paris, il y eut comme un accès de rage; il se produisit alors un de ces phénomènes étranges si surprenants pour le public qui en ignore le secret; je veux parler de la rapidité avec laquelle un bruit, une calomnie peut se répandre. En moins de huit jours, tout Paris, le Paris des salons, de la Bourse, des boutiques et de la rue se disait, se répétait à l'oreille une de ces biographies habilement arrangées, avec les détails les plus circonstanciés, les plus spécieux, le tout tendant à prouver que la nomination du nouveau préfet de la Seine était une erreur monstrueuse du gouvernement. Telle fut l'impression produite par cette manœuvre gigantesque, que le gouvernement tout entier en fut ému, que plusieurs membres du conseil municipal donnèrent leur démission, et qu'à la demande instante de M. Haussmann d'une enquête sur les faits allégués, on aurait peut-être répondu par un refus, si, comme ministre de l'intérieur, responsable de la nomination du nouveau préfet, je n'avais pas tenu absolument à ce qu'elle fût faite en ma présence. Inutile de dire que dans cette enquête, tous les faits allégués étant reconnus inexacts ou calomnieux, le préfet fut maintenu dans les fonctions où il allait bientôt répondre avec tant d'éclat aux espérances placées dans son habileté et dans son énergie.

Ici, je ne dois pas oublier de dire qu'en homme prudent et avisé, il se garda bien d'introduire immédiatement dans son administration le système financier dont nous étions convenus. Comme je le reconnaissais tout le premier, surtout après le déchaînement de colères qu'avait causé sa nomination, il avait besoin d'étudier son terrain avant de braver les préjugés, les hostilités, que le système devait provoquer. Ce ne fut qu'un an après qu'il présenta résolument un premier projet d'emprunt de 60 millions, sous la forme d'émission d'obligations remboursables par annuités, en quarante ans, avec lots et primes, et qu'après de vives discussions dans le sein du gouvernement, du Conseil d'État et des Chambres, il réussit à le faire autoriser par la loi du 5 mai 1855.

Aujourd'hui (1), il y a quinze ans que M. Haussmann dirige l'administration de Paris. Grâce au système financier qu'il a inauguré, il a trouvé le moyen de faire 2 milliards de travaux qui ont enrichi et transformé la capitale, un milliard environ en

---

(1) 1853. (*Note de l'éditeur.*)

percements, boulevards, grandes voies de circulation, et un autre milliard non moins bien employé en travaux d'aqueducs, de distribution d'eau, d'égouts, en monuments de tous genres, églises, asiles, écoles, hospices, etc.; le revenu de la ville s'est élevé, pendant cette période, comme je l'ai déjà dit, de 20 à 200 millions; le chiffre des recettes dépasse de plus de 50 millions le chiffre des dépenses. Enfin, il a fait de Paris la plus belle ville du monde, et il n'a peut-être manqué à son œuvre, pour être parfaite, qu'un certain goût architectonique auquel le souverain dont il a si bien réalisé les volontés ne pouvait suppléer.

M. Haussmann a donc admirablement justifié le choix qui avait été fait de lui. Pour être juste, il faut dire cependant que ce n'est pas lui qui a donné l'impulsion aux grands travaux de Paris, car cette impulsion avait été donnée par l'Empereur lui-même, sous M. Berger. La rue de Rivoli, le boulevard de Strasbourg, les Halles centrales et diverses entreprises accessoires avaient frappé les esprits. Il a donc trouvé le mouvement déjà imprimé aux affaires, et quant au système financier qui a présidé à ses travaux, il lui avait été tracé d'avance, comme je viens de le dire. Mais outre l'activité, l'ordre et l'habileté qu'il a su mettre à diriger de si vastes opérations, son véritable mérite a été de faire ces grandes choses malgré l'opposition ardente, passionnée, inexplicable de la plupart des membres influents du gouvernement. L'histoire de son administration n'a été qu'une longue lutte contre les dépositaires du pouvoir, qu'une série de combats corps à corps avec une coterie puissante, incapable de rien faire par elle-même, mais jalouse de ne laisser rien faire aux autres. Dans le cours de cette guerre à outrance, guerre d'embûches, d'embuscades, où il a été vingt fois sur le point de succomber, où il est presque étonnant qu'il ait survécu, il a dû m'adresser mentalement bien des actions de grâces pour le conseil que je lui avais donné et qu'il a scrupuleusement suivi, à savoir de ne rien entreprendre, de ne rien commencer sans avoir fait tracer le projet sur la carte de Paris, par la main de l'Empereur, sans avoir rattaché la personne même du souverain par le lien le plus intime à chacun des actes de son administration.

Et maintenant, ceux qui ont assisté au spectacle de cette active et militante administration du préfet de la Seine pendant ces quinze années peuvent se demander ce qu'il serait advenu de la transformation de Paris, si je m'étais contenté de l'honorable M. Berger, si j'avais accepté son système de 4 millions de travaux par an, au lieu du mécanisme puissant de l'emprunt remboursable à long terme, ou même si, en changeant M. Berger, je ne l'avais pas remplacé par cette sorte de sanglier redoutable, aux puissantes défenses, capable de tenir tête à la meute acharnée dont je prévoyais le déchaînement.

Parmi les candidats auxquels j'avais d'abord pensé pour remplacer M. Berger se trouvait en première ligne M. Vaïsse, ancien ministre de l'intérieur et ancien préfet de Lille, administrateur vraiment capable, vraiment habile, et qui pouvait tout aussi bien que M. Haussmann diriger de vastes opérations, pour ce qui est des opérations en elles-mêmes. Mais combien ne me suis-je pas applaudi de lui avoir préféré M. Haussmann! M. Vaïsse, homme du monde, de manières distinguées et réservées, jeté sur le théâtre de Paris, exposé sans défense aux intrigues de la politique, n'eût pu supporter longtemps le dégoût de pareilles luttes, et il eût bientôt abandonné la partie. Je ne me suis pas moins applaudi de la résolution que j'avais prise quelques mois auparavant à son égard. En proposant à l'Empereur de l'envoyer à Lyon avec la même mission que M. Haussmann à Paris, dans les mêmes conditions que lui, c'est-à-dire en réunissant en sa faveur, sous le titre d'administrateur du département du Rhône, les fonctions de préfet du département et de maire de Lyon, j'avais pensé que les facultés de cet esprit éminent s'exerceraient avec d'autant plus de succès qu'il serait placé plus loin du centre des intrigues, c'est-à-dire hors de la vue de ces eunuques politiques qui encombrent d'ordinaire le palais des princes et qui sont toujours si jaloux de la virilité chez les autres.

M. Vaïsse, depuis sa sortie du ministère, satisfait de sa situation au Conseil d'État, avait abandonné toute idée de rentrer dans l'administration. Il avait d'abord décliné ma proposition; mais quand je lui eus fait connaître ce que l'Empereur attendait de lui, quand je lui eus exposé les avantages du système financier des emprunts remboursables à longs termes, par voie d'annuités, pour se procurer un gros capital et, à l'aide de ce capital, transformer la ville et la percer en tous sens; quand je lui eus fait sentir comment, en exaltant toutes les têtes par la nouveauté du spectacle, il pourrait remuer les capitaux au fond de toutes les bourses de Lyon et créer enfin dans cette grande cité l'activité publique, qui enfante à son tour les merveilles, son esprit droit, noble, comprit tout. Il accepta la mission avec le sentiment profond d'un service à rendre au pays, et il alla faire loin des regards jaloux, simplement, sans bruit, sans tapage, dans la seconde ville de l'empire, ce que M. Haussmann était destiné à faire avec tant de fracas dans la capitale.

Pendant douze ans, c'est-à-dire jusqu'à sa mort, qui arriva en 1864, il s'appliqua à son œuvre avec une intelligence, un zèle, une activité remarquables, toujours sans faire parler de lui, mais non sans se heurter à bien des obstacles. Souvent il m'écrivait, particulièrement à l'époque de mon ambassade à Londres, pour invoquer mon appui auprès de l'Empereur, en faveur de son œuvre, compromise ou arrêtée par quelque décision de l'administration centrale. Une fois même, dans une circonstance critique, je fus obligé de venir exprès de Londres à Paris pour déjouer une intrigue qui le menaçait. Je n'avais pas vu Lyon depuis le commencement de ses travaux; M. Vaïsse m'engageait souvent à venir les visiter. Ce fut l'année de sa mort, seulement, qu'en allant au conseil général de la Loire je pus m'arrêter à Lyon. M. Vaïsse m'en fit les honneurs. Je ne connaissais Lyon que comme une ville sale, laide, horrible, malgré la beauté de sa situation. Maintenant, la transformation était complète, je dois même dire plus frappante qu'à Paris; avec ses quais entièrement refaits, ses boulevards, ses rues magnifiques, ses palais, ses hôtels, son parc, ses squares, avec cette élégance, cette richesse, cette propreté. nouvelle, alliée d'une manière si admirable à la position pittoresque de la ville, au confluent des deux fleuves, Lyon était devenue l'une des plus belles villes du monde. J'en fus émerveillé, et comme je ne cessais, à chaque objet de mon étonnement, de complimenter l'habile administrateur qui avait enfanté ces merveilles, M. Vaïsse, se défendant de mes éloges,

me dit du ton le plus modeste et le plus pénétré :
« Mais ce n'est pas moi, c'est vous qui en êtes
l'auteur. »

Cette parole, Dieu m'est témoin que je ne la reproduis pas ici par vanité. Je ne suis pas assez insensé pour vouloir comparer et encore moins subordonner à une simple idée théorique le mérite de travaux lents, persévérants, courageux, gigantesques, glorieusement accomplis, en dépit d'innombrables difficultés. Mais je rappelle cette noble parole comme un hommage à la mémoire de celui qui la prononça. Car ces sortes de reconnaissance sont rares dans la vie politique. C'est la seule, absolument la seule que j'aie jamais reçue pour la part prise par moi dans l'application du système financier, la mise en œuvre des travaux et le choix des hommes qui ont transformé Paris et Lyon.

Après Paris et Lyon, j'aurais voulu faire entrer toutes les grandes villes de France dans les mêmes voies d'activité et de richesse. Chacune d'elles avait aussi besoin d'améliorer dans son sein les conditions de viabilité, de salubrité, d'aisance; partout il y avait intérêt à réveiller les populations de leur torpeur habituelle. Déjà j'avais entrepris la transformation de Marseille et du Havre. Par mes ordres, M. Frémy, secrétaire général de mon ministère, s'était rendu sur les lieux pour concerter avec les municipalités de ces deux villes des plans qui furent arrêtés et mis en train d'exécution. Mais je ne tardai pas à être remplacé par M. Billault(1), et après moi, toute nouvelle opération de ce genre fut pour longtemps abandonnée. Quand plus tard, pour la seconde fois, je fus appelé au ministère de l'intérieur par la confiance de l'Empereur (novembre 1861), la coterie bourgeoise, terre-à-terre, sceptique, avait pris dans l'État une si grande influence qu'il n'y avait plus possibilité de lutter contre elle, surtout sur le terrain des intérêts matériels, dont elle avait fait son domaine.

Paris, 16 avril 1868.

(1) Le 21 juin 1854, M. de Persigny, excédé des attaques auxquelles il était en butte, donna sa démission à l'Empereur qui lui adressa, en réponse, la lettre suivante :

« Saint-Cloud, le 22 juin 1854.

« Monsieur le ministre, je regrette vivement que votre santé vous oblige à me donner votre démission et je ne regrette pas moins que vous n'ayez pas cru devoir accepter la position de ministre sans portefeuille, car cette dernière combinaison ne m'aurait pas privé des lumières et des conseils loyaux d'un homme qui depuis vingt années m'a donné tant de preuves de dévouement.

« Comme témoignage de ma satisfaction particulière, je vous nomme grand officier de la Légion d'honneur et j'espère que votre santé vous permettra plus tard de me rendre de nouveaux services.

« Sur ce, je prie Dieu qu'il vous ait en sa sainte garde.

« NAPOLÉON. »

(Note de l'éditeur.)

CASTELFIDARDO

18 septembre 1860

Après la violation du traité de Villafranca, c'est-à-dire après la formation du royaume d'Italie au nord des États de l'Église, l'absorption, par ce nouveau royaume, de Modène, de la Toscane, de Parme et de la Romagne, au moment où Garibaldi préparait son expédition en Sicile, M. de Lamoricière fut choisi par le Pape pour organiser et commander les troupes pontificales. Mais comme ce général, sous peine de perdre sa nationalité, ne pouvait aller prendre possession de ce poste sans l'autorisation du gouvernement français, il en fit la demande et eut l'avantage de l'obtenir.

Ambassadeur de France à Londres (1), je me trouvais depuis quelques jours à Paris, lorsque j'appris cet incident qui m'étonna beaucoup. Je connaissais la haine de M. de Lamoricière pour l'Empereur, son caractère violent, vindicatif, ses propos inconsidérés, son entourage hostile au gouverne-

(1) Depuis le mois de mai 1855. (*Note de l'éditeur.*)

ment : je ne comprenais pas qu'on donnât à un pareil homme, dans des circonstances si graves, un rôle si important et si délicat. J'étais convaincu qu'il n'acceptait le commandement de l'armée du Pape que pour avoir l'occasion de nous créer des difficultés en Italie. Sans portée politique sérieuse, tour à tour révolutionnaire et conservateur, démagogue et clérical, mais brave et audacieux, M. de Lamoricière pouvait être un instrument dangereux entre les mains de nos ennemis. Ceux qui l'avaient désigné au Saint-Père ne s'étaient évidemment proposé que de le faire servir à une intrigue contre le gouvernement français.

Quoi qu'il en soit, je me rendis auprès de l'Empereur et lui fis part de mes craintes. L'Empereur connaissait aussi bien que moi le général Lamoricière. Il le savait animé des sentiments les plus hostiles, mais il me dit qu'il n'avait pas été fâché de s'en débarrasser à l'intérieur, en le laissant aller à Rome. Je répondis à Sa Majesté que je ne lui aurais pas donné ce conseil; que sans emploi, sans commandement, le général n'aurait pu causer aucune difficulté à l'intérieur, tandis qu'à Rome, il pouvait amener des embarras sérieux; et voici les observations que j'eus l'honneur de soumettre à l'Empereur sur ce sujet.

Notre situation dans la Péninsule était des plus difficiles. Nous avions proclamé l'indépendance de l'Italie; sous peine d'être amenés de proche en proche à nous charger de gouverner nous-mêmes la Péninsule, nous devions éviter avec soin tout conflit avec les Italiens. Or, le général Lamoricière, appelé auprès du Pape par la fraction la plus violente et la plus obstinée de la cour de Rome, ne pouvait avoir qu'un but, celui de nous entraîner dans la querelle du Pape avec le gouvernement piémontais. Le rêve de la cour de Rome, c'était de reconquérir la Romagne que l'abandon de l'Autriche lui avait fait perdre; ce n'était pas évidemment avec ses propres forces que M. de Lamoricière pouvait espérer de mettre à exécution ce projet chimérique. Si donc nous voulions éviter une conflagration en Italie, il nous fallait surveiller avec soin la conduite du nouveau commandant des troupes pontificales.

Il y avait, du reste, un moyen infaillible de déjouer les intrigues dont nous étions menacés, c'était de donner au général Lamoricière le soin de garder Rome avec l'armée papale et de nous charger seuls de garder la frontière. En fait, l'occupation de Rome par nos troupes avait quelque chose d'odieux, qui répugnait aux sentiments du public français, car nous avions à défendre le Pape contre ses propres sujets. Que si, au contraire, nous nous bornions, en gardant nous-mêmes la frontière, à protéger les États de l'Église contre toute intervention armée, nous ne remplissions plus qu'une fonction européenne et catholique, une mission honorable et élevée. De son côté, l'occupation de Rome par le général Lamoricière offrait de grands avantages. En y maintenant l'ordre public avec les seules troupes du Pape, on essayait d'habituer les Romains à obéir au gouvernement pontifical, sans que celui-ci eût besoin d'une puissance étrangère pour assurer sa sécurité dans sa capitale, et l'on préparait insensiblement le moment de notre évacuation ultérieure. En renfermant, en outre, dans l'enceinte de Rome les troupes pontificales, on faisait disparaître toute occasion de conflit entre ces troupes et l'armée italienne, par conséquent on écartait le péril que nous avions un si grand intérêt à prévenir.

L'Empereur parut frappé de cette idée; il m'en remercia si chaleureusement que je crus la chose résolue dans son esprit. Mais peu de temps après, de retour à Londres, j'appris avec étonnement que nos troupes restaient à Rome, tandis que le général Lamoricière établissait son quartier général dans les Marches. A cette nouvelle inattendue, j'écrivis à l'Empereur pour lui rappeler mes observations, je lui faisais observer que l'attitude de la cour de Rome ne laissait plus rien à deviner; que pour reconquérir la Romagne, elle cherchait évidemment à amener un conflit entre elle et le Piémont, dans la pensée de nous y entraîner ; que si nous faisions la faute de tomber dans ce piège, nous serions conduits de proche en proche à remplacer la domination autrichienne par la nôtre ; que la domination de l'Autriche en Italie, quoiqu'elle y possédât deux grandes provinces dont elle tirait beaucoup d'hommes et beaucoup d'argent, lui avait été funeste ; mais que pour nous, un rôle analogue serait bien autrement dangereux ; qu'en effet, ne possédant rien dans la Péninsule, nous serions obligés pour la gouverner d'y faire gratuitement d'énormes sacrifices d'hommes et d'argent, sans autre résultat que d'exciter contre nous les haines de l'Italie avec les jalousies de l'Europe. Je disais donc à l'Empereur que nous ferions une grande faute, si nous nous laissions entraîner par M. de Lamoricière dans une lutte avec le Piémont ; mais que, d'un autre côté, abandonner l'armée pontificale, assister l'arme au bras à sa destruction, peut-être à la perte des Légations, serait dépasser les bornes de la prudence et donner à notre politique une apparence de faiblesse ou de duplicité que rien ne pourrait justifier aux yeux de l'Europe catholique.

Pour échapper à l'une ou l'autre alternative, je suppliais donc l'Empereur d'ordonner, sans retard, que les Marches fussent occupées par nos troupes et que le général Lamoricière rentrât à Rome. Je revins plusieurs fois sur ce sujet, avec d'autant plus d'insistance que je voyais le gouvernement français plus ému des périls dont le royaume de Naples était menacé et plus désireux d'empêcher l'unité de l'Italie. Je ne comprenais pas qu'avec le désir de maintenir trois États distincts dans la Péninsule, le royaume d'Italie au nord, les États de l'Église au centre et le royaume des Deux-Siciles au sud, nous eussions l'imprudence de subordonner cette politique à la présence dans les Légations de la petite armée de Lamoricière. « Si nous voulons empêcher que l'Italie ne donne la main à la révolution de Naples, ne cessai-je de répéter, gardons nous-mêmes la frontière des États de l'Église et ne confions pas aux troupes pontificales une mission aussi importante. » Mais tout fut inutile. Il arriva dans cette circonstance ce qui n'avait lieu que trop souvent. En matière de haute politique, l'Empereur paraissait m'écouter avec intérêt et se montrait généralement favorable à mes opinions. Malgré les efforts incessants et habituellement victorieux de l'intrigue pour m'éloigner de sa personne, il y avait entre nous deux une communauté d'idées, de sentiments, de doctrines qui se retrouvait dans presque tous nos entretiens politiques, et qui, je crois pouvoir le dire, n'existait au même degré avec aucun de ses ministres. Mais soit indécision d'esprit, soit indolence de caractère, soit enfin impuissance à dominer son entourage, tantôt il se laissait entraîner par des influences contraires, tantôt perdait un temps précieux à prendre sa résolution et manquait l'occasion d'agir.

En général et du moment où je me suis trouvé écarté de son intimité habituelle, c'est-à-dire où je n'ai plus eu la possibilité d'insister chaque jour sur le point important à décider, j'arrivais encore très aisément, dans mes entretiens avec lui, à convaincre sa raison, mais très rarement à mettre sa volonté en mouvement. Comme ma qualité d'ancien ami de l'Empereur et l'influence qu'on me supposait sur son esprit avaient de tout temps excité contre moi les jalousies de son entourage, il suffisait qu'une proposition, une idée nouvelle me fût attribuée pour provoquer les résistances autour de lui. En vain, je priais l'Empereur de ne pas prononcer mon nom quand je venais de lui soumettre une idée que je croyais utile et qu'il approuvait lui-même; incapable, dans sa bonne foi, de soupçonner de pareils mobiles dans l'âme de ses ministres et persuadé que je m'exagérais leur susceptibilité, il ne manquait jamais de leur dire : « Persigny m'a dit ceci, Persigny me conseille cela », et c'était à qui inventerait pour combattre mes idées des difficultés d'exécution ou des moyens d'ajournement. Ainsi, dans cette affaire de Lamoricière, il m'est impossible d'attribuer à d'autres causes l'inaction de l'Empereur. Averti par moi, il m'avait paru comprendre parfaitement les dangers que la présence dans les Marches des troupes pontificales devait amener; il les avait lui-même résumés devant moi avec une lucidité d'esprit parfaite, et il ne fit rien pour prévenir ces dangers.

Cependant les événements marchaient avec rapidité. Garibaldi avait conquis la Sicile et s'apprêtait à s'embarquer pour Naples. L'Italie était en feu; Lamoricière paradait avec sa petite armée pontificale en face de Cialdini, et l'Europe assistait avec émotion à ce spectacle. Dans ces circonstances, le roi François II avait alors pour ministre plénipotentiaire à Londres un jeune diplomate, le comte de Ludolf, qui se montrait très dévoué à son souverain et très ému des périls qui le menaçaient. Chaque jour, il me communiquait les nouvelles qu'il recevait et me faisait part de ses alarmes. Il avait demandé au nom de son gouvernement l'intervention de la flotte anglo-française pour empêcher le passage de Garibaldi sur la terre ferme. L'Empereur s'était prononcé pour cette action combinée, et j'en avais obtenu la promesse de lord Palmerston, qui s'était montré d'abord très résolu à intervenir. Malheureusement, quelques jours après, le cabinet anglais se ravisa et déclara que l'état des esprits en Angleterre ne lui permettait pas de s'opposer à la marche de Garibaldi, quoiqu'il continuât à la blâmer en principe. En nous faisant, du reste, cette déclaration, lord Palmerston s'empressait de reconnaître notre complète indépendance d'action et ne faisait aucune objection à ce que nous agissions isolément avec notre flotte. Mais soit lenteur à transmettre les ordres nécessaires, soit désir de ne pas séparer notre politique de celle de l'Angleterre, le gouvernement français ne fit rien pour s'opposer au passage de Garibaldi. En effet, ce dernier débarquait bientôt sur la terre ferme sans rencontrer aucune opposition; il marchait en avant avec son audace habituelle et entrait à Naples en triomphateur, pendant que François II, accompagné de toute son armée, se retirait sur Gaëte.

Au milieu de ces nouvelles affligeantes, M. de Ludolf n'avait pas cependant perdu toute espérance. Il reconnaissait bien que dans l'état de désorganisation où était tombé son gouvernement, et par l'effet de la conspiration si habilement ourdie par M. de Cavour, le Roi se trouvait abandonné de presque tous les hommes considérables de son royaume; qu'il ne pouvait compter absolument sur aucun général et très peu sur les officiers de son armée. Mais il y avait dans la masse des sous-officiers et soldats un tel dévouement pour le Roi, une telle résolution de ne pas l'abandonner, et M. de Ludolf me donnait à ce sujet des détails si caractéristiques, si convaincants, que comme lui j'étais disposé à croire encore à la possibilité d'écraser Garibaldi et de ramener le Roi à Naples, si l'on pouvait faire arriver auprès du Roi un homme de tête et de résolution capable de prendre le commandement de cette masse de soldats fidèles ; voici en conséquence l'idée que je crus devoir soumettre à M. de Ludolf :

Considérant que dans ses proclamations Garibaldi, non encore reconnu du gouvernement piémontais, n'ayant par conséquent d'autre qualité que celle d'un chef de bandes révolutionnaires, menaçait tout à la fois le Pape et le roi de Naples, je conseillais au roi de Naples de faire avec le Pape une alliance offensive et défensive contre leur ennemi commun, et de demander le secours de Lamoricière. Je disais à M. de Ludolf que si Lamoricière avait vraiment une valeur militaire sérieuse, il pouvait, dans les circonstances actuelles, jouer un grand rôle : c'était de lever son camp, en dérobant son mouvement à Cialdini, de traverser les Apennins à marches forcées, de gagner Gaëte, d'y rallier l'armée napolitaine et d'écraser Garibaldi avec les deux armées réunies, quitte à revenir en arrière pour arrêter Cialdini, si ce dernier, jetant enfin le masque, voulait courir au secours de Garibaldi.

M. de Ludolf transmit ce plan à Gaëte par

dépêche télégraphique chiffrée. Le roi de Naples l'approuva et s'empressa de le faire parvenir au Pape et à Lamoricière; mais ce dernier, soit qu'il se sentît embarrassé par ses antécédents révolutionnaires, soit plutôt qu'il ne sût rien comprendre aux grandes choses, refusa la proposition du Roi. Il répondit grossièrement, me dit M. de Ludolf, à l'envoyé chargé de la lui exposer, qu'il se f... du roi François II, qu'il avait accepté de servir le Pape, et non les Bourbons de Naples. Ce brutal soldat ne sut pas comprendre que dans ces circonstances extraordinaires, la cause du Pape était solidaire de celle du roi des Deux-Siciles ; que défendre celle-ci, c'était défendre celle-là. Il fut puni comme il le méritait, mais malheureusement au grand préjudice de l'Empereur, de la France et de l'Italie elle-même.

Les conséquences de Castelfidardo (1) devaient être et furent, en effet, déplorables. En laissant s'accomplir cet acte funeste, en permettant la spoliation du Saint-Siège, la perte des Légations et l'adjonction de Naples au royaume d'Italie, l'Empereur jetait sa politique dans des complications inextricables. Aux yeux de toute l'Europe, son gouvernement était frappé de discrédit. Il avait voulu empêcher

(1) Le général Cialdini, commandant les troupes piémontaises, y défit complètement, le 18 septembre 1860, les forces pontificales placées sous les ordres du général de Lamoricière. (*Note de l'éditeur.*)

l'unité de l'Italie, et l'unité de l'Italie s'accomplissait. Il avait voulu protéger le Saint-Siège, et le Saint-Siège perdait ses plus riches provinces ; les États de l'Église étaient saccagés, pillés, démembrés, sous les yeux mêmes d'une armée française chargée de les protéger. Toutes les haines, toutes les préventions des ultramontains étaient justifiées. Faiblesse ou mauvaise foi, telle était la seule explication de l'attitude du gouvernement français.

De son côté, le gouvernement piémontais, en s'ouvrant un passage pour donner la main à Garibaldi, exaltait avant le temps toutes les aspirations de la Péninsule. L'union du Nord et du Sud s'accomplissait, mais l'œuvre de la régénération italienne perdait en intensité ce qu'elle gagnait en étendue. En réalité, l'unité de l'Italie ne pouvait se concevoir qu'avec la suppression du pouvoir temporel du Pape. Comme toutes les souverainetés ecclésiastiques du moyen âge, cette institution vermoulue était condamnée par l'histoire. Elle devait et doit un jour disparaître parce qu'elle est contraire à l'esprit même de la civilisation moderne (1). Mais pour y mettre un terme, la force brutale était le moyen le plus impolitique, elle blessait les sentiments catholiques de la moitié de l'Europe et sur-

(1) M. de Persigny en a développé les raisons dans sa lettre de Rome. (Voyez *Le duc de Persigny et les doctrines de l'Empire*, pages 221 et 222.)

tout de la France. Pour l'Italie, s'emparer d'une partie des États de l'Église, c'était trop ou trop peu. C'était trop, car cet acte de violence soulevait contre la maison de Savoie tous les États catholiques; c'était trop peu, car, réduite au territoire de Rome, la souveraineté du Pape n'en restait pas moins comme un trait empoisonné enfoncé dans le flanc de l'Italie. Il eût donc été bien préférable, pour la régénération italienne, de maintenir de nos jours trois États dans la Péninsule. Le jour où le Pape n'eût plus été menacé, où la persécution n'eût plus appelé à son aide les sympathies catholiques de l'Europe, le pouvoir temporel livré à lui-même était perdu. L'Italie n'avait qu'à attendre avec patience la marche naturelle des choses : une fois le pouvoir temporel anéanti, les États de l'Église, comme le royaume des Deux-Siciles, tombaient inévitablement sous le sceptre de la maison de Savoie.

Quoi qu'il en soit, si cette politique n'était pas dans l'intérêt de l'Italie, elle était au moins dans l'intérêt de la France, qui, dans les circonstances actuelles, avait tout à redouter des complications de la question romaine. Quand on songe que pour éviter toutes ces difficultés il suffisait simplement de mettre le général Lamoricière à Rome et de garder nous-mêmes la frontière, on ne peut comprendre qu'une mesure si simple et si facile à exécuter n'ait point été adoptée par le gouvernement français. Tel a été pendant plusieurs années mon étonnement de cette faute que, malgré ce que je savais de ses habitudes d'inertie, je l'avais attribuée aux résistances de la cour de Rome et aux passions obstinées du parti ultramontain. La vérité, que j'ai apprise plus tard, c'est que le gouvernement de l'Empereur n'avait rien fait, rien proposé à Rome à ce sujet. Tous les avertissements étaient restés inutiles. La force d'inertie avait triomphé de la plus simple prudence.

Chamarande, 29 janvier 1868.

MONSIEUR DE BISMARCK

1862

J'ai connu M. de Bismarck lorsque j'étais ministre plénipotentiaire à Berlin, en 1850. M. de Bismarck était alors un des membres les plus influents de la *Gazette de la Croix,* ou parti féodal. Il était marié depuis quelques années à une très jolie femme qui avait alors beaucoup de succès dans la société de Berlin et y était aussi aimée qu'estimée. Je n'eus pas l'occasion de fréquenter beaucoup M. de Bismarck; je me rappelle seulement l'impression qu'il produisit sur moi. Pour la plupart des hommes du parti féodal à Berlin, la France, l'Empire, les Napoléon et tout ce qui s'y rattachait étaient alors des objets d'exécration. Je sentais, au milieu de ces hommes pleins de passions et de préjugés, comme une atmosphère de glace. Il n'y avait pas de conversation possible avec eux; à peine pouvait-on rencontrer dans le monde les égards que la plus simple politesse impose aux gens de bonne compagnie. Au milieu de ces hommes passionnés, M. de

Bismarck, encore jeune, grand, bel homme, agréable de forme, se faisait remarquer par son ardeur et son audace réactionnaire. Mais dans ses rapports avec moi ou avec les autres membres de la légation française, il ne montrait aucun des sentiments hostiles que l'attitude de ses amis politiques laissait si clairement deviner. Son maintien, son langage, ses manières accusaient les opinions ardentes, mais non pas les préjugés de son parti. Il parlait de tout avec une grande indépendance d'esprit, mais avec une bienveillance et une considération pour les personnes d'autant plus frappantes qu'il était plus audacieux dans l'expression de ses sentiments. Il ne craignait pas de se compromettre, comme tant d'autres, en se montrant poli et aimable envers des étrangers que ses amis considéraient comme des ennemis. Enfin, sans avoir pu juger de l'étendue de son esprit, j'avais conçu une haute idée de son caractère et j'en avais conservé un souvenir agréable, lorsque dix ans plus tard nous nous retrouvâmes à Paris, lui ambassadeur de Prusse et moi ministre de l'intérieur.

Un jour, il vint me trouver dans mon cabinet, et, prenant un ton sérieux et presque solennel, il me demanda mon avis sur les affaires de Prusse. « Je sais, me dit-il, le rôle que vous avez joué dans l'histoire du second Empire, l'influence que vous avez eue dans les événements qui ont amené le triomphe de la cause napoléonienne. Je me rappelle les prédictions que vous nous faisiez à Berlin et qui se sont si merveilleusement réalisées. Enfin, vous connaissez la Prusse et l'état de ses affaires. Permettez-moi donc de vous demander comment vous comprendriez la manière de sortir de la situation difficile où nous nous trouvons aujourd'hui.

« Cette situation est, en effet, bien critique, continua-t-il. Le parti libéral est chez nous entièrement maître de la Chambre des députés. Mais l'inexpérience de ce parti est aussi complète, et par conséquent aussi dangereuse, que celle de votre Assemblée nationale de 1789. Dans son ardeur de domination, non seulement ce parti menace les prérogatives de la couronne, mais il veut désorganiser l'armée, qui est la force vive du royaume. Si nous cédons à la Chambre, les conséquences de cette victoire du parti libéral sont faciles à prévoir. Après avoir écrasé le parti conservateur, humilié la royauté, jeté la désorganisation et la désunion dans l'armée, le parti libéral se divisera lui-même. Les libéraux honnêtes et bien intentionnés seront bientôt débordés par les violents et les ambitieux; de proche en proche nous tomberons dans les mains des démagogues, et tout sera perdu. Que si, au contraire, nous résistons, d'autres conséquences sont également à craindre. Le parti libéral est si puissant en Prusse et en Allemagne, l'ensemble des éléments qui le constituent et qui ne sont pas encore divisés est si considérable, enfin l'opinion publique est si énergiquement prononcée en faveur de la majorité de la Chambre, que nous avons tout à redouter d'un choc violent d'opinions. Dans des circonstances si délicates, que faire ? quel parti prendre ? »

A cette question, je répondis sans hésiter à M. de Bismarck ce qui suit : « Si vous étiez façonnés comme l'Angleterre aux usages, aux luttes de la liberté; si toutes les classes de la société, en Prusse, étaient habituées à se pondérer par des concessions mutuelles, si surtout vous n'étiez pas exposés aux illusions funestes qui s'emparent infailliblement de tous les néophytes de la liberté, je conseillerais à votre Roi de s'incliner devant l'opinion publique et de s'engager sans crainte dans les voies du régime constitutionnel. Mais dans l'état présent des choses, ce serait insensé. Pour ne pas avoir su résister à un parti inexpérimenté, incapable de gouverner votre pays, vous auriez à payer un jour avec des larmes de sang votre faiblesse d'un jour. Écoutez les leçons de notre histoire : elles sont lumineuses. Si Louis XVI n'avait pas rendu son épée dès le début de la Révolution, s'il n'avait pas renvoyé ses troupes de Versailles à la première demande de l'Assemblée, la populace ne serait pas venue assiéger son palais, s'emparer de sa personne et le conduire à Paris, le bonnet rouge sur la tête. Avec un prince résolu, les malheurs et les crimes de la Révolution française pouvaient être évités. La Révolution nécessaire, inévitable, pouvait prendre le caractère d'une grande réforme politique et sociale, sans qu'il fût besoin de jeter le pays tout entier dans un abîme. De même pour le roi Louis-Philippe. Si, après avoir fait la faute, en plein régime parlementaire, de laisser arriver une querelle de partis à une explosion publique, ce prince eût su se mettre à la tête de ses troupes pour réprimer le désordre des rues, la révolution de 1848 n'eût certainement pas eu lieu, et sa dynastie pourrait régner encore. Il est vrai que Charles X entreprit de résister à la Révolution et fut vaincu. Mais son exemple n'en est pas moins saisissant, car en signant ses ordonnances, il n'avait pas su prévoir qu'elles pourraient provoquer une insurrection, et rien n'avait été préparé pour la réprimer. La garnison de Paris, démesurément affaiblie par l'envoi d'une grande partie de la garde royale au camp de Lunéville, n'avait ni vivres, ni munitions, ni approvisionnements d'aucune sorte. Surprise par une lutte imprévue, elle fut réduite en un instant.

« Eh bien ! appliquez ces leçons de notre histoire aux circonstances dans lesquelles vous êtes placés. Vous avez la chance favorable que la lutte du parti libéral contre vous s'engage sur la question de l'armée, et que, par conséquent, en défendant l'armée, vous l'avez avec vous. Un autre avantage précieux vous est acquis : c'est que, contrairement à ce qui se fait chez nous, le vote du budget par la Chambre n'est pas indispensable à la marche du gouvernement, puisque, en cas de conflit entre les pouvoirs, le budget de l'année précédente est légalement exigible du pays. N'hésitez donc pas à résister aux hommes inexpérimentés qui vous perdraient. Rappelez-vous qu'un prince ne doit jamais rendre son épée, et que l'existence d'un peuple passe avant sa liberté. Considérez-vous donc dès à présent comme en guerre civile et prenez vos positions. Résistez à la Chambre, renvoyez-la une fois, deux fois, trois fois sans vous en inquiéter; mais ayez toujours votre armée préparée pour la lutte, avec ses approvisionnements, ses munitions sous la main, ses vivres dans les casernes, enfin toute prête pour l'action; alors, non seulement vous serez sûrs de la victoire, mais vous n'aurez pas même de luttes armées à surmonter, car lorsqu'on vous saura si bien préparés, si résolus, si déterminés, la Chambre s'épuisera en paroles, en vaines protestations, mais personne n'osera descendre dans la rue. Ah! il faut vous attendre à une grande impopularité; vous serez accablé d'injures et de calomnies. Mais si vous sauvez l'État, si vous empêchez que l'inexpérience des hommes qui aspirent à la liberté sans la comprendre n'étouffe la liberté dans son germe; si vous abritez cette liberté naissante sous l'égide indispensable de l'autorité royale, c'est vous qui aurez été le véritable libéral, le seul digne de ce nom. C'est vous, enfin, qui aurez fondé la liberté en Allemagne. »

M. de Bismarck parut approuver vivement cet exposé de doctrines et me serra la main avec effusion. Il me dit que je venais d'exprimer ou plutôt de dégager ses plus intimes pensées, et que dès ce moment sa résolution était prise. En effet, peu de jours après, il acceptait la présidence du Conseil à Berlin et commençait à mettre ces doctrines en pratique.

J'allais oublier une circonstance que me rappelle mon ami M. Dureau, lequel était directeur de mon cabinet à l'époque de cette conversation et l'avait même écrite tout entière de sa main : c'est que l'Impératrice me reprocha vivement le conseil donné à M. de Bismarck. Sa Majesté, qui le tenait de M. de Bismarck lui-même, considérait ce conseil comme très dangereux pour la couronne de Prusse et de nature à produire une convulsion en Allemagne. Il paraît même que l'Empereur avait aussi exprimé ce sentiment à M. de Bismarck.

Quoi qu'il en soit, je n'avais pas revu M. de Bismarck depuis cet entretien, lorsqu'au dîner donné par l'Empereur au roi de Prusse à son arrivée à Paris pour l'Exposition universelle de 1867, je le rencontrai aux Tuileries parmi les convives. Après le dîner, il vint à moi vivement et me dit en riant : « Eh bien! n'ai-je pas bien suivi vos leçons? — Oui, lui répondis-je; mais je dois reconnaître que l'élève a singulièrement surpassé le maître. »

Peu de jours après, nous eûmes chez moi, sur les affaires d'Allemagne, une longue conversation qui fera l'objet d'un autre chapitre de ces Mémoires.

Chamarande, ce 29 décembre 1867.

LE
DUCHÉ DE MONTMORENCY

1864

Au commencement de l'année 1864, il se répandit le bruit dans la société de Paris qu'un jeune homme, fils du duc de Valençay et d'une demoiselle de Montmorency, le comte Adalbert de Périgord, qui, depuis peu de temps, s'était fait présenter à la Cour et était admis dans la société de l'Impératrice, allait être l'objet d'une grande faveur. Comme le dernier duc de Montmorency venait de mourir sans enfants, et que la branche de Luxembourg menaçait de s'éteindre sans postérité masculine, ainsi qu'avait également fini depuis peu la branche de Laval, on prétendait que l'Empereur, voulant perpétuer le grand nom de Montmorency, avait choisi ce jeune homme, entre tous les descendants par les femmes de cette glorieuse maison, pour en relever le nom et les armes, et qu'il allait, en conséquence, le nommer duc de Montmorency sans même attendre la mort du prince de Luxembourg, dernier mâle vivant de cette antique race. Or ce bruit, colporté de la société des Tuileries dans les salons du faubourg Saint-Germain, y avait excité une vive irritation. On s'étonnait que l'Empereur crût pouvoir disposer de ce grand nom de Montmorency, sans attendre la mort du dernier membre de cette famille. On ne comprenait pas, surtout, qu'il pût faire un choix arbitraire entre tous les descendants de cette maison par les femmes, au lieu d'accepter, pour en perpétuer le nom, le véritable représentant de la ligne féminine suivant l'ordre de la naissance, c'est-à-dire le prince de Bauffremont-Courtenay, fils aîné de la sœur aînée du dernier duc de Montmorency. Comme on ne pouvait trouver d'autres raisons de préférence en faveur du comte Adalbert de Périgord que le fait de sa présentation aux Tuileries et de sa présence aux petits bals de l'Impératrice, il y avait dans la futilité des motifs apparents quelque chose qui augmentait encore l'injure faite au prince de Luxembourg et l'injustice commise envers le prince de Courtenay. Il semblait que le grand nom de Montmorency allait devenir le prix d'une polka ou d'un cotillon.

J'avoue que tout cela me paraissait si déraisonnable et de nature à blesser si profondément tout ce qui se rattachait à l'ancienne noblesse, sans aucun profit pour l'Empire, que j'avais refusé d'ajouter foi à ces bruits. Mais ayant appris que la chose avait un fondement sérieux, que c'était la duchesse de Valençay, belle-mère du jeune comte Adalbert, femme de mérite et jouissant d'une véritable considération, qui poursuivait cette affaire auprès de l'Impératrice, je commençai à craindre que le gouvernement ne se laissât aller à faire cette faute, et je me rendis, en conséquence, auprès de l'Empereur pour lui demander ce qui en était réellement. L'Empereur me dit que la duchesse de Valençay avait, en effet, sollicité le titre de duc de Montmorency en faveur du second fils de son mari, le comte Adalbert de Périgord; que l'affaire suivait son cours régulier; qu'elle avait été envoyée au conseil du sceau; qu'elle en était même revenue avec l'approbation de ce conseil et de M. Baroche, chargé, comme garde des sceaux, d'instruire ces sortes d'affaires; mais qu'il n'y avait là, selon lui, rien de grave, rien qui valût la peine de s'en inquiéter.

Je répondis à l'Empereur que ce n'était pas mon avis; que je regrettais beaucoup que des questions de cette nature ne fussent pas soumises au conseil privé, au lieu du conseil du sceau seulement; qu'il ne s'agissait pas en effet de chercher si l'Empereur avait le droit de concéder un titre régulièrement éteint, car cela n'était pas douteux; qu'il pouvait donc disposer du titre de duc de Montmorency comme il l'entendait; mais que quant à savoir s'il était utile à l'État de le donner et en faveur de qui il fallait le donner, c'était une question pour laquelle le conseil du sceau n'était pas compétent; que si donc le garde des sceaux s'était borné à répondre sur le point de droit, sans avoir soumis à Sa Majesté aucune observation sur le côté politique de la question, c'était comme s'il n'avait rien répondu; que probablement, et selon son habitude, M. Baroche n'avait vu cette affaire qu'au point de vue des personnes; qu'entre MM. de Montmorency-Luxembourg, de Bauffremont-Courtenay, se tenant à l'écart, et la duchesse de Valençay, venant lui rendre visite pour solliciter *Son Excellence,* tel que je le connaissais, il n'avait pas dû hésiter à favoriser l'ambition de la duchesse; mais que le gouvernement ferait une faute grave en cédant à des conseils de cette nature; en conséquence, je suppliais l'Empereur de considérer cette affaire d'une manière plus sérieuse et plus politique.

« En fait, disais-je à l'Empereur, c'est une pensée digne de Votre Majesté de vouloir perpétuer en France le grand nom de Montmorency qui va s'éteindre, car c'est le nom le plus glorieux de notre ancienne monarchie. Mais comment cet acte doit-il se faire, et au profit de qui doit-il être fait? Là-dessus, il ne peut y avoir deux opinions. Et d'abord, il semblerait convenable d'attendre la mort du dernier Montmorency de la branche de Luxembourg ou tout au moins d'obtenir son agrément, en faisant, par exemple, pour le duché de Luxembourg, ce qu'on propose de faire pour celui de Montmorency, c'est-à-dire, de le rendre également héréditaire dans la ligne féminine; ensuite, quant à la personne qu'il s'agit de revêtir de ce grand nom, c'est évidemment la loi naturelle et non le caprice qui doit la désigner; qui donc, en effet, en dehors de l'ordre de la naissance, pourrait être jugé digne de relever le nom et les armes de Montmorency? Un choix arbitraire écraserait le préféré sous le poids de ce nom. On lui demanderait à quelles vertus, à quelles grandes actions il doit un pareil honneur. Et comme on ne trouverait d'autres raisons de cette préférence que de petites considérations privées, au lieu d'un acte noble, élevé, digne d'un grand gouvernement, on ne verrait là qu'un abus d'autorité. Loin d'honorer dans le nom de Montmorency huit siècles de gloire et de vertus, faire de ce nom le prix d'une intrigue de cour serait insulter à la mémoire de toute une race de héros. »

« Sire, ajoutai-je, rien ne vous oblige à relever le nom de Montmorency; mais si vous le faites, faites-le grandement, noblement, sans vous demander si celui qui doit en profiter est un ami ou un ennemi de votre gouvernement, s'il est légitimiste, orléaniste ou bonapartiste; s'il a été ou non présenté à la Cour; sans vous préoccuper de sa personne, sans même le nommer; dites simplement que, voulant perpétuer le nom de Montmorency, et honorer le souvenir des grands hommes que cette illustre race a produits et des services qu'elle a rendus au pays, vous déclarez héréditaire dans la ligne féminine le nom et le titre de duc de Montmorency, et ajoutez-y, pour être juste, celui de duc de Luxembourg. En accomplissant cet acte, vous grandirez votre pouvoir aux yeux des classes élevées. Au lieu des passions, des colères que soulève le choix qu'on veut vous faire faire, vous exciterez une profonde sympathie parmi tous ceux qui ont le culte de l'histoire et sont sensibles aux nobles actions.

« Aujourd'hui, le parti légitimiste est à l'écart, et il faut qu'il reste à l'écart, car vous ne pourriez pas le rapprocher du pouvoir, en supposant qu'il y fût disposé, ce qui n'est pas, sans blesser bien des susceptibilités libérales dans la masse de la nation. Mais vous avez intérêt à ce que ce parti, qui est considérable par le rang, la qualité de ses membres et les richesses qu'il renferme dans son sein, ne soit pas sérieusement hostile à l'Empire, et surtout qu'à la mort du comte de Chambord, il ne se fusionne pas avec les orléanistes. Or, la meilleure politique vis-à-vis de ce parti, c'est d'honorer les souvenirs de l'ancienne noblesse et de la traiter avec égard et considération. Soyez sûr que s'il vous sait sympathique à ses illustrations, une fois rendu libre par la mort du comte de Chambord, il se ralliera presque tout entier à votre dynastie. Il n'y a pas, d'ailleurs, une meilleure occasion pour le toucher, le séduire et le rapprocher de votre cause que de rendre un hommage éclatant au plus grand nom de l'ancienne noblesse.

« Que si, au contraire, vous cédez à une intrigue de cour, pour choisir dans la descendance féminine des Montmorency un jeune homme que ne désigne pas l'ordre de la naissance, quelque distinction personnelle qu'il ait d'ailleurs, soyez sûr que, sans profit pour l'Empire, mais au contraire à son détriment, vous blesserez profondément toute l'ancienne noblesse et jetterez dans une opposition violente tout le parti légitimiste. D'un côté, créer un duc de Montmorency sans la considération de services rendus à l'État serait braver sans utilité les sentiments des partis libéraux et révolutionnaires; et, de l'autre, le faire dans de fausses conditions aurait pour résultat certain de soulever contre vous le parti légitimiste, l'ancienne noblesse et beaucoup d'esprits généreux au sein même de l'Empire. Pour l'unique motif d'être agréable à Mme de Valançay, vous aurez donc fait une double faute politique. »

L'Empereur parut frappé de ces considérations. Il me dit qu'il n'avait pas même songé à l'intérêt que cette question pouvait présenter; que s'il avait eu l'occasion d'en apercevoir plus tôt le côté politique, il n'aurait pas laissé l'affaire s'engager si loin; mais qu'après avoir promis ce titre à la duchesse de Valançay, il ne voyait pas comment il pouvait se dégager de sa promesse. Je lui répondis que s'il avait eu tort d'engager peut-être légèrement sa parole, il aurait bien plus tort de la tenir; qu'il n'y aurait pas de gouvernement sérieux dans le monde, s'il n'y avait pas des moyens de soustraire les princes aux surprises dont ils peuvent être l'objet; que c'est pour cela que les conseils étaient indispensables; que si Sa Majesté avait donné suite au règlement proposé depuis longtemps pour le conseil privé, c'est à ce conseil qu'il aurait renvoyé la demande du comte Adalbert de Périgord; mais qu'il n'avait pas besoin de l'existence de ce règlement pour soumettre cette affaire au conseil privé, et que ce dernier ne serait pas embarrassé pour dégager l'Empereur, en prenant sur lui la responsabilité du refus. J'ajoutai qu'il était d'ailleurs facile de concilier toutes choses, en donnant au second fils du duc de Valançay un des titres de la maison de Montmorency.

Mais malheureusement, sous un gouvernement dominé par une coterie de politiques sceptiques et sans conviction, où l'intérêt privé ne triomphe que trop souvent de l'intérêt public et l'intrigue de cour de la raison d'État, le comte Adalbert de Périgord fut nommé duc de Montmorency. Quoique ce jeune homme fût distingué de sa personne, plein de cœur et d'honneur, sa nomination souleva dans le faubourg Saint-Germain une réprobation générale. Toute la noblesse lui tourna le dos, sa propre famille rompit toute relation avec lui, et il eut à répondre, l'épée à la main, à la demande de satisfaction faite par un de ses cousins, au nom de toute la famille, pour l'injure faite à la maison de Montmorency. Il semblait que la faveur, en touchant ce grand nom, en avait terni l'éclat. Ce titre, arbitrairement donné, apparaissait comme une insulte non seulement à la race entière des Montmorency, mais à toute la noblesse de France. Il va sans dire que la justice fut saisie de la question, sur la plainte des Montmorency; que les tribunaux retentirent de procès déplorables, et que les journaux, en mettant en lumière le caprice qui avait tenu lieu de raison en cette affaire, augmentèrent encore l'irritation de part et d'autre.

Cependant, la justice ne pouvait pas casser un acte du pouvoir souverain, qui avait d'ailleurs été accompli dans les limites de son droit. Le titre de duc de Montmorency fut donc maintenu au comte Adalbert, mais avec interdiction de porter le nom seul et les armes pleines de Montmorency. Ce malheureux jeune homme dut payer chèrement l'honneur qu'il devait à l'ambition de sa belle-mère et au caprice de l'Impératrice. Quant à la plupart des légitimistes, persuadés que le comte Adalbert n'avait été préféré à son cousin, le prince de Courtenay, que parce que ce dernier ne s'était pas fait présenter à la Cour, ils en étaient ulcérés. Quoique dans un état d'opposition plus ou moins sérieuse, ils auraient voulu, et ils croyaient avoir le droit de le vouloir, que l'Empereur, tout en réprimant leur opposition, respectât en eux la fidélité aux souvenirs. Jusqu'alors, n'ayant au fond du cœur aucune animosité réelle contre l'Empereur, ils ne pensaient pas que leur inoffensif dévouement à la maison de Bourbon leur fût imputé à crime. Ils se persuadaient plutôt que l'Empereur les en estimait davantage; mais quand ils crurent voir, par l'exemple du duché de Montmorency, que les familles du faubourg Saint-Germain qui ne se faisaient pas présenter à la Cour étaient décidément traitées en ennemies, ils en furent profondément irrités. Que si, après cinq ans passés depuis cet incident, cette irritation s'est un peu calmée, ce changement s'explique en partie par les conversations que j'eus l'occasion d'avoir à ce sujet avec les hommes les plus importants de ce parti, et particulièrement avec la famille de Montmorency elle-même. En leur racontant ma démarche auprès de l'Empereur et l'étonnement et le regret de ce prince devant l'exposé véritable que je lui avais fait de la question, il m'avait été facile de leur faire comprendre que si l'Empereur avait commis une injustice, c'était sans en avoir conscience; qu'il avait été tenu dans l'ignorance des choses par le rapport de M. Baroche et les formalités mêmes du conseil du sceau, et surtout qu'il n'avait pas eu un instant la pensée, à propos du duché de Montmorency, de blesser les sentiments du parti légitimiste.

Quoi qu'il en soit, on ne saurait trop déplorer les légèretés, les caprices, les injustices de ce genre. Le triomphe des intrigues privées dans l'État est souvent plus funeste aux gouvernements que les sévérités de la fortune. C'est que, on l'a dit souvent et on ne saurait trop le répéter, la force principale d'un gouvernement gît dans sa réputation. Avec la réputation d'être juste et ferme, tout lui est facile; tout lui devient difficile s'il perd cette réputation. Un gouvernement juste et ferme est tout-puissant, parce qu'il est estimé et craint. S'il est juste, mais sans fermeté, on en abuse, on le foule aux pieds; s'il est ferme, mais sans loyauté, sans justice, on s'indigne, on se révolte contre lui. Être juste et ferme en toutes choses, voilà donc le secret des grands gouvernements. Or, de même qu'on peut juger de l'honneur, de l'intégrité, de la valeur d'un homme par les détails de sa vie, les plus petites choses peuvent contribuer à grandir ou à perdre la réputation d'un gouvernement. Qu'un prince se trompe dans une question sérieuse, qu'il éprouve un échec grave, qu'il perde une bataille rangée, s'il reste aux yeux de ses peuples aussi loyal et juste, aussi ferme et résolu qu'avant son infortune, il se relèvera du fond de l'abîme. Que si, au contraire, et dans des objets même insignifiants, il laisse voir au pays une âme accessible à la crainte ou à l'injustice, s'il paraît faible ou irrésolu, s'il se montre dominé par l'intrigue ou le caprice; en un mot, s'il perd sa réputation, malheur à lui. C'est donc pour les gouvernements modernes, aujourd'hui que le monde entier peut les juger, un devoir absolu de ne s'inspirer que de vues nobles et élevées; c'est pour eux une nécessité de conduite de considérer toutes choses au point de vue de la réputation d'intégrité et de fermeté qu'il leur est indispensable d'acquérir. Et voilà pourquoi les hommes les plus éminents par le talent, mais sans caractère, sans élévation ou sans courage, peuvent être funestes à un gouvernement.

Paris, 31 mars 1869.

PROJET

DE

RÉFORME ADMINISTRATIVE

1866

Frappé des vices de notre organisation administrative, je n'avais cessé pendant longtemps de les signaler à l'Empereur. C'était un des sujets les plus fréquents de mes entretiens avec lui. Depuis quelques années, j'avais cependant discontinué mes instances, et cela sous l'empire d'un sentiment des plus pénibles. Je sentais, en effet, que si je parvenais encore presque toujours à convaincre la raison de l'Empereur, il ne m'était plus possible de mettre sa volonté en mouvement. J'avais donc renoncé à toutes nouvelles tentatives de ce genre, lorsqu'à la suite des événements de 1866 et au milieu des tristes préoccupations du pays, je crus remarquer que cette série d'échecs non interrompus depuis quelque temps semblait rendre l'esprit de Sa Majesté plus accessible aux avis de ceux de ses serviteurs qui avaient été ses conseillers aux jours d'épreuves. Et comme, au milieu de ces circonstances pénibles, l'Empereur avait eu la bonté de me rappeler lui-même les idées que je lui avais exposées si souvent sur les réformes à faire à l'intérieur, il me sembla que le moment opportun était arrivé de lui en soumettre un nouveau projet. En conséquence, je rédigeai une note que j'eus l'honneur de lui lire moi-même vers la fin de 1866, et que Sa Majesté écouta avec la plus sérieuse attention. J'espère que cette note, qui résume tout un plan de décentralisation administrative, ne sera pas déplacée dans ces Mémoires : je me plais à croire, au contraire, qu'elle pourra servir un jour à la solution d'un problème que, selon toutes les probabilités, l'empereur Napoléon III n'est pas destiné à résoudre lui-même, et qu'il laissera à son successeur.

NOTE POUR L'EMPEREUR

« Je l'ai dit souvent, il faudrait des siècles de malheurs, de fautes et de folies, comme pour l'héritage de César, pour dissiper le capital trouvé dans le tombeau de Sainte-Hélène. Aujourd'hui, malgré des échecs extérieurs qui, sous Louis-Philippe ou les Bourbons, auraient suffi pour ébranler l'État, malgré des causes graves de démoralisation dans le pays, les grandes masses sont aussi confiantes, aussi sympathiques que le premier jour, et dans chaque province qu'il plairait à l'Empereur de visiter, il rencontrerait le même accueil, les mêmes transports que par le passé.

« Mais ce qui est vrai des masses populaires ne l'est pas également des classes supérieures; et j'entends par classes supérieures non seulement les privilégiés de l'éducation et les détenteurs de la fortune, mais l'administration du pays dans tous les ordres et dans toutes les branches. Ce que ces classes n'étaient pas disposées à concéder seulement à la poésie des souvenirs et au prestige du nom, elles l'accordaient naguère à la personne du souverain. L'Empereur les avait, en effet, conquises presque entièrement, par les grandes actions du commencement de son règne. Il les avait sauvées de la ruine par sa victoire sur l'anarchie; il les avait enrichies par l'impulsion imprimée aux affaires; il les avait ennoblies par le triomphe de ses armes en Crimée et en Italie.

« Eh bien! j'ai le regret de le dire, il semble aujourd'hui qu'un revirement soit en train de se produire dans l'esprit de ces classes. En voyant, d'une part, le trouble s'introduire dans les doctrines de l'État, l'incertitude se manifester dans les organes du gouvernement, et le mouvement des affaires s'arrêter depuis si longtemps; en comptant, d'autre part, les échecs de notre politique à l'extérieur, et surtout en envisageant dans l'avenir les conséquences de ces échecs, elles en sont arrivées presque entièrement à douter de l'établissement de la dynastie.

« Naturellement, et comme il arrive toujours quand une inquiétude se répand dans les esprits, le public fait aujourd'hui mille conjectures et accueille mille bruits plus ou moins ridicules pour expliquer qu'un gouvernement naguère si puissant ait perdu si vite sa vigueur première. On suppose que l'esprit de l'Empereur s'est affaibli, que son caractère s'est énervé, et mille autres absurdités. Pour moi, qui crois connaître les causes du désarroi de l'esprit public et les vices qui affectent l'Empire, je me propose de les exposer non seulement avec la franchise que m'impose mon dévouement, mais avec la confiance qu'une foi profonde et inaltérable m'inspire, et dans la vitalité de la dynastie, et dans la facilité d'écarter les nuages qui en obscurcissent l'éclat. Que si ces considérations ne paraissent pas justes ou soient rendues inutiles par des causes indépendantes de ma volonté, j'aurai du moins accompli un acte de conscience; et ce sera une page de plus entre les mains de mon fils (1) pour maintenir, au besoin, à la

(1) Jean-Michel-Napoléon Fialin, duc de Persigny, décédé à Paris, le 19 novembre 1885. (*Note de l'éditeur.*)

mémoire de son père le caractère de loyal serviteur que j'ai ambitionné toute ma vie.

« Et d'abord, j'écarte les questions de personnes. Quelle que soit l'action des passions humaines sur le jeu des institutions, quelle que soit l'influence des choix du souverain sur les choses de son gouvernement, comme les choix ne dépendent que de sa volonté, et qu'à lui seul en appartient la responsabilité aux yeux du pays et de l'histoire, je n'ai point à m'en préoccuper ici. Mais en dehors des fautes qui peuvent tenir aux hommes, l'Empire est miné par des vices intérieurs tellement graves que sans les racines profondes qui l'attachent au sol, il serait déjà en péril.

« Je vais parler aujourd'hui du vice qui affecte surtout l'administration intérieure du pays, vice profond qui est un héritage du passé, ou plutôt un produit de l'accouplement d'un régime nouveau avec d'anciennes institutions. C'est qu'en effet l'Empire, en changeant les conditions du pouvoir, n'en a pas changé le mécanisme. Il fonctionne avec des instruments qui ne proviennent pas de lui et ne lui appartiennent pas. C'est le géant de la Fable dont la tête est saine, mais dont les membres, ramassés çà et là, et détachés de la tête, se meuvent au hasard et au gré d'impulsions diverses.

« Sous le premier Empire, l'unité du pouvoir était parfaite, la solidarité entre toutes les parties de l'édifice absolue et la communication du centre à la circonférence libre comme la pensée. Sous l'œil de l'Empereur, un seul secrétaire d'État centralisait le travail de tous les ministères, et dans chaque département, pour toutes les branches de l'administration, un seul agent, le préfet, en faisait de même. Ce dernier représentait seul le gouvernement auprès des divers services et les divers services auprès du gouvernement. Chaque fonctionnaire, à quelque branche de l'administration qu'il appartînt, placé sous la dépendance immédiate du préfet, savait qu'il n'avait pas seulement des devoirs techniques, mais des devoirs politiques à remplir, de sorte que tous les agents de l'administration étant dans la main du préfet, s'il fallait faire la guerre ou la paix, tout était à la guerre ou à la paix; s'il fallait dompter les partis ou les concilier, tout était à la fermeté ou à la conciliation. La même pensée, la même impulsion animait tous les services. Et c'est ainsi que tout ce vaste mécanisme de l'administration française, toutes les forces vives de l'État appliquées à un même objet enfantaient des merveilles.

« Malheureusement, le régime parlementaire est venu bouleverser toutes les conditions de ce bel organisme. Du moment que l'existence même du gouvernement était subordonnée à une majorité dans les Chambres, et que pour acquérir cette majorité, tous les moyens de corruption étaient mis en œuvre, les ministres parlementaires voulurent avoir ces moyens sous la main, et alors commença le règne de cette bureaucratie envahissante, tracassière, toute-puissante, qui, multipliant les règlements, les formalités, les difficultés de tout genre, attira à Paris, avec la décision de toutes les affaires, la distribution de tous les emplois, de toutes les faveurs, annula chaque jour davantage, à son profit, la salutaire influence des préfets dans les départements, et exagérant, enfin, tous les abus de la centralisation, fit un fléau de ce qui avait été un bienfait pour le pays.

« Il faut reconnaître, toutefois, que si le régime parlementaire avait malheureusement dénaturé l'instrument de gouvernement à lui légué par l'Empire, il en avait au moins respecté le principe fondamental, au point de vue de l'unité d'action. A défaut du préfet qui cessait d'être, dans chaque département, le pivot de cette unité, des ministres solidaires entre eux, choisis parmi les chefs d'un même parti, animés des mêmes sentiments, des mêmes idées, des mêmes passions, pouvaient à certains égards y suppléer par une entente de chaque jour. Le sentiment d'un péril commun, d'une défense commune, les portait naturellement à faire converger vers le même but les instruments d'influence que chacun avait à sa disposition, à favoriser les mêmes choses, les mêmes personnes, les mêmes intérêts, à donner enfin la même impulsion au pays. Et ainsi, il y avait au moins une sorte de remède à côté du mal.

« Malheureusement, il était réservé au second Empire de ne recueillir de tout cet héritage que des abus sans compensation, c'est-à-dire les inconvénients du dernier régime sans ses avantages. En effet, d'une part, même excès de centralisation, même domination d'une bureaucratie monstrueuse, même tendance à tout accaparer, à tout attirer à Paris, à tout régler, à tout distribuer du centre, malgré les louables efforts, en sens inverse, du gouvernement lui-même; même annulation des préfets au point de vue de l'unité d'action; enfin, même carrière ouverte dans les bureaux des ministères à toutes les intrigues, à toutes les manœuvres, à toutes les cupidités; d'autre part, au contraire, des ministres non solidaires entre eux, sans intérêts, sans principes communs, sans le sentiment d'un péril commun, d'une défense commune, et par conséquent dans l'impossibilité morale et matérielle de donner une impulsion commune au pays.

« Pendant les premières années de l'Empire, une sorte de mirage avait dérobé au pays les vices de ce régime; quand, au milieu de l'enthousiasme universel, on entendait les préfets de l'Empereur exposer les vues de l'Empereur, parler au nom de l'Empereur, l'illusion des mots tendait à créer une certaine réalité dans les choses. Investis par la sympathie des masses d'une autorité extraordinaire, ils pouvaient aisément dissimuler ce qui leur manquait en autorité réelle. Mais la bureaucratie, un moment troublée, ne lâchait pas sa proie. Poursuivant sans relâche son œuvre envahissante, elle continuait chaque jour d'attacher de nouveaux fils à sa toile. Puis insensiblement l'illusion se dissipait. On voyait, peu à peu, que tout ou presque tout se faisait de Paris, par-dessus la tête des préfets, sans eux, malgré eux, à leur insu. Et le sentiment de cette situation équivoque se révélant de plus en plus aux populations, abaissant les délégués de l'autorité politique à leurs propres yeux, il arrivait que par un renversement complet des rôles, après avoir protégé le député, c'était le préfet qui avait ensuite besoin de la protection de ce dernier.

« Mais, quelque regrettable qu'il soit de voir abaisser dans les provinces l'importance des préfets, tout cela n'était rien auprès des conséquences que ce régime entraîne pour l'État lui-même. Du moment, en effet, que, d'un côté, le préfet n'est plus l'instrument de l'unité d'action dans les départements, et que, de l'autre, le gouvernement ne trouve plus en lui-même, comme sous le régime parlementaire, dans l'intérêt commun des ministres, un principe d'unité qui lui soit propre; que sans liens, sans solidarité entre eux, les divers ministères ne peuvent plus être réunis en faisceau qu'accidentellement, dans certaines circonstances et par la main seule de l'Empereur, on peut dire que ce n'est plus un gouvernement, mais dix gouvernements qui conduisent les affaires du pays, ou plutôt que c'est autant de gouvernements qu'il y a dans chaque ministère de direction générale, de divisions, de bureaux, et de là ce flot d'actes contradictoires qui coule sans cesse du centre aux extrémités, à l'étonnement, à la stupéfaction des provinces. Ce que jamais un préfet, quel qu'il soit, n'oserait proposer, ce qu'il n'oserait faire sur les lieux et sous les regards de son département, un ministère, un bureau le fait sans hésiter, impunément, sous la pression d'une influence, d'une intrigue quelconque, le plus souvent dans l'ignorance la plus absolue de l'état réel des choses et surtout sans se douter des conséquences funestes que l'acte accompli, dans de pareilles conditions, va produire au loin.

« Pour tout homme dévoué à l'Empire qui traverse un département, c'est un sujet de douloureuse surprise.

« Il ne fait pas un pas sans entendre reprocher au gouvernement quelques actes déplorables des administrations centrales, sans assister, çà et là, au triomphe de quelques-unes de ces intrigues qui, à l'insu des autorités locales, se disputent, à Paris, dans les bureaux des ministères, la faveur du gouvernement. Mais ce qui est plus affligeant encore que cette situation, quelque affligeante qu'elle soit, c'est que le public n'en connaissant pas les causes, et attribuant aux hommes ce qui n'appartient qu'aux choses, c'est-à-dire, qu'à une erreur de système, qu'à un vice d'institution, le public, dis-je, juge le gouvernement lui-même par le désordre d'idées, de plans, de vues dont il a le spectacle sous les yeux. En face des contradictions de toutes sortes qui émanent des divers ministères, en voyant, par exemple, des amis dévoués du gouvernement disgraciés au profit d'ennemis avérés, des intrigants comblés de faveurs, des populations sacrifiées à des intérêts privés, des choix scandaleux ou ridicules, des injustices révoltantes, enfin tout un ensemble d'actes déraisonnables, les uns supposent que l'Empereur est trahi, vendu par d'indignes serviteurs; les autres, que par une cause quelconque, maladie ou dégoût des affaires, ce grand prince a cessé de surveiller ses ministres; que par conséquent le pays est abandonné au hasard, sans direction, sans boussole; que nous n'avons plus de gouvernement, et que l'Empire marche à sa ruine.

« Et maintenant voyons ce que devient, au milieu de cette démoralisation générale, la politique proprement dite. Ah! ici on ne dénie pas aux préfets l'honneur et surtout la charge d'en être les représentants dans les départements. Les divers ministères, les divers bureaux des ministères qui sont si avides des faveurs dont ils ont la répartition, qui disputent et arrachent aux préfets, avec cet acharnement qu'on connaît, les moindres places, les moindres bénéfices à distribuer, se gardent bien de ne pas laisser aux préfets la responsabilité de l'action politique. Mais après avoir gaspillé, à leur seul avantage, et presque toujours au détriment du gouvernement, le patronage de l'État, qu'ils apprennent qu'un préfet privé de tout moyen d'influence a été battu dans une élection de son département, à l'aide peut-être des instruments livrés par la bureaucratie elle-même aux adversaires de l'administration, alors ces honnêtes bureaucrates, ministres, directeurs et autres, ne manqueront pas de se plaindre de l'incapacité des préfets. Ah! sans doute, il serait à désirer que les préfets fussent assez capables, comme plusieurs le sont en effet, pour suppléer par leur seule habileté à tout ce qui leur manque, à tout ce qu'on leur enlève, à tout ce qu'on leur oppose. Mais les institutions qui ne pourraient être utilement maniées que par des esprits et des caractères exceptionnels, seraient de bien détestables institutions. Pour moi, je préférerais le plus mauvais préfet, revêtu des armes que lui enlève et lui oppose la bureaucratie, au plus habile désarmé par elle.

« Et, en effet, le patronage du gouvernement est immense. Par les quatre-vingt mille emplois rétribués dont il dispose, par les fonds de tous genres qu'il peut distribuer, pour venir en aide aux communes, aux établissements divers, aux églises, aux presbytères, aux maisons d'école ; par les faveurs de toute nature que ses décisions procurent, par les récompenses honorifiques et autres, par la manière même plus ou moins gracieuse, plus ou moins favorable, plus ou moins prompte, dont il décide des affaires qui lui sont soumises, il est armé d'énormes moyens d'influence, et jamais gouvernement dans l'histoire ne disposa de plus considérables. Supposons tous ces moyens d'influence mis en œuvre par une pensée unique, on sera frappé d'une pareille puissance. Mais la vérité, c'est que, par les causes que je viens de dire, toutes les forces vives sont gaspillées le plus misérablement du monde. Ce n'est pas le gouvernement qui en dispose à son profit. C'est, au contraire, à son détriment le plus souvent qu'elles sont mises au pillage. Que si, par exemple, on voulait rechercher les causes secrètes des échecs électoraux de l'administration, on les trouverait presque toujours dans les faveurs qu'en dehors des préfets l'administration centrale, à la merci de toutes les intrigues imaginables, a prodiguées aux ennemis du gouvernement.

« Pour comprendre ceci, représentons-nous une commune rurale qui a besoin de réparer ou de reconstruire son église. Depuis longtemps le maire et le conseil municipal ont cherché vainement l'appui de quelque influence locale, ils se sont adressés au préfet pour demander un secours du gouvernement. Le préfet n'a rien obtenu, et ils se sentent humiliés de leur impuissance aux yeux de la commune. Mais voici un personnage qui se présente : à l'aide de ses relations particulières à Paris, il réussit à obtenir le secours tant désiré; et devant ce nouveau bienfaiteur de la commune tout s'incline. Pour le maire et pour le conseil municipal, ce n'est pas quelques milliers de francs de plus ou de moins, ce n'est pas même la réparation de l'église qui les touche, c'est un triomphe personnel vis-à-vis de tous les habitants du pays, et ce triomphe est aussi sensible à ces humbles fonctionnaires que la victoire parlementaire la plus éclatante pour un gouvernement. L'homme qui le leur a procuré n'a qu'à se présenter aux élections. En dépit de ce qu'on pourra leur dire, quand même cet homme serait l'ennemi secret le plus acharné du gouvernement, dont il a surpris les faveurs, la plus grande partie des habitants de la commune voteront pour lui sans hésiter.

« Je m'arrête, j'en ai dit assez. Le gouvernement est victime d'un régime qui compromet sa force, sa réputation, sa sécurité. Déjà le mal est devenu si grave qu'il est plus que temps d'y remédier. Mais quel remède adopter, et dois-je en proposer un ? Si le gouvernement voit le mal et se rend compte de son étendue, il trouvera bien lui-même le moyen de s'en délivrer. S'il ne le voit pas, ou que, le voyant, il ne se sente pas la force de prendre la résolution nécessaire pour se délivrer des liens qui le garrottent, les meilleurs avis ne serviraient de rien : je devrais donc peut-être me taire ; mais comme il s'agit pour moi d'un devoir de conscience, je veux l'accomplir jusqu'au bout. Je dirai donc sommairement, et en m'abstenant d'explications superflues, le remède que je propose pour faire, de nouveau, du préfet le pivot de l'unité d'action du gouvernement dans les provinces ; pour leur rendre l'influence dont on les a dépouillés ; pour retirer à une bureaucratie dominée par toute espèce d'intrigues, sans esprit politique, sans unité de vues et sans responsabilité, les instruments de patronage qu'elle emploie si mal ; pour mettre, au contraire, ces instruments entre les mains responsables des seuls agents qui puissent les faire servir à l'avantage de l'État, les seuls qui aient intérêt à le faire, les seuls qui, conformément au principe qu'on peut gouverner de loin, mais qu'on n'administre bien que de près, soient en état d'exercer ce patronage avec connaissance de cause, les seuls enfin dont l'influence ne puisse grandir qu'au profit du gouvernement lui-même.

« Et d'abord les préfets devraient reprendre, conformément à l'esprit de leur institution, la direction pratique de tous les services placés sous leurs ordres, correspondre seuls avec les divers ministères et faire, seuls, toutes les propositions entourés des divers chefs de service, comme d'un conseil supérieur. Ils prendraient les avis de ce conseil dans les affaires importantes de leur administration.

« En second lieu, les ministres de l'intérieur, des finances, des cultes, de l'instruction publique, des travaux publics, du commerce et des beaux-arts répartiraient chaque année entre les divers départements, d'une manière analogue à la distribution de l'ancien fonds commun, c'est-à-dire suivant les besoins, l'importance, les intérêts particuliers des divers départements, tous les fonds de secours, de subventions, d'encouragement, affectés dans le budget de l'État aux différents services publics, ainsi que les objets d'art, livres, tableaux, statues, collections scientifiques, et les préfets en feraient ensuite la sous-répartition dans leur département respectif, à la charge par eux de rendre compte aux ministres compétents des motifs de leurs décisions.

« Enfin, les préfets, sur l'avis des chefs de service

départementaux, nommeraient directement à tous les emplois administratifs dans leur département, à l'exception des chefs de service des chefs-lieux d'arrondissement, en rendant compte aux ministres compétents des motifs de leur choix.

« Telle est, en peu de mots, la réforme que je propose. En rétablissant sur tous les points du territoire l'autorité, l'unité d'action et d'impulsion du gouvernement, en purifiant l'administration publique des vices qui la dégradent, cette réforme est de nature à changer rapidement la face du pays. Elle a l'avantage de débarrasser en grande partie le gouvernement de cette innombrable armée de solliciteurs qui le tiennent assiégé dans sa capitale, absorbent son temps, lui tendent mille embûches, et forment une plaie morale, en France, plus dangereuse que les plaies d'Égypte. Or il n'y a pas de plus grand service à rendre au pays que de décentraliser la sollicitation générale; que de la retirer de Paris et de la répartir entre les quatre-vingt-neuf départements; il n'y a pas d'action plus morale que de la placer sur un terrain où les hommes et les choses étant connus, où tout se faisant au grand jour, et personne ne pouvant y abuser personne, les fausses vertus, les faux dévouements, les faux talents, les faux titres, n'ont aucune chance de se produire.

« Il se peut que plus d'un ministre, sans élévation

d'esprit, tout en conservant les véritables, les seules attributions dignes d'un ministre, l'étude et la décision des affaires générales, et la nomination aux emplois de quelque importance, regrettent de perdre de petits moyens d'influence qui sont la broutille du patronage du gouvernement, et dont ils ne savent et ne peuvent se servir que dans des intérêts mesquins ou étrangers au bien public : de tels calculs ne sauraient prévaloir contre une réforme qui, en rétablissant l'autorité dans les provinces, est la meilleure manière de seconder les vues libérales de l'Empereur, car la liberté n'est évidemment possible en France qu'avec le contre-poids de l'autorité.

« Chamarande, 19 novembre 1866. »

Lorsque j'eus terminé la lecture de ce mémoire, l'Empereur m'en remercia vivement. Il causa longtemps avec moi des moyens d'en réaliser la pensée fondamentale. Il me demanda comment j'en concevais l'exécution. Je répondis à Sa Majesté que rien n'était plus difficile avec un ministère tout constitué, parce que la plupart des ministres, blessés de perdre les misérables petits moyens d'influence dont ils disposaient à leur profit personnel, soulèveraient contre ce projet des montagnes de difficultés ; que bientôt, perdu, noyé dans les détails, lui, l'Empereur, ne s'y reconnaîtrait plus, et que la réforme avorterait certainement; mais que s'il profitait d'un changement de ministère pour décider la question par un décret avant la nomination du nouveau ministère, ce n'est pas la suppression de ces petits avantages qui l'empêcherait de trouver des ministres; que ceux-là mêmes qui, en place aujourd'hui, seraient les moins disposés à renoncer à ce genre de patronage, se croiraient trop heureux, une fois renvoyés du ministère, de racheter leur portefeuille à ce prix; qu'enfin l'Empereur n'avait qu'à demander un jour la démission de ses ministres pour les reprendre tous le lendemain, s'il le voulait, mais après avoir publié le décret de décentralisation; que d'ailleurs, quant au procédé légal d'exécution, rien n'était plus simple; comme la détermination à prendre ne dépendait que du pouvoir exécutif, il suffisait de décider par décret : 1° que les ministres fussent chargés de répartir entre les divers départements, d'une manière analogue au fonds commun, tous les fonds de secours, de subvention, d'encouragement, affectés aux différents services publics, ainsi que les œuvres d'art, livres, tableaux, statues, collections scientifiques, etc.; 2° que les préfets eussent dans leurs attributions la sous-répartition des objets ci-dessus entre les diverses localités de leur département, à la charge par eux d'en rendre compte aux ministres compétents; 3° enfin que les préfets eussent à nommer à tous les emplois administratifs inférieurs au chef de service d'arrondissement, et sur l'avis du chef de service du département.

L'Empereur, je le répète, parut très favorable à ce plan de décentralisation. Depuis cet entretien, il en causa souvent avec moi, en me disant qu'il y pensait sérieusement, et qu'il était disposé à l'exécuter au premier changement de ministère. Mais à mesure que le temps s'écoulait, comme il n'arrivait que trop souvent, les choses s'effaçaient de son esprit, et quand il avait l'occasion de m'en parler, il me faisait de nouveau des objections auxquelles j'avais dix fois répondu à sa satisfaction. La principale de ces objections était celle-ci : « Comment trouver des préfets assez capables, assez habiles, assez importants pour être chargés d'une pareille mission? » A cela je répondais que le choix des préfets dépendait de l'Empereur ; que dès qu'on donnerait aux préfets des attributions importantes, les hommes les plus considérables du pays ambitionneraient d'être chargés de l'administration d'un département; mais que dût-on ne rien changer au personnel actuel, je soutenais que le plus mauvais préfet, investi de la responsabilité, connaissant les hommes et les choses de son département, ayant un but bien déterminé, agissant sur les lieux mêmes et sous les regards de tous, valait mille fois mieux pour décider des actes de son administration que le plus grand ministre, entouré des entraves de la bureaucratie, loin des lieux et des choses. L'Empereur en convenait avec moi; mais six mois après il reproduisait la même objection, et j'y répondais de même. Or, comme voilà plus de trois ans que je lui ai soumis ce travail, sans parler des années pendant lesquelles je n'avais cessé de lui exposer de vive voix les mêmes idées, je suis arrivé à cette conviction, qu'avec sa crainte habituelle de faire de la peine à ceux qui l'entourent (1), il ne se décidera jamais à imposer à ses ministres le sacrifice des moyens d'influence qu'ils gaspillent si misérablement, et que par conséquent on ne saurait espérer de son vivant une réforme de cette importance.

Paris, 12 février 1869.

(1) Les causes de cette inertie sont développées plus explicitement au chapitre *Castelfidardo,* pages 267 et suivantes. (*Note de l'éditeur.*)

SADOWA

1866

L'année 1866, si glorieuse pour la Prusse, si cruelle pour l'Autriche, comptera malheureusement comme une disgrâce pour la politique du second Empire. A l'heure qu'il est, je ne m'explique pas la conduite du gouvernement français. Depuis l'origine jusqu'à la fin de ce grand conflit, il semble avoir été comme frappé de vertige.

Quand on apprit qu'au profit de la Prusse il abandonnait notre généreux allié du premier Empire, ce malheureux Danemark, que l'union de la France et de l'Angleterre aurait pu si aisément sauver; quand on le vit surtout favoriser contre l'Autriche les relations de la Prusse avec l'Italie, il n'y eut personne en France qui ne s'attendît à quelque évolution considérable de notre politique; mais jamais déception ne fut plus amère, jamais rôle plus effacé ne répondit à une plus grande attente.

Ce qu'il y a de certain, c'est que longtemps avant que la guerre éclatât entre les deux grandes puissances allemandes, l'Empereur était accusé d'en être l'instigateur. Se rappelant que la visite de M. de Cavour à Plombières avait précédé la guerre d'Italie, le public avait vu dans celle de M. de Bismarck à Biarritz (1) un symptôme de même nature. Au sein du gouvernement, parmi les ministres, comme dans les grands corps de l'État, il n'y avait qu'une opinion, c'est que l'Empereur cherchait une diversion extérieure aux difficultés politiques de l'intérieur; et c'est certainement à cette funeste préoccupation des esprits plus ou moins justifiée par des imprudences du gouvernement, qu'il faut attribuer l'absence des préparatifs militaires que les circonstances auraient dû impérieusement commander. Pour résister à la politique dangereuse que l'on prêtait au souverain, les Chambres affectaient d'accentuer plus fortement leurs dispositions pacifiques, et le souverain de son côté, se sentant soupçonné de toutes parts de vouloir la guerre, se croyait obligé d'exagérer à son tour les garanties de paix que demandait le pays, au grand préjudice du pays lui-même. C'est ainsi qu'au moment où de si grands événements se préparaient, on voyait l'Empereur, cédant à une pensée bien étrange de M. Fould, consentir à une sorte de désorganisation des cadres de l'armée, pour une misérable économie de douze millions.

(1) Vers la fin de l'été de 1865. — Voir page 357. (*Note de l'éditeur.*)

Cependant les événements marchaient à une solution rapide. La querelle entre l'Autriche et la Prusse s'envenimait chaque jour davantage, l'Allemagne était en feu, les moyens diplomatiques étaient épuisés, la proposition d'un congrès avait échoué, et déjà les armées se trouvaient en présence, lorsque l'Empereur, sortant enfin d'une sorte de torpeur incompréhensible, convoqua le conseil des ministres et le conseil privé réunis, pour aviser à l'attitude à prendre dans ces circonstances extrêmes.

Le conseil fut ce qu'il était dans toutes les grandes occasions, c'est-à-dire aussi terne, aussi pauvre d'idées et de sentiments élevés qu'il était bruyant et animé lorsqu'il se sentait sur le terrain favori des avocats et des hommes d'affaires. Comme toujours, M. Drouyn de Lhuys exposa au conseil, avec une netteté parfaite, l'historique et l'état des récentes relations diplomatiques; mais après ce bel exposé, après avoir fait défiler devant le conseil toutes ses dépêches bien en règle et bien alignées, le ministre, enchanté de lui-même, n'avait plus rien à dire et surtout rien à proposer.

De son côté, M. Rouher, la lumière du conseil dans les discussions d'affaires et surtout dans les expédients de la tactique parlementaire ou les *rouhereries,* comme disait l'Empereur, de la cuisine politique, M. Rouher déguisait le vide de ses idées et le manque de ses résolutions sous les éclats de sa faconde habituelle. Il dissertait des chances de l'Autriche ou de la Prusse, des agitations en sens inverse de l'opinion publique en Allemagne, de la diversion qu'allait faire l'Italie, etc. En homme bien avisé et au grand déplaisir de M. Drouyn de Lhuys, il montrait son portefeuille, son dossier, plein, disait-il, de documents importants. Il avait reçu tel renseignement de Francfort, tel autre de Vienne, tel autre de Silésie; et étalant devant nous tout un monceau de lettres tirées je ne sais d'où, comme s'il était, au moins, aussi bien informé par sa correspondance privée, que le ministre des affaires étrangères par toute notre diplomatie, il profitait des incidents de cette mise en scène pour jeter la sonde çà et là, à la recherche de la pensée indécise ou inconnue de l'Empereur. Mais quant à la question elle-même, on sentait clairement qu'il nageait dans un océan d'obscurités. Comme M. Drouyn de Lhuys, et à la réserve seulement de l'opinion bien arrêtée chez lui qu'il ne fallait rien demander aux Chambres, pour ne pas effrayer le pays, il ne concluait à rien et ne proposait rien.

Quant aux autres membres du conseil, avec moins de prétentions, moins d'affectation, moins d'assurance, c'était la même absence de vues, la même disette d'avis, partant la même crainte de rien demander aux Chambres.

Pour moi, pendant le cours de cette triste délibération, j'affectais de garder le silence. Blessé depuis longtemps d'être si complètement mis à l'écart, affligé de voir l'accès de l'Empereur se fermer de plus en plus devant moi, et me considérant d'ailleurs comme dégagé de toute responsabilité dans des choses dont j'avais été tenu si absolument éloigné, je voulais éviter de prendre part à la discussion. Mais plus je gardais le silence, plus l'Empereur paraissait désireux de connaître mon opinion, car chaque fois qu'il faisait une observation, c'était en se tournant de mon côté et en me regardant, comme pour me provoquer à prendre la parole. Quant à l'Impératrice, dont la curiosité n'avait probablement pas un mobile aussi sérieux que l'Empereur, et qui ne voulait sans doute entendre mon avis que pour avoir, suivant sa coutume au conseil, l'occasion de batailler avec moi, elle se montrait encore plus impatientée de mon silence. Non seulement elle lançait de mon côté ce flot impétueux de parole qui lui est habituel, mais à chaque instant elle m'adressait des espèces d'interrogations, des « N'est-ce pas ? » des « Ne croyez-vous pas ? » dont j'avais beaucoup de peine à me dégager respectueusement.

Enfin n'y tenant plus, l'Empereur m'interpella directement : « Et vous, Persigny, me dit-il, pourquoi ne dites-vous rien ? » Alors, avec cette franchise brutale dont malheureusement il ne m'est pas toujours possible de contenir l'expression et qui m'a été si nuisible dans le cours de ma vie, je répondis brusquement : « Parce que je ne sais pas parler pour ne rien dire, comme on le fait depuis deux heures. » Mais comme je sentis à l'instant combien mes paroles devaient être blessantes, et comprenant d'ailleurs qu'il n'y avait plus à hésiter, j'ajoutai vivement en manière d'apologie pour le conseil : « Et en effet, Sire, qu'est-ce que le conseil peut dire aujourd'hui ? L'Europe entière, la France et nous-mêmes, nous croyons tous, à tort ou à raison, que c'est Votre Majesté qui a créé la situation actuelle, que c'est elle qui a mis la main de l'Italie dans la main du roi de Prusse, qui a enfin préparé et formé l'alliance contre l'Autriche, et nous ne savons rien des conditions, des résolutions, des stipulations que vous avez dû arrêter à Biarritz avec M. de Bismarck. Or, que pouvons-nous dire dans l'ignorance de toutes ces choses ? Si Votre Majesté a reçu de la part de la Prusse des engagements bien nets, bien précis, je comprends à certains égards l'inaction qu'a gardée votre gouvernement en face des événements qui se préparaient. Que si, par impossible, tout cela s'est organisé entre la Prusse et l'Italie, sans l'intervention de Votre Majesté et par conséquent sans stipulations en faveur de la France, je ne comprends pas que votre gouvernement n'ait pas armé le pays jusqu'aux dents, et qu'il perde un jour, une heure à le mettre en état de défense. »

Ici l'Empereur, qui me parut un peu ému, un peu troublé, répondit avec une certaine hésitation qu'il n'avait en aucune façon organisé l'alliance de la Prusse et de l'Italie, ni fait de stipulations avec aucune puissance, et qu'il était par conséquent entièrement libre de ses résolutions. « Eh bien! permettez-moi de le regretter, répliquai-je, car si vous êtes libre de vos résolutions, naturellement les autres puissances le sont aussi, mais elles sont prêtes à agir, et vous ne l'êtes pas. La première chose à faire, c'est donc de nous préparer pour toutes les éventualités. Quant au rôle que la France devrait jouer dans ces circonstances, comme ni M. le ministre d'État, ni M. le ministre des affaires étrangères, ni personne n'a fait ici la moindre allusion à ce sujet, je présume que Votre Majesté ne désire pas avoir notre avis à cet égard, et en conséquence je me tais. »

« Non, parlez, parlez, reprit l'Empereur, parlez, dit l'Impératrice, dites tout ce que vous avez à dire. » — « Eh bien, Sire, laissez-moi dire à Votre Majesté que si elle songeait, comme on le prétend, à profiter des circonstances actuelles pour chercher à s'emparer des provinces du Rhin, elle aurait grand tort. Je crois être animé d'un patriotisme aussi ardent que qui que ce soit; mais plus je rêve la gloire de Votre Majesté et la grandeur du pays, plus je repousserais une politique qui deviendrait infailliblement une cause de faiblesse pour la France. Vous avez proclamé le principe des nationalités. Ce principe que vous avez recueilli dans l'héritage de Sainte-Hélène, vous ne l'avez pas seulement exposé au monde, vous l'avez fait triompher, et aujourd'hui il est la foi de tous les peuples européens. Comment donc pourriez-vous violer ce principe sans blesser toutes les consciences, sans soulever contre vous toutes les résistances ? Supposons que profitant d'un bouleversement en Allemagne, d'une défaite de la Prusse ou de l'Autriche, vous réussissiez au milieu du désarroi général à vous emparer de Coblenz et de Mayence. Admettons même que triomphant, victorieux de l'Allemagne, vous obteniez régulièrement la cession de la rive gauche du Rhin ; qu'arriverait-il le lendemain ? Vous rencontreriez dans l'esprit de ces populations une résistance invincible. Cette résistance, excitée entretenue par les passions de toute l'Allemagne ; grandirait chaque jour. Elle vous imposerait des nécessités cruelles, et bientôt, au lieu d'une augmentation de puissance, vous n'auriez créé à nos portes qu'une Vénétie, qu'une Pologne, qu'une cause éternelle de faiblesse et de ruine.

« Ce n'est pas ainsi que je comprends l'agrandissement de la France, ni la politique qui doit déterminer et fixer nos frontières. Les traités de 1815, malgré les déclarations contraires, existent encore. Or, ce n'est pas en violant le principe des nationalités, mais au contraire en le respectant, comme nous avons fait en Italie, que nous achèverons de détruire ces traités. L'objet principal du congrès de Vienne avait été de nous entourer d'une ceinture de fer, pour nous étouffer sous l'étreinte au premier mouvement que nous tenterions. En donnant la rive gauche du Rhin à la Prusse, le Palatinat à la Bavière, et à l'Autriche une sorte de suzeraineté sur l'Italie, l'Europe avait très habilement disposé ses forces autour de nous. Elle s'était assuré des clefs de nos frontières, et nous menaçait à la fois de Sarrelouis et de Chambéry. Grâce à vous, Sire, grâce à la guerre d'Italie et au principe des nationalités proclamé par vous, nous sommes dégagés au midi, mais nous ne le sommes pas au nord, et il s'agit de nous affranchir également de ce côté. Or, nous pouvons le faire, sans blesser les susceptibilités germaniques, sans prendre un pouce de terrain à l'Allemagne, et par le triomphe même du principe des nationalités. Je m'explique. La Prusse se plaint d'avoir toutes les charges d'une grande puissance, sans en avoir les conditions. Obligée par les nécessités du rang où elle est parvenue à s'imposer les charges d'un régime militaire qui écrase ses populations, elle est en outre mal délimitée et semble comme répandue en Allemagne sans pouvoir trouver son assiette. De là cette ambition inquiète qui s'agite sans cesse, au risque des plus grands périls pour la monarchie prussienne elle-même, et qui est une menace permanente pour la paix du monde. Il se trouve donc qu'il serait de l'intérêt de l'Europe en général et de la France en particulier de favoriser l'ambition de la Prusse, mais en la réglant. Voilà pourquoi je n'hésiterais pas à proposer de laisser cette puissance s'étendre sur l'Allemagne du Nord, de la Baltique à la ligne du Mein, mais à la condition d'indemniser sur la rive gauche du Rhin les princes qu'elle aurait à déposséder sur la rive droite, de manière à ne plus rien posséder elle-même de ce côté du Rhin.

« Or, du moment que, au lieu d'une grande puissance comme la Prusse, nous n'aurions plus sur notre frontière découverte que de petits États allemands placés entre nous comme des tampons, pour amortir les chocs, il ne resterait plus rien de l'œuvre de 1815; nous ne serions plus menacés d'aucun côté. Alors, si nous étions habiles, si nous savions utiliser l'action que les chemins de fer, les tarifs de douane et les relations commerciales exercent sur la société moderne; créer des intérêts nouveaux entre les provinces rhénanes et nos départements du Nord-Est, en facilitant, par exemple, l'importation chez nous des houilles de la Sarre; enfin agir par notre haut clergé sur les populations qui sont catholiques, il resterait bien peu de chose à faire pour parachever notre constitution géographique. Il suffirait de réveiller les souvenirs des premiers temps de notre histoire, de créer une confédération des Gaules, formée de la Hollande, de la Belgique, du Luxembourg, des États du Rhin et de la France, pour reconquérir nos frontières naturelles. Dès lors, sans avoir porté atteinte aux principes que nous avons proclamés, sans avoir blessé aucune susceptibilité nationale, et à la seule différence d'avoir des princes au lieu de préfets, à Bruxelles, à la Haye, à Mayence, à Coblentz, le grand empire serait reformé dans toute sa force et dans toute sa splendeur. »

L'Empereur parut frappé de cet ordre d'idées. « Il faut reconnaître, dit Sa Majesté, qu'il y a dans ce que vient de dire Persigny une pensée politique élevée. Ce serait arriver à nos frontières naturelles en tournant, au lieu de heurter de front la difficulté des nationalités. Qu'en pensez-vous, monsieur Drouyn de Lhuys? »

M. le ministre des affaires étrangères donna son adhésion la plus complète à cette idée. Il assura qu'il n'y avait rien eu jusqu'ici dans l'attitude et le langage de notre diplomatie qui pût contrarier une politique de cette nature, car elle n'avait cessé de protester auprès des cabinets étrangers du désintéressement de l'Empereur. Le comte Walewski,

M. Troplong, M. Magne et M. Fould donnèrent également leur adhésion à ma proposition, et l'Impératrice elle-même, soit qu'elle fût séduite par la nouveauté de l'idée, soit qu'elle ne fût pas, ce jour-là, en disposition de batailler, parut aussi l'approuver. M. de la Valette, qui devait peu de temps après donner les mains à la plus triste des solutions, hasarda cependant de dire que tout cela serait bien peu populaire en France. Seul M. Rouher affecta de garder le silence. Je ne parle pas de M. Duruy, le ministre de l'instruction publique, qui, croyant plaire à l'Empereur, avait fait, avant que je prisse la parole, une belle tirade en faveur de la conquête du Rhin, mais qui n'avait trouvé aucun écho dans le conseil.

Quant à l'Empereur, après avoir considéré le plan proposé sous ses diverses faces, il me demanda comment je concevrais sa réalisation sans la guerre, et voici la réponse que je lui fis, telle qu'elle se trouve formulée dans la note que j'écrivis immédiatement après le conseil :

« J'avoue, dis-je à l'Empereur, que l'idée que je viens d'avoir l'honneur de soumettre à Votre Majesté est mille fois plus facile à réaliser par la guerre, car il est difficile en temps de paix de détrôner des princes, ou de les enlever d'un État pour les imposer à un autre. Je ne crois pas cependant impossible de résoudre pacifiquement la question.

Je vais plus loin : je me demande comment la guerre pourrait éclater entre la Prusse, l'Autriche et l'Italie, si nous étions résolus à l'empêcher. Et, en effet, de quoi s'agit-il? De quatre grands intérêts, également légitimes, également dignes d'être satisfaits, et qui sont en quelque sorte solidaires les uns des autres : l'intérêt de l'Italie, de l'Autriche, de la Prusse et de la France.

« L'Italie ne saurait vivre comme nation sans la Vénétie, ayant devant elle le quadrilatère autrichien, comme un pistolet braqué sur sa poitrine. L'Autriche, de son côté, depuis la formation du royaume d'Italie, n'a plus dans la Vénétie qu'une cause de faiblesse ; mais c'est une puissance trop considérable, trop illustre dans l'histoire pour qu'on lui propose d'abandonner ses possessions italiennes sans une honorable compensation. Enfin, en ce qui concerne la France et la Prusse, je viens de dire quel est l'intérêt à satisfaire pour chacune d'elles.

« Or, je me demande où serait l'impossibilité de résoudre la question, si, faisant connaître publiquement sa pensée, la France demandait aussi pour son compte les modifications que j'ai indiquées et se montrait résolue à en poursuivre, au besoin, la revendication par la force des armes. En intervenant ainsi, ne changerait-elle pas très heureusement tout le caractère de la lutte qui se prépare ? Et d'abord, l'Allemagne, se voyant respectée dans sa nationalité, deviendrait aussi sympathique à la nouvelle attitude de la France qu'elle est irritée aujourd'hui par la défiance qu'excite chez elle le mystère de notre politique. L'Europe, de son côté, ne pourrait qu'approuver une solution qui, en satisfaisant quatre grands intérêts et en faisant disparaître, par conséquent, quatre causes permanentes de guerre, n'affecterait en rien et consoliderait au contraire l'équilibre européen. Enfin, comme la proposition de la France rallierait au moins deux puissances belligérantes sur trois, la troisième, devant la menace de trois grandes armées, serait bien obligée de céder. Elle pourrait le faire d'autant plus aisément que son honneur se trouverait sauvegardé par la disproportion même des forces en présence; et d'ailleurs, comme le désintéressement de la France donnerait à cette dernière une plus grande influence dans la discussion des intérêts à satisfaire, l'Empereur n'aurait que plus de facilités à la concilier.

« La seule difficulté apparente, c'est de déposséder des princes en pleine paix, de les enlever à un État pour les placer dans un autre ou pour les médiatiser. Mais outre que la résolution des quatre grandes puissances et probablement de l'Europe entière rendrait toute résistance impossible, l'intérêt général légitimerait d'une manière tellement évidente le sacrifice à faire, qu'en vérité on ne saurait s'arrêter à des obstacles de cette nature. Pour moi, je suis si convaincu qu'une grande résolution de la France empêcherait la guerre et terminerait le différend à la satisfaction universelle, que si j'avais à assumer sur ma tête la responsabilité de l'événement, je le ferais sans hésiter. »

Malheureusement les âmes n'étaient pas préparées à de telles résolutions, et les forces du pays ne l'étaient pas davantage. Ainsi qu'il arrive toujours dans des situations de ce genre, la dignité du gouvernement n'avait plus que la ressource des si, des mais, des car, qui défrayèrent les derniers moments du conseil; et bientôt, vu l'heure avancée, on se sépara, naturellement sans solution, si ce n'est celle de ne rien faire, comme il était facile de le prévoir.

Au moment où je prenais congé de Leurs Majestés, l'Empereur me dit que ce que j'avais exposé au conseil l'avait vivement intéressé, et qu'il m'en remerciait. L'Impératrice voulut bien, de son côté, acquiescer de bonne grâce à ce compliment, tout en réservant, disait-elle, son opinion, bien que je ne sache pas ce qu'elle pouvait entendre par cette réserve, à moins quelle ne fût une opinion quelconque, pourvu qu'elle fût opposée à la mienne. Plusieurs de mes collègues me félicitèrent, et M. Magne, s'approchant de moi, me dit en riant à l'oreille : « Vous avez souffleté Rouher en opposant l'élévation de vos idées à la banalité des siennes. Il ne vous le pardonnera pas. »

Le lendemain, l'Empereur m'envoya chercher, ce qu'il n'avait pas fait depuis plusieurs années. Il me dit qu'il ne m'avait pas assez complimenté des idées que j'avais émises au conseil, et même de la manière dont je les avais exposées; que plus il y réfléchissait, plus il y trouvait la véritable solution, c'est-à-dire la voie naturelle, la seule peut-être pour reprendre dans l'avenir la frontière du Rhin. Nous causâmes environ une heure sur ce sujet. J'essayai de nouveau de lui inspirer la résolution d'imposer cette solution. Mais comme je vis bien qu'il ne se croyait pas assez préparé militairement pour jouer un rôle prépondérant dans ces circonstances, je l'engageai au moins à faire à ce sujet une communication à l'Europe. Je lui dis que ne croyant pas avoir l'occasion d'exposer cette idée au conseil, j'avais voulu d'abord la publier sous la forme d'une lettre dans les journaux, pensant qu'une fois livrée à la publicité, elle ferait son chemin d'elle-même; que j'y avais renoncé comme j'avais fait dans d'autres circonstances, pour ne pas priver l'Empereur de l'avantage de l'initiative; mais que dût-il se borner à une simple publicité, il y avait intérêt pour sa politique à repousser les soupçons dont elle était l'objet, en faisant connaître en même temps le moyen de supprimer une cause permanente de jalousies, d'inquiétudes et de dangers entre la France et l'Allemagne.

L'Empereur me dit qu'il allait y réfléchir, ce qui m'encouragea à lui écrire le lendemain pour insister sur ce sujet, et en effet il me fit savoir bientôt après qu'il allait prendre l'initiative de l'idée sous la forme d'une lettre à son ministre des affaires étrangères. Malheureusement, cette lettre se fit attendre beaucoup trop, et, plus malheureusement encore, elle avait été l'objet de vives attaques dans l'intimité de Sa Majesté, de la part d'une haute influence (1) égarée par les conseils de mes adversaires, moins probablement à cause de l'idée elle-même que de sa provenance, de sorte que quand elle se produisit, elle avait été dépouillée de sa partie essentielle, c'est-à-dire de la partie qui concernait la rive gauche du Rhin, ce qui en changeait tout le caractère.

Quelques jours après, la guerre éclatait, et bientôt Sadowa décidait des destinées de l'Allemagne. On ne sait que trop ce qui arriva. Pour moi, j'appris comme le public, et par le *Moniteur* seulement, la nouvelle et les termes de la médiation. Non seulement je ne fus pas convoqué, mais j'allai vainement frapper à la porte de l'Empereur. Je n'eus pas l'honneur d'être reçu. Que se passa-t-il dans le cours de cette médiation, dont les conséquences furent si pénibles pour la France? Il ne m'appar-

---

(1) L'impératrice Eugénie. (*Note de l'éditeur.*)

tient pas de parler de choses dont j'ai été tenu complètement écarté. Mais il est facile de deviner à quelle sorte d'influence, à quelles intrigues dut céder l'esprit de l'Empereur, dans ces tristes circonstances, quand on se rappelle qu'au lieu de servir à des combinaisons dans l'intérêt de la France, le Hanovre, la Hesse et la Saxe ne furent sacrifiés à l'agrandissement de la Prusse que pour épargner quelque humiliation à l'Autriche. L'influence qui avait si souvent réussi à dévoyer la politique de l'Empire, dans les affaires d'Italie, de Pologne, du Danemark, du Mexique, dans les affaires intérieures, dans les élections de Paris et tant d'autres, cette influence qui, toujours obéissant aux mêmes préoccupations, avait été si funeste, venait encore de triompher au profit d'une puissance ultramontaine, mais au détriment de la France.

Chamarande, ce 21 décembre 1867.

CAUSES

DE

L'ATTITUDE DE LA FRANCE

1866

Si Sadowa et les suites de ce grand événement s'étaient bornées à déplacer l'équilibre entre les puissances de l'Europe; si le développement gigantesque de la Prusse n'avait fait que créer à nos portes une dangereuse rivalité, blessé notre amour-propre, en révélant tout à coup à notre ignorance habituelle de l'étranger l'existence d'un peuple dont nous ne soupçonnions pas la valeur; enfin si cette révélation subite n'avait mis en péril que notre puissance matérielle, je m'en consolerais aisément. Comme les Prussiens eux-mêmes qui disent et répètent avec raison que c'est à la défaite d'Iéna qu'ils doivent leur grandeur présente, je ne verrais dans l'échec de notre politique, et surtout dans ce déplacement de puissance à notre préjudice, qu'un avertissement salutaire, qu'une excitation à réorganiser nos forces, à les préparer pour toutes les éventualités ; et confiant dans les ressources de notre génie national, dans les qualités supérieures de notre armée, j'attendrais sans crainte la lutte probable ou possible entre les deux peuples que divise le Rhin. Alors même que l'homme remarquable qui mène aujourd'hui, d'une main si ferme, les forces de la Prusse, parviendrait de son vivant à réunir toute l'Allemagne à cette puissance nouvelle, je n'en serais pas encore effrayé pour la France. Si le petit peuple originaire qui a fait la Prusse actuelle est, en effet, façonné à chaux et à sable; s'il a des qualités de premier ordre, une solidité, une énergie indomptable; s'il semble naturellement destiné à dominer l'Allemagne, il ne me paraît pas cependant propre à s'assimiler les diverses races germaniques et encore moins à leur infuser les vertus particulières qui font sa vitalité. Entre le génie rêveur, mélancolique et sentimental des peuples des bords du Rhin, du haut Danube et du Mein, et le tempérament positif, dur, actif et brutal des habitants de la Sprée, il y a tout un monde de forces contradictoires qu'un grand homme peut trouver le moyen d'accoupler quelque temps, mais qui doivent finir par se heurter ou par se neutraliser.

Ce n'est donc pas, je le répète, la grandeur nouvelle de la Prusse qui me fait déplorer si amèrement les événements de 1866. C'est le coup terrible porté au prestige de l'Empire lui-même par l'attitude effacée, incompréhensible, du gouvernement français au milieu de ces événements. Jusque-là, malgré les divers échecs de notre politique extérieure et même l'issue malheureuse de notre expédition du Mexique ; malgré les critiques amères dont ces échecs avaient fourni le prétexte ou l'occasion aux partis hostiles, la nation tout entière avait une telle confiance dans la fermeté et dans l'habileté de l'Empereur, qu'elle se reposait absolument sur lui du soin de veiller sur ses destinées. Les attaques des oppositions coalisées contre ce qu'elles appellent le gouvernement personnel, faute de démonstrations suffisantes ou de preuves sensibles, glissaient sur l'esprit public sans y pénétrer. Mais quand on vit ce gouvernement qui, après avoir paru exciter la querelle des États en présence, et mis la main de l'Italie dans celle du roi de Prusse, non seulement ne profitait pas des événements prévus, sinon préparés par lui, mais se montrait inerte, impuissant, désarmé, et n'intervenait que pour sanctionner, sans compensation pour la France, l'audacieuse ambition de la Prusse, à ce spectacle étrange, une sorte de stupeur frappa l'esprit public, la confiance générale en reçut une atteinte profonde, et l'Empire sembla comme ébranlé sur ses bases.

Or, comment expliquer dans un gouvernement

intelligent une aberration pareille? Quelles causes ont obscurci son jugement et paralysé à ce point ses facultés ? J'ai été longtemps à m'en rendre compte, parce que bien des particularités secrètes m'étaient inconnues. Mais aujourd'hui ces causes apparaissent assez clairement à mon esprit pour que je puisse les décrire. Et comme il y a toujours utilité à faire connaître les raisons des fautes commises pour en préserver l'avenir, autant que l'expérience d'une génération peut servir à celle qui la remplace, je ne crains pas d'aborder ce sujet délicat.

Comme il arrive toujours dans les fautes d'un gouvernement, les causes de notre triste politique de 1866 sont multiples. Les plus graves appartiennent aux principaux membres du ministère, les autres proviennent de la personne même du souverain. Et d'abord je dois dire que sans la conduite de quelques hommes que je considère, dans mon sentiment intime et du fond de ma conscience, comme ayant été les fléaux de ce gouvernement, jamais l'Empereur n'aurait commis les fautes qu'on peut lui reprocher dans le cours de ces événements. Mais, comme sans l'extrême bonté, sans l'extrême bienveillance qui le distingue, sans cette douceur de caractère si attrayante chez l'homme privé, mais si dangereuse chez le prince, il n'aurait pas eu de pareils ministres, ou que les ayant, il ne leur aurait pas permis d'abuser ainsi de sa bonté, on peut dire que les causes se confondent et découlent toutes en réalité de l'âme de ce prince. Oui, il faut bien l'avouer, l'Empereur, qu'il est impossible à tout cœur honnête de ne pas aimer, de ne pas respecter profondément, manque en réalité d'une qualité essentielle aux grands princes, la sévérité du caractère, la faculté de savoir punir aussi bien que récompenser.

Quand on l'approche de près, quand on le voit dans son intimité, aussi simple, aussi modeste dans la plus éclatante fortune que le dernier de ses sujets, quand on se trouve devant cet homme de bien, ce parfait gentleman, aux manières distinguées, sans l'ombre de prétentions, d'orgueil personnel ou de vanité; quand on entend cette raison noble, élevée, appliquer à tous les sujets le bon sens le plus droit, le plus parfait; enfin quand on l'a vu, comme j'ai eu l'occasion de le voir dans le péril, le plus intrépide des hommes, il est impossible de ne pas être charmé, séduit, et l'on comprend aisément les grandeurs de son règne. Mais si l'on pénètre plus avant dans son cœur, si l'on vient à assister aux luttes de sa raison contre sa bonté, luttes qui ne sont souvent que des défaites et quelquefois des déroutes, on plaint ce prince si bon, si généreux, si indulgent de ne pouvoir punir et frapper ceux qui devraient être punis et frappés; on devine avec quelle facilité ce noble esprit peut être la victime de l'intrigue, et l'on connaît, au dehors comme au dedans, le secret des fautes, des faiblesses et des échecs de sa politique.

Que l'on suppose à côté d'un tel prince une phalange d'hommes de foi, de conviction, d'esprits honnêtes guidés par le dévouement à une grande cause, que de belles et nobles choses se pourraient accomplir! On peut en juger par les commencements de son règne, alors que l'intrigue n'avait pas encore découvert jusqu'où pouvaient s'étendre les limites de sa bonté, ni trouvé les moyens de surprendre sa bonne foi. Mais avec un prince dont le cœur généreux ne peut se décider à sévir, et qui par conséquent cesse bientôt d'être craint, le triomphe de l'intrigue était assuré d'avance. Comment déjouer, en effet, les calculs de ceux qui, n'ayant en vue que des avantages personnels, qui, toujours prêts à sacrifier l'intérêt public à leurs intérêts propres, ne s'appliquent qu'à satisfaire aux dépens de l'État les passions et les ambitions qui s'agitent autour du prince? Comment, au contraire, l'honnête homme dont le mobile est l'intérêt public et qui soulève inévitablement contre lui toutes les avidités, toutes les cupidités non satisfaites, peut-il résister à ce concert de récriminations, de griefs, d'accusations, qui ne cesse d'assiéger l'oreille du souverain, de ce souverain qui ne sait pas imposer silence à l'intrigue, que celle-ci ne redoute plus, et qu'elle peut, par conséquent, tromper impunément? Sous le gouvernement d'un prince si facile, si bon, si peu redouté de ceux qui l'approchent, il n'est pas surprenant que l'intrigue soit prépondérante dans l'État. L'extraordinaire serait que le talent lui-même pût arriver ou se maintenir au pouvoir sans l'intrigue.

« Ah! Persigny, me disait un jour l'Empereur qui était en ce moment frappé de quelques considérations que j'avais l'honneur de lui présenter, quel malheur que vous soyez si colère! — Hélas! lui répondis-je, c'est en effet bien malheureux pour moi, puisque ce défaut est une des causes, ou un des prétextes qui me tiennent éloigné de votre personne; mais ce qui est bien plus malheureux, c'est que vous ne soyez pas colère vous-même. Car si, comme moi, vous ne pouviez vous empêcher de laisser éclater votre indignation devant le mal, l'injustice ou l'intrigue, tout le monde ferait son devoir autour de vous, tandis que personne ne le fait. Rappelez-vous que le poème le plus célèbre du monde, l'*Iliade*, commence par les mots : « Je chante la colère d'Achille. » Cette généreuse colère des princes qui épouvante les méchants et rassure les bons, pourquoi Dieu ne vous l'a-t-il pas donnée? »

Quoi qu'il en soit, nous allons voir par quelles manœuvres l'Empereur s'est trouvé désarmé au milieu d'événements qui nous offraient l'occasion d'achever de nous débarrasser des traités de 1815, et devant lesquels, d'ailleurs, la plus simple prudence nous commandait de nous tenir sous les armes, ne fût-ce que pour faire respecter notre médiation.

Outre les idées mesquines en matière de finances, de la coterie toute-puissante dont il s'agit; outre le beau système de M. Fould de traiter une grande nation comme un propriétaire obéré, de confondre les dépenses productives avec les dépenses nécessaires, de réduire les unes comme les autres, et de ne permettre d'achever l'outillage du pays qu'à l'aide des ressources ordinaires du budget; outre l'aberration de cet étrange ministre des finances qui jette l'alarme pour relever le crédit, qui crie misère au milieu d'immenses richesses, qui repousse du pied les milliards que l'épargne lui offre pour terminer nos travaux indispensables, mais leur ouvre la porte de l'étranger pour aller s'y perdre, au grand préjudice du pays; enfin, outre le monstrueux spectacle donné par des hommes d'État, d'arrêter de leurs propres mains les sources de la richesse publique, et qui, à la honte de la presse et à l'honneur, si c'en est un, de leur étonnante habileté en intrigues, ont eu pour complices tous les journaux de la France et de l'étranger, leur grande préoccupation était d'empêcher la guerre.

Loin de moi ici la pensée de blâmer dans des

hommes d'État le désir de conserver la paix. Personne ne s'est inspiré plus que moi de ce grand intérêt de la civilisation moderne. Mais ce n'est pas par la peur de la guerre qu'on peut maintenir la paix : c'est par des alliances solides et soigneusement entretenues, par la fidélité dans les relations, par les égards envers les puissances; par la sagesse, la loyauté, en même temps que par la fermeté dans les négociations et surtout par la modération appuyée sur la force. Mais désarmer le pays, en prévision d'une conflagration sur les frontières, et pour lui interdire d'avance toute possibilité de s'y engager, serait le comble de l'imprudence ou de la sottise humaine. Que si les auteurs d'une pareille politique avaient conscience des conséquences qu'elle peut entraîner, ce serait pis encore, c'est-à-dire une véritable trahison envers le prince et le pays. Et cependant voilà, sauf l'intention de trahir, la conduite que ne cessèrent de tenir les hommes d'État dont je parle, depuis l'origine jusqu'à la fin du grand drame de Sadowa.

Explique qui pourra cette absence complète de sens politique dans des hommes d'ailleurs intelligents. Pendant que l'Empereur, en présence des agitations de l'Allemagne et de l'Italie, devant les signes précurseurs de la crise qui se préparait, se montrait préoccupé de l'attitude à prendre dans ces graves circonstances, eux, ses ministres, ne voyaient dans les préoccupations de l'Empereur qu'un désir de jeter le pays dans des complications extérieures. Ni le spectacle de l'Italie, émue, agitée devant Venise, ni le bruit des pas de la Prusse marchant audacieusement à la conquête de l'Allemagne ne pouvaient distraire ces esprits prévenus de leurs calculs personnels. Ce qu'ils croyaient avoir à surveiller, ce n'était pas ce qui se passait de l'autre côté du Rhin ou des Alpes, mais dans l'esprit même de leur souverain. C'est qu'en effet, montrez à certaines âmes un péril qui trouble leur quiétude ou inquiète leurs jouissances, et vous serez accusé de créer ce péril. Quand l'Empereur signalait les symptômes menaçants qui apparaissaient à l'horizon, les ministres détournaient les yeux de ce spectacle, pour aller jeter partout ce cri d'alarme : « L'Empereur veut la guerre », trahissant, sans s'en rendre compte, le souverain qu'ils avaient la prétention de servir : au lieu de s'associer et d'associer le pays aux nobles sollicitudes du prince, ils ameutaient contre lui les plus misérables passions. Serviteurs peu scrupuleux, ils organisaient comme une vaste conspiration autour de lui, et ils pouvaient le faire avec d'autant plus de sécurité que, confiants dans l'extrême bienveillance du prince, et surtout dans l'habileté de leurs procédés, ils savaient mieux que personne déguiser cette espèce de révolte sous les dehors du dévouement. « Empê-

chons-le de faire la guerre, et nous le sauverons »,
disaient-ils autour d'eux.

Déjà la faiblesse de ces hommes vis-à-vis des
partis hostiles les avait conduits depuis longtemps
à désorganiser les divers services de l'armée,
en dissimulant à la Chambre les véritables dépenses du Mexique et les couvrant par des virements de crédits dans le budget de la guerre. Ils
avaient épuisé et vidé nos arsenaux sans oser demander aux Chambres les moyens d'y suppléer;
pour cacher au pays l'étendue du mal, ils s'étaient
appliqués à affaiblir clandestinement l'armée; pour
n'avoir pas à la payer, ils avaient renvoyé ou laissé
dans leurs foyers la plus grande partie de nos contingents militaires; enfin ils avaient réussi à désarmer complètement le pays. Tandis que de
l'autre côté du Rhin, un grand ministre, à l'âme
fière et ardente, organisait d'une main puissante
toutes les forces de sa nation, faisait appel à tous
les courages, à tous les dévouements, chez nous
des avocats, des hommes d'affaires transformés en
hommes d'État, s'appliquaient à paralyser les ressources, à annuler les bonnes volontés et à soulever
les mauvais instincts du pays. Telle était l'ardeur
et l'habileté de ces manœuvres, qu'à la convocation
des Chambres, il avait suffi à M. Rouher des quelques jours qui précèdent d'ordinaire les travaux de
la session, après le discours du trône, pour porter

jusqu'à l'exaltation les sentiments pacifiques de la Chambre. Or, cette Chambre qui, à l'exception d'une minorité factieuse, numériquement très faible, était la plus honnête et la plus dévouée qui se fût jamais rencontrée; qui, instruite de la véritable situation des choses, eût voté avec acclamation tous les moyens nécessaires pour placer le pays à la hauteur des circonstances, cette Chambre trompée, égarée par des conseils funestes, se persuadait qu'en enlevant à l'Empereur tout moyen de s'engager au dehors, elle servait les intérêts de la France, et en conséquence elle faisait chorus aux clameurs d'une minorité hostile. M. Thiers, toujours le même homme, le mauvais génie du pays, constamment prêt à sacrifier l'honneur et l'intérêt de la France à ses vanités ou à ses rancunes, surexcitait encore la passion de la paix, en condamnant toute intervention dans les affaires de l'Allemagne. Enfin M. Rouher, immolant son amour-propre à son étrange patriotisme, ne craignait pas de jeter la Chambre dans les bras de M. Thiers, et se consolait des applaudissements que ce dernier recevait de la majorité par l'impuissance à laquelle il réduisait son souverain.

Au spectacle d'une telle aberration, que pensait M. de Bismarck? quelle joie devait-il ressentir? Je n'ai pas à le demander; il me l'a dit lui-même. Mais ce qui l'a étonné, ce n'est pas la conduite de nos ministres, car il connaissait par sa propre expérience en Prusse ces natures de politiques sans caractère, qui forment le personnel le plus habituel de tous les gouvernements, ces faux patriotes qui confondent la faiblesse avec la sagesse, et dont il avait eu la chance de délivrer le gouvernement de son pays. Ce qui l'a surpris au dernier degré, c'est que l'Empereur ait supporté de la part de ses ministres une pareille conduite. Et j'avoue que tout ce que j'ai pu lui dire pour en justifier l'Empereur n'a guère paru pénétrer dans son esprit.

Ce n'est pas, du reste, tout ce qu'avaient fait ces hommes d'État pour forcer l'Empereur à l'inaction. Dès longtemps auparavant, l'un d'eux, plus ardent que ses collègues dans le système de museler l'Empereur, M. Fould, avait fait triompher une série de mesures propres à enlever au souverain tout moyen d'agir sans les Chambres. Il ne s'était pas borné, en effet, à obtenir de l'Empereur de renoncer au droit essentiel et indispensable au chef d'un grand pays d'ouvrir des crédits extraordinaires en l'absence des Chambres. En s'obstinant à ne pas recourir à l'emprunt pour consolider une partie de la dette flottante, en laissant, au contraire, augmenter démesurément le chiffre de cette dette ; en adoptant, enfin, sinon en inspirant la proposition de M. Thiers, d'interdire à l'État l'émission des bons du Trésor au delà de 200 millions, il avait littéralement frappé l'Empire d'impuissance. Car d'un côté il exposait le gouvernement, au premier bruit de guerre, à d'énormes remboursements, et de l'autre il lui refusait les moyens de pourvoir aux nécessités du Trésor. Cependant M. Fould n'était point encore satisfait. L'aigle impérial ne lui paraissait pas suffisamment désarmé. Un jour, au mois de novembre 1865, au moment même où se dessinait la grosse question qui allait aboutir à Sadowa, il avait l'audace de demander à l'Empereur une réduction dans les cadres de l'armée, pour réaliser une économie de 12 millions sur le budget de la guerre, et, chose inouïe, il obtenait de l'Empereur cette inconcevable concession.

J'avoue qu'à cette nouvelle j'avais perdu toute mesure. « Comment, écrivais-je à l'Empereur, Votre Majesté peut-elle consentir à une telle proposition? Quoi! M. Fould va désorganiser les cadres de l'armée pour une misérable économie de 12 millions! Mais cela n'est pas croyable! Quand il s'agit de réduire l'armée, on invoque de grandes considérations de politique européenne : on veut donner au monde un gage de paix, contribuer à un désarmement général, et devant un grand intérêt moral l'armée s'incline avec respect et soumission. Mais alléguer de misérables raisons d'économie, désorganiser les cadres de l'armée pour 12 millions, n'est-ce pas blesser, humilier l'armée elle-même ? Et puis quel effet produira dans le monde cette étonnante nouvelle que nous en sommes réduits à ne plus pouvoir payer notre armée ? etc. »

Quoi qu'il en soit, voilà donc le géant Gulliver garrotté par les Lilliputiens! et dans quel moment? quand la liberté de ses mouvements lui était le plus nécessaire. Or, c'est ici qu'apparaît dans toute sa vérité pratique la fameuse doctrine de Machiavel sur les violents et les flegmatiques. Quoique le grand politique de Florence préfère en général les violents, il reconnaît que les flegmatiques ont fourni aussi de grands princes, et que les uns et les autres peuvent également obtenir de grands succès, mais à une condition, c'est que les temps soient favorables à l'un ou à l'autre tempérament; que si, par exemple, l'état des affaires exige la prudence et la temporisation, l'impatience des violents les perdra; que si, au contraire, c'est l'action, la vivacité, la promptitude des déterminations que demandent les circonstances, la lenteur des flegmatiques leur sera funeste.

Malheureusement nous en étions là en 1866. L'Empire, miné depuis longtemps par un travail de taupes, embarrassé dans des liens misérables et désarmé des pieds à la tête, ne pouvait sortir de cette fausse situation que par une résolution prompte et décisive. Il fallait que l'Empereur, brisant d'un effort violent les entraves de son propre gouvernement, se débarrassât des eunuques politiques qui dominaient son ministère, fît appel à des hommes énergiques et résolus, et, exposant la situation véritable au pays, appelât la France sous les armes. Appuyé sur la force, non seulement il aurait pu veiller plus efficacement sur les intérêts de la France, mais, comme je l'ai exposé ailleurs, empêcher aussi la guerre, en faisant lui-même un partage honorable entre de grands intérêts en présence qu'il était possible de concilier. Mais les plus grands princes ne peuvent changer de caractère avec les circonstances. Surpris par les événements, pressé par le temps, le lion désarmé, ne se croyant plus en état de faire autre chose que de spéculer sur la réputation de sa force, en était réduit à trafiquer de sa neutralité. Or, même sur ce terrain, quoique peu digne peut-être d'un grand empire, il y avait encore une belle partie à jouer; car cette neutralité de la France, les deux puissances belligérantes la réclamaient tour à tour à leur profit, et chacun était disposé à l'acheter chèrement. Comment donc cette neutralité s'est-elle donnée pour rien ? Par quelle fatalité, par quelles fautes n'avons-nous eu pour partenaire ni l'Autriche, ni la Prusse ?

Nous avons vu que M. de Bismarck était parti

pour Biarritz, à la fin de l'été de 1865 (1), avec la résolution, suivant sa propre expression, de faire un gros sacrifice pour obtenir notre neutralité (2). De quelle nature était ce sacrifice? Nous l'ignorons, puisque M. de Bismarck essaya vainement, à Biarritz, d'entrer en négociation avec l'Empereur, et que par conséquent il n'y eut aucune espèce d'arrangement fait entre eux deux.

Maintenant, pourquoi l'Empereur, qui probablement avait fait venir lui-même M. de Bismarck à Biarritz, ne s'explique-t-il pas avec le ministre prussien? Ceci est encore un mystère, mais non peut-être impossible à pénétrer par ceux qui ont connu la nature des sentiments et des sympathies qui se manifestaient auprès de l'Empereur et le genre d'influence qui dominait dans son intérieur (3). Quant à moi, je ne vois qu'une seule manière d'expliquer le silence de l'Empereur vis-à-vis de M. de Bismarck : c'est qu'à la suite de confidences tardives et peut-être légèrement faites sur les dangers qu'allait courir l'Autriche, des émotions soudaines auront agité, troublé l'esprit de l'Empereur; qu'en présence de difficultés imprévues, et suivant la politique habituelle des tempéraments flegmatiques, ce

---

(1) Voyez page 323, chapitre *Sadowa*.
(2) Le but et le résultat de cette visite sont exposés dans le chapitre ci-après, pages 375 et suivantes.
(3) L'impératrice Eugénie. (*Note de l'éditeur.*)

prince aura cru pouvoir ajourner la question, et qu'ainsi lui aura échappé l'occasion de faire un accord avec la Prusse.

Mais à défaut de la Prusse, il y avait l'Autriche, tout aussi avide d'obtenir pour elle-même la neutralité de la France. Et en effet, quoique toujours lente à prendre ses résolutions, l'Autriche avait fini par comprendre qu'en présence de l'Italie constituée comme elle l'est aujourd'hui, la Vénétie n'était plus qu'un boulet à ses pieds; que c'était pour elle une cause de ruine et de faiblesse; que si elle avait à défendre cette province, elle allait se placer entre deux feux, serait forcée de diviser son armée en deux camps, et que par conséquent, sous peine de succomber dans la lutte, il lui faudrait gagner deux victoires au lieu d'une. Prenant donc, à la fin, son parti, elle se décidait à renoncer à la Vénétie. Or, par une circonstance singulière, c'était moi qui avais l'honneur d'être le premier confident de cette résolution.

C'était vers la fin du mois de mai, je me trouvais par hasard aux courses de Longchamps et ne me doutant guère de la confidence que j'allais recevoir, lorsque le prince de Metternich m'aborda et me dit qu'il était venu aux courses dans l'espérance de voir l'Empereur; que ne l'y trouvant pas, il me priait d'aller demander pour lui une audience à Sa Majesté. Il ajouta que pour ne pas perdre de temps, je pouvais d'ailleurs communiquer de suite à l'Empereur la proposition qu'il était chargé de lui faire de la part de son gouvernement. Or, voici quelle était cette proposition : l'Autriche consentait à céder la Vénétie à l'Italie à deux conditions : la première, que la France et l'Italie resteraient neutres dans le conflit entre l'Autriche et la Prusse; la seconde, que si l'Autriche sortait victorieuse de la lutte, elle s'indemniserait par la Silésie de la perte de la Vénétie, sans prétendre à rien de plus; enfin M. de Metternich ajoutait que quant aux provinces du Rhin, il n'appartenait pas à l'Autriche de disposer d'un territoire allemand en faveur de la France; mais que, comme c'était surtout une question à vider entre la France et la Prusse, si d'une manière ou d'une autre ce territoire venait à tomber dans nos mains, l'Autriche n'y ferait aucune opposition.

J'avoue qu'au milieu des inquiétudes que me causait le sentiment de la fausse situation où nous nous trouvions, je fus émerveillé d'une telle proposition. Je courus aussitôt chez l'Empereur demander l'audience pour Metternich et faire à Sa Majesté la communication dont j'étais chargé; mais, à mon étonnement extrême, l'Empereur parut recevoir très froidement la proposition de l'Autriche. Ne comprenant pas la cause de son attitude, en recevant une nouvelle qui me paraissait à moi si magnifique, je me permis d'exposer à Sa Majesté tous les avantages que je voyais à cette proposition. Je lui disais que la veille, à cause de la grosse difficulté de Venise et de la nécessité d'achever l'Italie, j'aurais fait des vœux pour la Prusse, malgré bien des causes d'appréhension; mais qu'aujourd'hui la question était retournée; que dès que l'Autriche renonçait à la Vénétie, tout était changé dans l'échiquier européen; que nous avions cent fois plus d'intérêt à nous unir avec l'Autriche qu'avec la Prusse; que victorieuse l'Autriche ne gagnerait rien ou presque rien en Allemagne, parce qu'elle y était impopulaire, et soulèverait contre elle toutes les passions libérales; que la Prusse, au contraire, en donnant depuis longtemps la main aux éléments révolutionnaires, avait acquis une énorme influence sur l'esprit public en Allemagne; qu'avec la victoire, elle serait intraitable et voudrait tout avoir; qu'à moins d'être liée par des engagements bien précis et absolus, elle ne nous accorderait rien, et deviendrait bientôt pour nous une cause de graves difficultés; que si, au contraire, l'Autriche l'emportait, tout l'édifice si laborieusement construit par les Radowitz et les Bismarck croulerait de toutes parts; que les débris de la Prusse appartiendraient à qui les ramasserait, et qu'alors s'il nous convenait de nous étendre jusqu'au Rhin, personne ne pourrait plus s'y opposer. Je conjurai donc l'Empereur d'accepter sans hésiter la proposition autrichienne. Et comme Sa Majesté, tout en reconnaissant que cette proposition était très importante, objectait que ce n'était pas tout et qu'il y avait d'autres choses à considérer : « Alors, Sire, lui répondis-je en prenant congé de lui, et croyant d'après son attitude qu'il avait reçu de la Prusse des engagements encore plus favorables, je vous fais mon compliment; car si l'offre faite par l'Autriche ne satisfait pas entièrement Votre Majesté, il faut que vous ayez de bien belles cartes dans votre jeu. »

Malheureusement, comme l'événement le démontra plus tard, l'Empereur n'avait aucune carte dans les mains. Non seulement il n'avait fait avec la Prusse aucune espèce d'arrangement, mais il se croyait lié envers elle sans que celle-ci le fût envers lui. Et en effet, comme je l'ai su depuis, l'Italie, avant de signer avec la Prusse un traité d'alliance offensive et défensive, l'avait communiqué à l'Empereur, qui lui avait donné son agrément. L'Empereur se croyait donc en quelque sorte solidaire de l'Italie et à certain égard engagé moralement envers la Prusse. Or, comme le traité secret qui liait la Prusse et l'Italie pour trois mois était du 6 avril, ne devait par conséquent expirer que le 6 juillet, et que nous n'étions encore qu'à la fin de mai, voilà sans doute quelle était la cause de l'embarras ou du trouble de l'Empereur en recevant la proposition autrichienne. Et en effet, le lendemain, comme je l'ai appris également depuis, Sa Majesté transmettait la proposition autrichienne à Florence. Le roi d'Italie s'en montrait très ému, et son premier ministre, le général La Marmora, encore plus. Mais ce dernier, après une longue discussion dans le conseil des ministres, faisait prévaloir l'opinion que l'honneur interdisait à l'Italie de se séparer de la Prusse, quoique l'objet du traité fût atteint. M. de La Marmora engageait, du reste, l'Empereur à chercher à gagner du temps, pour empêcher les hostilités jusqu'au 6 juillet, date à laquelle l'Italie, dégagée des obligations du traité, accepterait la proposition autrichienne. C'est donc sans doute après cette réponse de Florence que l'Empereur proposa un congrès, et probablement pour gagner le 6 juillet. Mais malheureusement, et sans que je puisse m'en expliquer la cause, c'est l'Autriche elle-même qui, en refusant la proposition du congrès, fit avorter l'expédient qui pouvait dégager l'Italie, et ainsi la guerre éclatait sans que nous eussions profité des dispositions d'aucune des deux grandes puissances allemandes à traiter avec nous.

Pour moi, quand je songe à de si douloureuses circonstances, je ne puis m'empêcher de gémir de ce penchant habituel à l'Empereur de cacher toujours quelque chose à ses conseillers les plus intimes et les plus dévoués. Que si, en effet, Sa Majesté m'avait confié son embarras lorsque je lui apportais la proposition autrichienne, qu'elle m'eût fait connaître l'existence du traité, ah! j'en suis convaincu, tout aurait changé de face. Il ne m'eût pas été difficile de faire comprendre à l'Empereur que pour avoir approuvé le traité de l'Italie avec la Prusse, il n'en était pas moins libre de ses résolutions; que la Prusse n'étant engagée à rien vis-à-vis de lui, il n'était engagé à rien vis-à-vis d'elle; que, de plus, l'Italie ne s'étant liée avec la Prusse qu'en vue de la Vénétie, elle ne pouvait rester liée quand l'objet même du traité lui était acquis. J'aurais soutenu que le point d'honneur qui consiste, dans la vie privée, à sacrifier ses intérêts les plus chers et à exposer même ses jours pour rester fidèle à sa parole, n'a rien à faire dans les relations d'État à État, où l'intérêt des peuples reste et doit rester la loi suprême; qu'un homme d'État n'a pas le droit de subordonner les destinées d'une nation à la satisfaction de ses sentiments généreux ou chevaleresques; que, d'ailleurs, un traité d'alliance offensive et défensive doit être une cause de force, et non de faiblesse ou de ruine; que Venise étant rendue à l'Italie, il était insensé d'exposer le sort d'une armée et d'un pays pour la conquérir; qu'enfin, si l'Autriche faisait une concession analogue à la Prusse, ce n'était pas M. de Bismarck qui s'inquiéterait de son traité avec l'Italie, et qu'il ne fallait pas que l'Italie s'inquiétât davantage de son traité avec la Prusse. J'aurais en outre établi que quant à la proposition de M. de La Marmora de gagner du temps pour s'affranchir des obligations du traité, c'était une singulière manière de comprendre l'honneur, car il ne s'agissait de rien moins que de tromper la Prusse et de l'induire dans une erreur funeste; que l'acte de dénoncer le traité, commandé par l'intérêt suprême de l'Italie, était au contraire un avis salutaire pour la Prusse, et par conséquent plus loyal que le procédé imaginé par M. de La Marmora.

De ma personne, je me serais offert pour aller convaincre le roi Victor-Emmanuel et ses ministres; au besoin, j'aurais conseillé à l'Empereur de dégager la parole de l'Italie, en lui imposant, au nom des services rendus par la France et de la solidarité d'intérêts résultant des événements passés entre les deux, l'obligation de dénoncer le traité. Enfin, dans le cas où on eût voulu absolument attendre l'expiration du traité, j'aurais insisté pour une entente et une convention immédiate avec l'Autriche. Or, une fois l'accord établi entre la France, l'Italie et l'Autriche, cette dernière ne faisait point échouer par son refus du congrès l'expédient destiné à annuler le traité. A l'aide du congrès, on gagnait aisément un mois, et comme au 6 juillet l'Autriche pouvait disposer de toutes ses forces, amener contre la

Prusse non seulement l'armée de Bohême, mais celle de Vérone, elle avait toutes les chances raisonnables de battre la Prusse! Au lieu de la triste situation que la défaite de l'Autriche nous a créée, sa victoire, au contraire, nous aurait ouvert les plus brillantes perspectives.

Maintenant, et pour compléter le tableau des causes de notre attitude en 1866, faut-il expliquer d'une manière plus précise que je ne l'ai déjà fait les mobiles secrets des derniers incidents du drame? Pourquoi, par exemple, après avoir paru si frappé du plan que j'avais eu l'honneur de lui soumettre, c'est-à-dire d'établir sur la rive gauche du Rhin les princes dépossédés sur la rive droite, plan qu'à l'exception seulement de MM. Rouher et Lavalette, qui avaient gardé le silence, le conseil des ministres avait si vivement approuvé; pourquoi, dis-je, l'Empereur, soit avant, soit après Sadowa, ne prit-il aucune disposition sérieuse pour le faire triompher? Pourquoi, après la victoire prussienne, fit-il la faute de consentir au rôle de médiateur sur des bases qui n'étaient plus acceptables par la Prusse, telles que le maintien de l'Autriche dans la Confédération germanique, quand c'est précisément pour l'en exclure que la Prusse venait de jouer sa destinée sur un champ de bataille? Enfin, pourquoi l'Empereur fit-il à M. de Bismarck, dans l'unique but d'épargner une plus grande humiliation à l'Autriche et sans aucun intérêt pour la France, des concessions territoriales en Allemagne qui nous auraient suffi, et au delà, pour indemniser la Prusse de la perte de la rive gauche du Rhin?

Pour découvrir ces causes, il faudrait descendre, un microscope à la main, dans le monde des infiniment petits; être doué soi-même du génie de l'intrigue pour en décrire les procédés; montrer comment des jalousies mesquines, misérables et s'agitant dans l'ombre opposaient au mérite d'un plan politique les petites passions ameutées depuis longtemps contre l'auteur même du plan; comment elles exaltaient en versant de feintes larmes sur les malheurs de l'Autriche, mais en oubliant la France, les sympathies que l'âme ardente et généreuse de l'Impératrice n'était que trop disposée à ressentir; comment enfin elles réussissaient à dominer la raison de l'Empereur sous les élans passionnés de cette influence irrésistible.

Ainsi, d'une part, la conspiration des principaux ministres et de toute une école funeste, pour tenir le pays désarmé vis-à-vis des complications extérieures et en défiance de la personne même de l'Empereur; de l'autre, un prince agité, troublé, au milieu des combinaisons les plus graves de la politique, par des scènes d'intérieur; enfin l'isolement volontaire ou non de tout conseil dévoué, de tout avis patriotique, voilà les causes funestes de cette cruelle page d'histoire qui s'appelle Sadowa. A ces causes, il faut cependant ajouter une considération qui n'est pas sans importance pour expliquer l'attitude de l'Empereur : c'est que personne ne croyait à une guerre de si courte durée. Quoique Solférino eût pu faire soupçonner ce nouvel axiome de stratégie qu'une armée de deux cent mille hommes, une fois battue, ne peut plus se rallier, avant Sadowa, personne n'en soupçonnait l'existence. Jusqu'ici on avait vu des armées vaincues battre en retraite, se replier sur des points favorables, y attendre les renforts, manœuvrer de nouveau et recommencer la lutte. Sadowa a montré qu'avec ces énormes accumulations de troupes que les chemins de fer permettent de concentrer sur un point, la guerre se décide par un seul choc; qu'embarrassées par le nombre, de telles armées une fois désorganisées ne peuvent plus se reformer, et qu'elles ne laissent ainsi d'autres ressources aux États vaincus que de faire la paix, en subissant plus ou moins la loi du vainqueur.

L'Empereur est donc bien excusable d'avoir ignoré ce que personne ne savait avant Sadowa; d'avoir compté sur le temps, peut-être sur l'épuisement des puissances belligérantes, ou sur les incidents ordinaires de la guerre, pour intervenir d'une manière plus favorable aux intérêts de la France. Et en effet, même après le triomphe de la Prusse, il pouvait tout réparer, sans l'épouvantable désorganisation que l'aveugle politique de son ministère avait introduite dans l'armée. Si, à la première nouvelle de la défaite des Autrichiens, il avait pu réunir une armée sur le Rhin, comme il en avait eu l'intention, il se serait trouvé en situation de dicter la paix sans difficultés sérieuses. Mais le croira-t-on? La France, qui payait et croyait entretenir une armée de cinq cent mille hommes, n'était pas en état, malgré la facilité des chemins de fer, qui permettent de transporter en vingt-quatre heures toutes les forces d'un pays sur un point, de mettre en ligne une armée de quatre-vingt mille hommes. On demandait six semaines pour la réunir sur le Rhin. L'aveuglement de nos hommes d'affaires avait fait plus que n'aurait pu faire la trahison la plus habile. Et en vérité, devant le spectacle d'un gouvernement si fortement dévoyé, ce serait à désespérer de l'Empire, si nous n'avions pour nous consoler cet autre spectacle merveilleux d'un second gouvernement qui, du fond du tombeau des Invalides, répare les fautes, couvre les faiblesses, efface les revers du premier et ne laisse apparaître aux yeux du peuple que les faveurs et les sourires de la fortune.

Chamarande, 20 décembre 1868.

LA POLITIQUE FRANÇAISE

DE 1866

JUGÉE PAR M. DE BISMARCK

Lorsque M. de Bismarck me rencontra aux Tuileries le jour de l'arrivée du roi de Prusse à Paris, et me demanda s'il avait bien suivi mes leçons, il m'avait prévenu qu'il viendrait me voir. Il vint, en effet, deux jours après dans ma maison de la rue de l'Élysée (1), et nous eûmes ensemble un long entretien.

Il engagea la conversation par l'affaire du Luxembourg, récemment réglée entre la France et la Prusse, grâce aux bons offices des grandes puissances, et surtout de l'Angleterre. Avec le mélange de franchise et de finesse qui m'était resté dans l'esprit comme le trait saillant de son caractère, il me dit tout d'abord qu'il avait été très surpris de la conduite du gouvernement francais dans cette affaire; qu'il s'était attendu à traiter avec des hommes d'État, et qu'il avait agi en conséquence; mais qu'il s'était singulièrement trompé; car, en

(1) Rue de l'Élysée, n° 18. (*Note de l'éditeur.*)

réalité, il avait été vis-à-vis de M. Benedetti dans la situation d'un maître d'armes qui, croyant avoir affaire à un partenaire sérieux, se serait laissé enferrer par un maladroit. Et comme je me récriais devant une expression qui semblait, contre toute vérité, faire de lui le vaincu, et du gouvernement français le vainqueur, il expliqua sa pensée avec une netteté de vues qui aurait bien surpris ceux qu'il traitait de maladroits.

Il n'avait nulle intention, reprit-il, de se représenter comme le vaincu, mais comme la dupe de la sottise d'un de nos agents; car si nous étions affectés de l'issue de cette maudite affaire de Luxembourg, il l'était bien davantage. En n'obtenant pas la cession de cette petite province, nous avions peu de chose à regretter, tandis que lui, au contraire, y avait perdu l'occasion unique, peut-être, de consolider l'œuvre de Sadowa, en donnant, par cette compensation territoriale du Luxembourg, satisfaction aux griefs réels ou imaginaires de la France. Or, comme il ne se dissimulait pas que les succès de la Prusse avaient dû blesser, en France, bien des susceptibilités, et exciter bien des jalousies; qu'il savait pareillement combien le gouvernement français se sentait meurtri du rôle effacé qu'il avait joué dans ces événements, lui, M. de Bismarck, au premier mot du désir de la France d'obtenir le Luxembourg, avait été ravi de cette occasion d'être agréable au gouvernement français et de mettre ce baume sur les blessures de son amour-propre. Il était donc parfaitement sincère quand il exprimait à M. Benedetti son désir de favoriser les vues de l'Empereur. La plus grande preuve de sa sincérité, faisait-il remarquer, c'est qu'en même temps qu'il accueillait avec chaleur cette ouverture, il ne laissait pas ignorer à notre ambassadeur les difficultés que l'esprit public en Allemagne pouvait opposer à sa réalisation. Il reconnaissait qu'en réalité, et par le fait de Sadowa qui avait détruit la Confédération germanique de 1815, et par le refus du roi de Hollande d'acquiescer à la nouvelle, la forteresse du Luxembourg n'était plus fédérale; qu'il pouvait donc très aisément justifier la retraite des troupes prussiennes de la forteresse, et leur remplacement par des troupes hollandaises, lesquelles pouvaient ensuite livrer la place à la France en dehors de toute ingérence germanique. Mais en même temps, il recommandait le secret, comme une condition absolue de succès, car si la négociation était connue en Allemagne avant l'évacuation des troupes prussiennes, il serait impossible à lui, M. de Bismarck, ou à tout autre ministre, de résister au torrent de l'opinion. Dans l'intérêt de sa propre popularité, il prévenait même notre gouvernement qu'il serait peut-être obligé, à la nouvelle de la cession du Luxembourg, de se plaindre publiquement du roi de Hollande et de protester pour la forme contre la vente faite à la France. Enfin, il demandait quelque temps pour préparer le Roi à la négociation, ou plutôt, suivant l'aveu qu'il me fit, pour l'assurer de la sincérité des dispositions du gouvernement français à ce sujet.

Dans de telles circonstances, faisait observer M. de Bismarck, qu'aurait dû faire un agent diplomatique sérieux, plus préoccupé du succès que du triomphe éphémère de sa vanité? Il aurait dû dire simplement à son gouvernement que le ministre prussien avait accueilli avec ardeur l'ouverture faite au sujet du Luxembourg, parce qu'il voyait dans cette satisfaction donnée à l'Empereur une sorte de compensation pour la France de l'agrandissement de la Prusse, exposer nettement les difficultés que l'esprit public en Allemagne pouvait opposer au désir du ministre prussien, ménager par conséquent la situation de ce dernier; enfin faire comprendre à son gouvernement que le moyen le plus prompt et le plus sûr d'obtenir la solution favorable, c'était de convaincre le gouvernement prussien du désir sincère de l'Empereur de rétablir la bonne harmonie entre les deux puissances.

« Mais, disait M. de Bismarck, M. Benedetti appartient à cette école politique qui confond l'intrigue avec l'habileté. Habitué depuis longtemps à ruser avec les pachas de l'Orient, il s'imagina qu'il pourrait m'arracher des mains la forteresse de Luxembourg, sans engagement d'aucune sorte. Pour gratifier sa vanité et attribuer le succès à sa seule habileté, il ne fit connaître suffisamment à son gouvernement ni la raison véritable du consentement de la Prusse, ni les difficultés de l'exécution, ni enfin l'importance du secret à garder. S'emparant de l'aveu fait par moi que, dans le nouvel état de l'Allemagne, on ne pouvait plus considérer la forteresse de Luxembourg comme fédérale, il en fit le nœud de toute l'affaire. Avec sa morale orientale, il se crut dispensé de toute réserve, de tout ménagement envers le ministre qui devait supporter le poids de l'opération, par cela seul que, dans sa bonne foi et sa franchise, ce ministre avait bien voulu convenir que le droit du détenteur à retenir la chose détenue avait été modifié par les événements; et probablement qu'il ne manqua pas de représenter à son gouvernement l'aveu que j'avais fait, comme arraché de mes lèvres, à l'aide de pièges qu'il aurait tendus à ma simplicité. Il en résulta que malgré l'engagement que je prenais de favoriser les vues de l'Empereur sur le Luxembourg, non seulement l'attitude du gouvernement français restait envers nous aussi raide, aussi peu amicale que précédemment, mais que MM. Rouher et Lavalette en vinrent à croire qu'en révélant cette négociation au public, comme ils le firent le jour où

M. Thiers prit la parole sur les affaires d'Allemagne, ils allaient forcer l'évacuation de la forteresse par les troupes prussiennes, malgré l'émotion que cette nouvelle allait produire dans toute l'Allemagne.

« Dans de telles circonstances, continuait M. de Bismarck, que pouvions-nous faire ? Si notre retraite de Luxembourg n'était considérée par le gouvernement français que comme une opération faite en vertu d'un droit strict; si elle cessait d'être une concession gracieuse de notre part, et le gage moral d'une réconciliation entre les deux puissances; si, enfin, une fois nantie de la forteresse, la France devait rester vis-à-vis de nous dans la même situation de défiance et de jalousie qu'auparavant, c'eût été trahir les intérêts de la Prusse que de vous livrer des armes pour la battre. Nous avons donc été forcés de résister. Nous étions prêts à agir, et vous ne l'étiez pas, et si nous devions infailliblement avoir la guerre avec vous, notre intérêt, c'était de la faire quand les chances étaient en notre faveur.

« J'ai amèrement regretté, ajoutait-il, l'échec de cette négociation. C'était pour la Prusse un avantage énorme, une fortune inespérée que de trouver, après la tournure qu'avaient prise les événements, une occasion de donner satisfaction à la France et de calmer ses susceptibilités; car c'était écarter de nous des périls dont je ne me dissimule pas la gravité. La sottise, la suffisance de M. Benedetti, et l'imprudence des ministres français, ont tout fait échouer. Pour nous décider à livrer le Luxembourg à la France, nous avions besoin d'avoir confiance, de croire que le gouvernement de l'Empereur nous en saurait gré. Or, non seulement on a tout fait pour nous ôter cette confiance; mais en triomphant avant le temps d'une victoire diplomatique qui n'était encore qu'une espérance, on nous a enlevé les moyens mêmes de la réaliser. »

Après cette explication de l'affaire du Luxembourg, M. de Bismarck alla de lui-même au-devant des questions que je me proposais de lui faire sur les affaires d'Allemagne. Il me dit tout d'abord que, sans pouvoir s'expliquer entièrement la politique de l'Empereur dans ce qui avait précédé et suivi Sadowa, il n'avait pas trouvé dans la conduite de ce prince la netteté des vues à laquelle il s'était attendu. Pour tirer la Prusse de la fausse situation où elle était, tant à l'intérieur qu'à l'extérieur, et surtout dans les affaires d'Allemagne, M. de Bismarck aurait été personnellement disposé, me disait-il, à bien des sacrifices. Il se sentait capable des plus audacieuses résolutions, et était très désireux de s'entendre sur toutes choses avec l'Empereur. Mais l'attitude de ce prince avait paralysé ses dispositions et étouffé ses aspirations vers une politique franco-germanique.

Et comme je m'étonnais de ces paroles, et que

je lui demandais si, en effet, il n'y avait pas eu à Biarritz des engagements contractés de part et d'autre, ainsi que toute l'Europe l'avait cru, il m'assura qu'il n'y en avait eu d'aucune espèce; que bien loin de là, il avait vainement essayé de deviner la pensée de l'Empereur et de pénétrer dans son for intérieur, pour y chercher les éléments d'une entente entre les deux gouvernements; qu'il en avait toujours été éconduit par le ton d'une conversation vague ou indécise, dont il lui avait été impossible de percer le mystère. La seule allusion faite par l'Empereur à des combinaisons politiques avait été relative aux frontières du Rhin, mais pour ajouter aussitôt que celles-ci, désirées par la France, étaient si énergiquement refusées par l'Allemagne, et seraient d'ailleurs si difficiles à gouverner par des Français, qu'il était impossible d'y songer sérieusement. L'Empereur avait, en outre, affecté un désintéressement si complet vis-à-vis de la Prusse, que dans son étonnement, lui, M. de Bismarck, n'avait pu y ajouter foi. Or, comme il ne pouvait supposer qu'une attitude pareille cachât chez un homme comme l'Empereur une absence de vues ou de résolutions, il ne s'était expliqué cette attitude que par une pensée secrète, enfouie dans les profondeurs de l'âme de ce prince, et qu'il traduisait ainsi : désir d'une lutte entre la Prusse et l'Autriche, lutte dont l'issue, quelle qu'elle fût, affranchirait l'Italie, mais dans laquelle la Prusse succombant, suivant les vœux et l'espérance du calculateur impérial, tout un monde de brillantes perspectives s'ouvrirait devant lui.

Naturellement cette pensée n'était pas faite, faisait observer M. de Bismarck, pour leur donner une grande tranquillité d'esprit. Il en était secrètement troublé, et devant une attitude si extraordinaire, il se sentait dans la situation de ce dompteur de bêtes féroces, qui se retrouvait chaque soir en face d'un Anglais impassible attendant le moment de le voir dévoré par ses lions.

Cependant les événements se précipitaient, et, malgré tous les efforts de la diplomatie prussienne à Paris, le sphinx des Tuileries restait impénétrable. Troublé de plus en plus devant cette énigme, M. de Bismarck voulut en finir. Il chargea M. de Goëtz, l'ambassadeur de Prusse à Paris, de faire auprès de l'Empereur une démarche décisive et de provoquer une explication de Sa Majesté. Mais cet effort suprême fut encore impuissant. M. de Goëtz fut obligé d'avouer qu'il lui avait été impossible d'obtenir une réponse.

Dans cette situation étrange, M. de Bismarck délibéra en lui-même sur ce qu'il avait à faire; et voici à quel parti audacieux il s'était arrêté d'abord : il s'agissait pour lui de démontrer à l'Autriche par des faits sensibles, suivant lui, que l'Empereur trompait également et l'Autriche et la Prusse; qu'il était le véritable ennemi de l'Allemagne; que, comme le vautour épiant le moment du carnage, il attendait que le sang coulât en Allemagne pour se jeter sur sa proie; qu'en conséquence et en face d'un pareil danger, les deux puissances avaient mille fois plus d'intérêt à se réconcilier qu'à se battre. Il voulait donc proposer à l'Autriche de faire avec la Prusse une alliance offensive et défensive, de se partager l'Allemagne entre elles deux, tout en cédant la Vénétie à l'Italie, puis de se retourner, les trois puissances réunies, contre l'ennemi commun, et de l'attaquer résolument avec douze cent mille baïonnettes, s'il faisait mine de s'opposer au partage. Déjà ce plan avait été complètement élaboré, et M. de Bismarck allait le communiquer à l'Autriche, malgré sa répugnance à partager ce que la Prusse pouvait peut-être avoir en totalité, lorsqu'une dernière réflexion lui en fit suspendre l'envoi. Il avait toujours pensé qu'avec des armées si considérables en présence, une seule bataille déciderait de la lutte, comme à Solférino. Or, il se demandait si la France était prête à profiter sur-le-champ de la défaite de l'une ou de l'autre puissance, pour se jeter sur l'Allemagne et prendre sa part du pillage. Malgré les rapports de l'ambassade prussienne à Paris sur l'état de notre armée, il y avait encore à Berlin beaucoup d'incertitude à ce sujet. Il voulut en avoir le cœur net avant de se décider; et comme il avait sous la main un officier d'un rare coup d'œil sur ces matières, il l'envoya à Paris avec mission de s'assurer à tout prix de la réalité des choses. Huit jours après, il en recevait l'assurance que non seulement l'armée française n'était pas en état d'agir, mais qu'il lui faudrait au moins quatre mois pour pouvoir mettre en ligne une force quelque peu respectable; c'est-à-dire qu'elle ne pourrait être prête que longtemps après la solution du différend entre les armées belligérantes, et quand les puissances allemandes et victorieuses et vaincues pourraient être en mesure, s'il le fallait, de se réunir de nouveau contre la France. Alors M. de Bismarck, ne craignant plus rien sur ses derrières, décida le Roi à commencer la lutte.

Arrivé à ce point des commentaires du ministre prussien, c'est-à-dire à Sadowa, j'aurais voulu pouvoir terminer la conversation, car je commençais à sentir cruellement le poids de cette page d'histoire; mais l'audacieux ministre éprouvait une satisfaction visible à montrer la supériorité de son coup d'œil politique, devant un homme qu'il jugeait sans doute capable de l'apprécier, et il ne voulut pas s'arrêter à Sadowa.

« Quant à votre médiation, ajouta-t-il, j'avoue que je n'ai pas compris à quelle pensée vous avez obéi dans le cours de cette négociation. Je me mets à votre place et je me demande ce qu'il y avait à faire : assurément rien de ce que vous avez fait. Et d'abord, considérant l'agrandissement de la Prusse comme un échec pour la France, et n'osant ou ne pouvant rien lui prendre, j'aurais voulu, au moins, laisser des germes profonds de division entre les deux grandes puissances allemandes. Mais vous avez fait tout le contraire. Le Roi voulait garder la Silésie autrichienne : c'eût été un sujet éternel de haine entre les deux couronnes. Mais vous vous y êtes opposés; et, par conséquent, comme aucune cause de colère ne subsiste entre les deux puissances, à la première occasion, elles peuvent s'unir comme par le passé (1). De même pour le reste de l'Allemagne. En premier lieu et à votre place, je n'aurais peut-être pas si aisément sacrifié le Hanovre, la Hesse et la Saxe. Ensuite, j'aurais voulu établir également des causes permanentes de discorde entre la Prusse et les États subsistants, tandis qu'au contraire vous avez jeté dans nos bras tous les princes allemands. Voici, par exemple, ce que vous avez fait pour la Bavière. Le roi de Prusse tenait beaucoup à s'emparer d'un district bavarois sur la rive droite du Mein. Or, vous avez naïvement pris la défense de la Bavière. Qu'en est-il résulté ? A la nouvelle de votre opposition,

(1) La formation de la Triple-Alliance démontre bien la justesse de ces vues. (*Note de l'éditeur.*)

je fis venir le ministre de Bavière et lui dis que le Roi renonçait à garder le territoire en question, mais à la condition d'une alliance offensive et défensive avec la Prusse et d'un nouveau pacte fédéral avec l'Allemagne, et le roi de Bavière s'empressa d'y adhérer. En vérité, ajoutait-il avec une outrecuidance étrange, je ne m'explique pas ce qui a pu dévoyer à ce point un gouvernement qui paraissait naguère si habile et si résolu. »

Enfin, Dieu merci! cette espèce de réquisitoire fait d'une manière si extraordinaire et par un tel homme était terminé. Jusque-là je m'étais borné à écouter ce fier adversaire de notre politique, et j'aurais voulu pouvoir me taire encore. Mais la douleur secrète que j'éprouvais, la force de la vérité et le désir surtout de faire servir cette entrevue à l'avantage de l'Empereur et du pays me déterminèrent à suivre le ministre prussien sur le terrain qu'il parcourait, d'un pas si ferme et si indépendant.

« Je savais, lui dis-je, une partie des choses dont vous venez de parler, et j'en pressentais l'autre partie, car je crois en connaître les causes, peut-être mieux que personne, bien que je ne puisse les exposer ici. Je ne discuterai donc pas sur des faits plus ou moins exacts, plus ou moins justement appréciés. Je rends hommage à l'énergie de votre caractère et à la supériorité de votre esprit. Le succès a couronné vos conceptions. Vous avez pris en Allemagne la place de M. de Cavour en Italie, et toute l'Europe vous proclame le plus grand ministre du temps présent. Mais que d'actions de grâces vous devez à la fortune! Car si elle vous eût été contraire à Sadowa, tout cet édifice si laborieusement construit croulait à la fois, et vous seriez resté enseveli, vous et votre réputation, sous ses ruines. Quelques hommes dans le monde, et je suis de ce nombre, auraient compati à votre destinée. Ils se seraient dit que tant de talents, tant d'énergie, tant d'audace méritaient mieux de cette divinité capricieuse qui aime pourtant les audacieux; mais l'univers vous eût condamné, et la Prusse elle-même eût maudit votre mémoire. Eh bien! si vous devez beaucoup à la fortune, vous devez aussi beaucoup aux causes particulières qui ont si malheureusement paralysé l'action de la France, ou plutôt vous ne leur devez rien. Non, au contraire : car il eût été bien préférable, pour vous comme pour nous, qu'une entente de la Prusse et de la France eût présidé aux événements de l'année dernière.

« Et en effet, au lieu de cette rivalité créée entre la Prusse et la France, au lieu de cet échec grave qui a blessé si profondément notre pays et dont les conséquences peuvent de proche en proche amener un conflit violent entre nous, c'est-à-dire remettre en question ce que Sadowa avait décidé, ne valait-il pas mieux pour vous que votre triomphe fût en même temps une victoire pour la France ; que de chaque côté du Rhin votre nom fût salué des mêmes acclamations ? Eh bien ! cela était possible. J'en avais conçu la pensée. » Et alors je fis part en détail à M. de Bismarck de la proposition que j'avais faite au Conseil peu de temps avant Sadowa, au sujet des provinces du Rhin, proposition qui peut se résumer ainsi : hommage rendu par la France au principe des nationalités, et respect absolu du territoire germanique ; mais modifications dans les traités de 1815 qui, en donnant à la Prusse, sur la rive gauche du Rhin, des provinces étrangères à son histoire, à ses mœurs, à sa religion, ne s'étaient proposé que de menacer la France sur sa frontière ouverte ; agrandissement de la Prusse, en lui donnant tout le nord de l'Allemagne, de la Baltique à la ligne du Mein, mais à la condition d'indemniser, sur la rive gauche du Rhin, les princes dépossédés sur la rive droite, de manière que la Prusse, ne possédant plus rien de ce côté du Rhin, n'eût plus de contact direct avec la France (1).

Je fis connaître à M. de Bismarck comment j'aurais compris l'exécution de ce plan, comment en se jetant résolument dans le conflit et en expliquant ses intentions, la France eût pu, sans peine, entraî-

(1) Système exposé au chapitre *Sadowa*, page 323. (*Note de l'éditeur.*)

ner deux des puissances belligérantes sur trois et forcer la troisième à céder devant la supériorité des forces en présence; comment surtout un tel projet eût pu se réaliser avec l'assentiment de l'Europe dont l'équilibre était maintenu, sans blesser l'Allemagne dont le territoire national était respecté par le projet.

M. de Bismarck parut prendre un vif intérêt à ce récit. Il m'écoutait avec l'attitude d'une profonde attention; chaque trait de sa physionomie peignait la surprise de voir à quelles combinaisons imprévues il avait échappé. Mais ce qui l'étonnait particulièrement, c'était de n'avoir connu ni aperçu aucun indice de ce plan. Il aurait surtout voulu savoir ce que l'Empereur en avait pensé. Il m'interrompit plusieurs fois pour me le demander; mais, ne croyant pas devoir le lui dire, je lui répondis que je n'en savais réellement rien; que d'ailleurs j'avais dans le sein du conseil des inimitiés si ardentes et si peu scrupuleuses que toute idée venant de moi était d'avance discréditée.

Quant à lui, M. de Bismarck, trop franc pour déprécier une idée dont il était par la nature de son esprit plus capable peut-être que personne de comprendre la portée, trop habile pour avouer qu'une combinaison pareille eût pu réussir, il ne trouva d'autre moyen d'échapper, sous mon regard, à cette difficulté de position, que d'invoquer la répugnance des populations rhénanes à accepter des princes étrangers à la maison de Brandebourg.

A cette objection inattendue je ne pus m'empêcher de sourire et je lui demandai, en riant, si l'attachement de ces populations à la Prusse provenait par hasard d'une communauté de religion; mais reprenant la question par son côté sérieux : « Laissons tout cela, lui dis-je, les événements ont eu un autre cours. Le Hanovre, la Hesse et en partie la Saxe elle-même vous ont été sacrifiés comme pour épargner une humiliation à l'Autriche, et ce n'est pas à vous à le regretter. Mais si nos relations, comme ce n'est que trop à craindre, devaient s'envenimer; si de proche en proche les suites d'une politique funeste, dont il ne m'appartient pas de dire ici les causes, venaient à armer l'une contre l'autre deux grandes nationalités, ne seriez-vous pas le premier à déplorer l'échec d'une combinaison qui aurait pu empêcher à jamais toute guerre de race de se produire sur le Rhin? Une lutte entre la France et la Prusse remettrait en question tous vos succès, toute votre gloire. Pour nous ce serait aussi une partie dangereuse. Notre intérêt commun est donc de chercher et de tenir en réserve pour le moment où la guerre serait sur le point d'éclater une combinaison capable de l'empêcher. Eh bien! j'en ai une dans l'esprit et je vous la livre, mais à vous seul, sous le sceau du plus grand secret et en vous faisant observer que je ne vous en demande pas aujourd'hui votre sentiment. Cette combinaison, la voici : c'est de faire, quand l'occasion deviendra opportune, sur la rive gauche du Rhin avec le roi de Saxe, en vous indemnisant de ses États actuels, ce que j'avais vainement proposé de faire avec le roi de Hanovre, et ce qui serait, d'ailleurs, préférable à la première combinaison, à cause de la religion catholique de la branche royale de Saxe. »

M. de Bismarck reçut cette confidence en évitant toute marque d'approbation, comme je m'y étais attendu, mais aussi toute marque de désapprobation. Et non seulement il ne parut rien dans sa physionomie qui indiquât un sentiment contraire à ce projet; mais dans la manière dont il me promit le secret après cette communication, et dans celle plus expressive encore avec laquelle il ajouta, en me serrant la main, qu'il me remerciait beaucoup de la confiance que je venais de lui témoigner, il me sembla que, dès ce moment, il entrevoyait, comme moi, tout un ordre de choses capable de préserver un jour la France et l'Allemagne d'une lutte des plus terribles de l'histoire, je veux dire d'une lutte de races. Bientôt après nous nous séparâmes, non sans une certaine émotion l'un et l'autre.

Chamerande, 10 janvier 1868.

DE LA PRÉSENCE

DE

L'IMPÉRATRICE AU CONSEIL

1867

Depuis longtemps je gémissais de la situation de l'Empire et surtout de cette série d'échecs que notre politique au dehors et au dedans ne cessait de subir. Affaires de Pologne, de Danemark, de Mexique et d'Allemagne, élections de Paris et faiblesses à l'intérieur, tout cet ensemble de fautes avait besoin d'être expliqué. Or, en recherchant les causes de chacune de ces fautes, j'en trouvais une toujours prépondérante, toujours la même, l'influence de l'Impératrice. C'était, en effet, sa présence au conseil bien plus que sa personne elle-même, qui, en créant une dualité dans l'État, en opposant deux politiques l'une à l'autre, en les annulant l'une par l'autre et donnant carrière à toutes les intrigues, engendrait ces fautes funestes, qui, à leur tour, en produisaient tant d'autres.

Devant ce spectacle affligeant, bien souvent je m'étais promis de parler. J'avais essayé plusieurs fois dans mes rares entretiens avec l'Empereur de toucher à ce sujet délicat; mais Sa Majesté avait toujours repoussé mes ouvertures, soit en paraissant ne pas les comprendre, soit en brisant brusquement ce sujet de manière à m'interdire toute insistance. Et cependant je croyais important de faire entendre la vérité à l'Empereur. Comme je sentais qu'il n'y avait que moi dans tout le personnel de l'Empire assez courageux, peut-être, et assez dévoué pour se charger d'une pareille mission, je me disais que ce devoir m'était fatalement imposé et que, sous peine de trahir les intérêts de l'Empereur et du pays, je devais le remplir. Malheureusement, j'avais à redouter bien des conséquences fâcheuses de cet acte de dévouement; je craignais de blesser le cœur de l'Empereur et d'irriter profondément l'Impératrice, si elle en avait connaissance. Il pouvait en résulter pour moi une situation des plus pénibles, vis-à-vis de la famille impériale. Je restai donc quelque temps dans une sorte de perplexité; mais à force de me trouver face à face avec le devoir à remplir et de sentir ma conscience me reprocher mes hésitations, je finis par me décider. En conséquence, j'adressai à l'Empereur, en date du 11 novembre 1867, le mémoire qu'on va lire, espérant que Sa Majesté n'en donnerait pas connaissance à l'Impératrice. Mais, par une fatalité singulière, cette pièce tomba d'abord sous les yeux de l'Impératrice elle-même. Car l'Empereur étant souffrant ce jour-là et gardant le lit, ce fut l'Impératrice qui, sur l'invitation de l'Empereur, ouvrit le paquet et le lut la première. On jugera si j'avais bien fait de prendre toutes les précautions de langage pour adoucir ma pensée. Quoi qu'il en soit, voici le texte du mémoire en question :

NOTE POUR L'EMPEREUR

J'entreprends aujourd'hui une tâche des plus difficiles. Je veux parler d'une des plus grandes causes de faiblesse, d'un des plus grands vices qui affectent l'Empire. Pour cela, j'aurais besoin de la plume la plus fine et la plus déliée, non pas assurément que quelques replis secrets de mon cœur réclament des habiletés de style pour les dissimuler, mais parce qu'il y a des sujets tellement délicats, en eux-mêmes, que les toucher de la main la plus respectueuse, la plus dévouée, est déjà un acte d'audace, et que la moindre faute dans l'expression devient un péril pour la pensée elle-même. Ces considérations, ces périls ne m'arrêteront cependant pas. Sûr et fort de ma conscience, je ne crains pas de m'aventurer sur cette mer hérissée d'écueils. *Dieu le veult,* disaient les croisés. Moi, je dis : *Ma foi l'ordonne,* et *Je sers* est ma devise.

S'il fut jamais au monde quelque chose de noble, de touchant, d'élevé, c'est l'attitude de l'Empereur, lorsque, en prévision d'une éventualité que tout homme de bien, dans une situation analogue, doit avoir le courage de prévoir, il voulut préparer l'Impératrice au rôle qu'elle pouvait être appelée à remplir avant la majorité de son fils, la recommander au peuple français et la former au gouvernement de ce pays. Il faut avoir vu de près ce grand prince, dans les scènes de cette éducation royale, dans les incidents divers de ce professorat suprême, pour comprendre ce que la tendresse d'un époux et d'un père peut gagner en puissance et en noblesse, quand les inspirations de la politique échauffent elles-mêmes les affections naturelles du cœur humain. On ne saura jamais à quels efforts de sagesse et de patience, à quelles habiletés du cœur et de l'esprit il dut l'avantage de donner à une belle et brillante jeune femme, avide des distractions de la vie élégante, le goût des affaires sérieuses.

De son côté, l'Impératrice était à la hauteur des leçons de son auguste époux. Le monde sait avec quelle énergie elle comprend ses devoirs de souveraine, avec quel courage elle se jette au-devant du péril, quand une occasion se présente de témoigner sa sympathie aux misères du peuple. On connaît ses élans chevaleresques, sa grandeur d'âme, son esprit, ses vertus privées, et chacun comprend ce qu'elle saurait montrer de résolution, d'audace, si des circonstances graves réclamaient d'elle le rôle d'une héroïne.

En présence de si brillantes qualités, il était donc doublement convenable d'initier l'Impératrice aux affaires du pays, de lui faire connaître les hommes et les choses, de l'entourer de personnes expérimentées, versées dans l'étude des sciences politiques, de lui apprendre surtout à juger les événements présents, enfin de la préparer au rôle qu'elle pouvait être appelée à remplir un jour. Sous ce rapport, on peut dire que l'éducation royale donnée à l'Impératrice a pleinement réussi, car tous ceux qui ont approché Sa Majesté savent combien elle a su profiter des leçons de son auguste époux pour se rendre familières les questions les plus élevées de la politique. Mais on se le demande, cette pensée si juste, si naturelle de l'Empereur dans l'intérêt d'une régence éventuelle, n'a-t-elle pas été exagérée dans la pratique? En appelant l'Impératrice au conseil des ministres, en la produisant au grand jour de la politique, et devançant pour elle, en quelque sorte, l'époque de cette régence, n'a-t-on pas dépassé le but?

Le prestige d'une régence, c'est l'inconnu qui, donnant des espérances à toutes les ambitions, à toutes les aspirations, à tous les intérêts, assure le concours de toutes les forces de l'État pour le moment difficile de la transmission du pouvoir. En mettant, au contraire, l'Impératrice en scène dans toutes les affaires, en lui faisant supporter, comme à l'Empereur, le poids des événements présents, en dévoilant enfin le secret de la future régence au lieu de la fortifier, ne l'a-t-on pas affaiblie? Ceux qui ont poussé les choses dans cette voie n'ont-ils pas plus songé à se ménager un appui personnel dans le conseil, qu'à servir les intérêts de la souveraine?

Et, en effet, quelle est aujourd'hui la situation de l'Impératrice, non pas encore aux yeux des masses populaires, mais des classes supérieures? Depuis longtemps une opinion s'était accréditée dans le public, c'est que l'ordre d'idées et de sentiments qu'on a tant reproché aux Bourbons, dominait l'esprit de l'Impératrice. Mais l'inconvénient de cette opinion avait du moins son contrepoids dans les principes conservateurs et religieux d'une partie de la nation. Malheureusement, le mal ne s'est pas arrêté là. Les imprudences du gouvernement, peut-être, les manœuvres des ennemis de l'État, surtout, lui ont donné une tournure bien autrement grave : aujourd'hui, il se répand partout dans les grands corps de l'État, dans la magistrature, dans l'armée, parmi les amis comme parmi les ennemis, et jusqu'au sein du gouvernement lui-même, que l'influence de l'Impératrice aurait déterminé toutes les affaires qui ont abouti à des échecs.

Oui, malheureusement, et quelque injuste que soit cette opinion, on suppose que c'est l'Impératrice qui, en encourageant les prétentions cléricales, aurait causé les difficultés du gouvernement avec l'Église; que c'est elle qui, à propos d'une question religieuse, aurait conseillé et fait prévaloir la politique qui a si malheureusement échoué à l'égard de la Pologne; que c'est elle qui aurait déterminé l'expédition du Mexique et fait désavouer la convention de Solidad; que c'est elle encore qui, en jetant après Sadowa le poids de ses préférences pour l'Autriche au milieu des combinaisons de la politique de l'Empereur, les aurait fait échouer. Enfin, pour achever le triste tableau de cette situation, on affecte de dire partout qu'au temps où l'Impératrice ne s'occupait que des élégances de la cour, l'Empire, gouverné par un grand prince, était parvenu au plus haut degré de puissance et de gloire, et que par elle s'est éclipsée toute cette gloire.

Assurément, cette opinion répandue dans le public est d'une injustice révoltante. Quels que soient les faits auxquels on fait allusion, quels que soient les avis que dans sa bonne foi et sa loyale franchise l'Impératrice ait pu émettre, ce n'est pas à elle qu'il est juste de faire remonter une responsabilité qui n'appartient réellement qu'à l'Empereur. Mais, pour être injuste, cette opinion n'en est pas moins une cause de faiblesse pour l'État. Déjà l'Impératrice, sans en connaître toute la gravité, paraît en avoir le sentiment; comment en effet, expliquer autrement que pour se dérober à une responsabilité dont elle commence à sentir le poids, l'attitude qu'elle aurait prise au conseil pour soutenir l'opposition de M. de La Valette à l'intervention contre Garibaldi, qui, connue bientôt dans tout Paris, y a causé de si étranges réflexions? Sans une douloureuse préoccupation comprendrait-on qu'elle eût paru faire si bon marché de la sécurité du Pape?

Quoi qu'il en soit, une telle situation, une opinion qui, en s'accréditant chaque jour davantage, peut affecter l'élément de salut que l'État tient en réserve, prouvent combien a été imprudente l'innovation faite en faveur de l'Impératrice, d'appeler la femme du souverain dans le conseil de ses ministres. Il y a là un sujet de sérieuses réflexions.

Et d'abord il est évident que la seule présence de l'Impératrice au conseil donne des armes aux ennemis de l'État, ou à tous ceux qui voudraient ruiner d'avance la régence éventuelle, car il suffit, comme nous le voyons, d'affirmer que son influence a été prépondérante au conseil dans telle ou telle affaire dont l'issue a été malheureuse, pour jeter un discrédit anticipé sur cette régence. Mais, en dehors des intérêts de l'avenir, n'y a-t-il pas aussi dans cette situation une cause grave de faiblesse pour le présent? Évidemment la présence de l'Impératrice au conseil des ministres à côté de l'Empereur est une sorte de partage du pouvoir. Or, quelque harmonie de vues et de sentiments qui puisse exister entre un prince et son épouse, le partage du pouvoir est toujours un affaiblissement du pouvoir. Comme la guerre, la politique exige l'unité de direction, et toute dualité dans l'État est un antagonisme au lieu d'une addition de forces. La pureté, la noblesse des sentiments ne changent rien à ces conditions. Si les points de vue sont différents, il est impossible que les solutions ne le soient pas. Or, quelle sera la situation des ministres devant deux souverains en dissidence d'opinion sur un point grave : l'un, par exemple, invoquant la politique, l'autre la religion, celui-ci préoccupé des intérêts de la Révolution, celui-là des besoins de la catholicité? Une telle situation ne peut engendrer que le trouble dans les faits, comme dans les idées. Comment espérer que le courage des ministres, mis à une pareille épreuve, ne faillira pas, qu'ils oseront dire la vérité, sans crainte de se heurter à l'une ou à l'autre des deux volontés? Évidemment les moins scrupuleux prendront le parti de louvoyer entre les deux écueils, les plus francs et les plus loyaux s'y briseront. La carrière s'ouvrira tout entière à l'esprit d'intrigue qui est le fléau des gouvernements, et le souverain sera exposé aux plus graves erreurs.

Il est donc impossible de ne pas reconnaître que la présence de l'épouse d'un souverain dans le conseil des ministres est dangereuse pour l'État. Condamnée par la théorie comme par la pratique universelle des gouvernements, elle est d'ailleurs contraire à la nature même des choses; car autant la piété des peuples s'incline avec respect devant une régente, devant une mère dont la sollicitude veille sur les intérêts de son enfant, autant elle s'étonne devant la femme qui vient aider son mari à gouverner. Plus ses qualités personnelles l'élèvent dans l'esprit public, plus son rôle dans le gouvernement affaiblit le pouvoir en le partageant.

Bien loin de moi la pensée d'opposer telle politique à telle autre. Le mal n'est pas tant dans leur choix que dans leur conflit. Les affaires humaines offrent presque toujours deux partis différents presque également bons à prendre. L'essentiel, c'est qu'un parti, une fois adopté, ne soit pas combattu par les regrets ou les désirs qu'excite l'autre. Je suis prêt à reconnaître qu'avec l'ordre des idées habituelles de l'Impératrice, on pourrait faire une grande politique; mais si les idées viennent à se heurter à d'autres doctrines, à d'autres vues, à d'autres plans en train d'exécution, la résultante de ces actions contraires aboutira infailliblement à un échec. Je vais rendre ce point sensible par un exemple.

Plus d'un an avant les élections générales de 1863, j'avais exposé à l'Empereur que faute d'agents électoraux, comme les maires dans les petites communes, les élections ne se faisaient à Paris et dans les grands centres de population que par l'influence des journaux. Je lui avais, en conséquence, proposé de choisir entre ces deux partis, ou de me laisser supprimer les journaux révolutionnaires, dans le cours de l'année qui précédait les élections, ou de m'autoriser à les gagner au gouvernement, en acceptant comme candidats à Paris les représentants de ces journaux. L'Empereur avait choisi ce dernier parti ; et, conformément à sa décision, jusqu'à l'entrée de la période électorale, tout était disposé et préparé suivant ce plan, lorsqu'au dernier moment l'Impératrice, en vue de quelques individualités, se jetant à la traverse de tout ce qui avait été arrêté et commencé, fit renoncer à ce plan. Naturellement les journaux repoussés par le gouvernement et qu'il n'était plus temps de supprimer, passèrent à l'ennemi ; les élections de Paris furent perdues : les conséquences de cet échec furent énormes. Or, le mal n'était pas dans le sentiment de l'Impératrice en lui-même. Si ce sentiment se fût produit un an plus tôt et qu'il eût fait choisir le premier parti, celui d'arriver à la suppression des journaux, il pouvait être aussi avantageux que le second. Mais écarter l'un sans pouvoir adopter l'autre était déplorable. Voilà comment deux politiques, quoique bonnes l'une et l'autre, arrivent, en se neutralisant réciproquement, aux résultats les plus funestes.

Maintenant, chercherai-je le remède à cette dualité du pouvoir qui est le vice le plus dangereux de l'État? La question est pleine de difficultés, de périls; mais elle n'est pas insoluble. Et d'abord les ministres ne devraient jamais assister à un débat d'opinion entre l'Empereur et l'Impératrice, car le spectacle d'un pareil dissentiment frappe le gouvernement tout entier d'impuissance. Si l'Impératrice veut aller au conseil, elle ne devrait s'y rendre qu'après s'être mise d'accord avec l'Empereur. Mais ce n'est pas dans le conseil des ministres qu'est la place de l'Impératrice; et c'est ici qu'il faut regretter que le conseil privé, destiné à devenir le conseil de régence, et par conséquent le conseil de l'Impératrice, n'ait pas reçu l'organisation qui avait été la première pensée de l'Empereur. Les puériles vanités, les mesquines jalousies qui en empêchèrent la réalisation, ont causé un grand préjudice à l'Empire. Un conseil privé composé de trois ou quatre membres seulement, ayant rang de grands dignitaires de l'Empire et ne pouvant plus être ministres, ne devait pas former, comme on l'a prétendu, un second gouvernement dans l'État. Sans attributions, sans pouvoir d'aucune sorte, n'ayant qu'à élaborer les hautes questions d'État, pour l'information particulière de l'Empereur, c'est-à-dire pour préparer le souverain aux délibérations ultérieures de ses ministres, un tel conseil n'aurait dû donner aucun ombrage à qui que ce soit; car rien n'empêche aujourd'hui qu'avant de voir ses ministres l'Empereur ne cause de ses affaires avec d'autres personnes. Mais des hommes dont les ministres n'avaient plus rien à redouter, morts pour la vie active et par conséquent en possession de cette haute impartialité, de cette haute indépendance d'esprit que donne l'absence de toute autre ambition, auraient pu rendre autant de services à Napoléon III que Cambacérès et Lebrun en rendirent à Napoléon Ier, sans plus troubler l'œuvre du gouvernement proprement dit que ne l'avaient fait ces hommes éminents.

C'était donc une pensée politique élevée que de vouloir créer, au milieu des ambitions universelles, quelques individualités désintéressées avec lesquelles l'Empereur pouvait parler en toute liberté, sans crainte de rencontrer avec elles, comme avec des ministres ordinaires, des intérêts différents des siens, et destinées à devenir en quelque sorte des instruments de méditation dans ses mains. Comme la vie active des ministres, absorbés par les détails innombrables que comporte la centralisation administrative, leur laisse à peine le temps de penser à autre chose, rien n'était plus conforme au génie de l'Empire actuel que de répartir les principaux membres du personnel politique de l'État entre ceux proposés à l'action et au pouvoir et ceux réservés pour la méditation et le conseil.

Or, c'est dans le cercle étroit de ces derniers que l'Impératrice eût trouvé sa vraie place, pour connaître, surveiller les grandes affaires et se concerter avec l'Empereur. C'est du sein de ce conseil, entourée des mêmes hommes qui devaient éventuellement devenir son conseil de régence, que contemplant et jugeant les événements, elle se fût préparée, sans compromettre son prestige, sans exposer sa robe aux ronces du présent, au rôle qu'elle avait à remplir si la Providence lui réservait une cruelle mission.

Mais à défaut d'une institution qui n'existe pas, et dont il serait difficile de concevoir l'établissement dans un état de choses où tout ce qui semble porter ombrage à certaines individualités dominatrices du gouvernement est écarté avec un soin et une habileté qu'on regrette de ne pas retrouver dans les grandes affaires, ne pourrait-on pas y suppléer ?

Au lieu de faire figurer officiellement l'Impératrice dans les délibérations du gouvernement, au lieu d'apprendre au pays par le *Moniteur* sa présence au conseil, c'est-à-dire, de l'exposer à toutes les récriminations, à tous les commentaires de la malveillance, ne serait-il pas plus sage, plus naturel, plus politique, de n'appeler l'épouse du souverain que dans des conseils secrets formés accidentellement des principaux ministres, dans les circonstances importantes ? Ce serait donner à l'Impératrice la même faculté d'exprimer ses sentiments, les mêmes facilités de connaître les grandes affaires, sans l'exposer à une responsabilité anticipée de nature à affaiblir l'éclat des qualités et des vertus que la nation admire en elle.

Quelles que soient les mesures à prendre par le gouvernement, l'Impératrice n'a rien à gagner à y attacher son nom. Si ces mesures échouent, elle en porte le poids ; si elles réussissent, elle en enlève l'honneur à l'Empereur. Dans l'un et l'autre cas, c'est une atteinte portée au prestige de l'Empire, par conséquent un affaiblissement pour elle-même. A tous les points de vue, l'auguste épouse du souverain a donc intérêt à rester en dehors du gouvernement officiel, dans une sphère calme, élevée, inaccessible aux passions de la politique.

Telles sont les considérations que m'inspire mon dévouement, et que depuis longtemps ma conscience me reprochait de ne pas soumettre à l'Empereur. En accomplissant ce devoir dans le secret le plus absolu, je ne me dissimule pas cependant que ma pensée pourrait être, ou mal comprise, ou dénaturée. De tout temps, je ne le sais que trop, l'intrigue qui exploite les gouvernements au profit de ses cupidités, mais qui n'a que des tableaux séduisants à présenter, a mille fois plus de chances d'être agréée que la vérité austère, mais utile. J'invoque donc trente ans de services fidèles pour que cet acte de dévouement ne me soit pas imputé à crime. Comme chef du gouvernement, l'Empereur peut m'écarter des affaires, si mon concours ne lui est pas agréable. Mais j'espère que la personne du grand Prince que j'aime, que j'honore, que j'admire, dont l'amitié a fait la gloire de ma vie et le titre d'honneur de ma famille, ne me rejettera pas de ses affections, parce que, pour lui rendre un grand service, je n'ai pas craint de toucher à une partie si voisine de son cœur.

Chamarande, ce 11 novembre 1867.

Et maintenant on peut se faire une idée de l'impression que dut faire ce mémoire sur le caractère impétueux de l'Impératrice, entre les mains de laquelle il était tombé. J'ignore ce qui se passa entre Leurs Majestés à ce sujet, mais je reçus deux lettres (1), l'une de l'Empereur, qui m'expliquait l'incident qui avait fait mettre sous les yeux de l'Impératrice un écrit qui ne lui était pas destiné. Il le regrettait d'autant plus que l'Impératrice, après cette lecture, avait pris la résolution de ne plus paraître au conseil, et qu'il désapprouvait cette résolution. Il ne répondait pas au fond même de mon argumentation, c'est-à-dire aux considérations que j'avais présentées sur le dualisme politique introduit dans l'État par la présence de l'Impératrice au conseil : il ne la justifiait que par la nécessité d'initier la régente éventuelle à la connaissance des grandes affaires. Du reste, Sa Majesté ne me reprochait pas ma franchise, elle paraissait plutôt m'en estimer davantage, et, pour tout dire, le ton général de sa lettre pouvait faire croire que l'Empereur était plus de mon avis qu'il ne voulait le paraître.

Quant à la seconde lettre, elle était de l'Impératrice et contenait huit pages écrites d'une main ferme. Dans cette lettre, conçue avec un sentiment de fierté, de dignité et même une vigueur d'expressions remarquables, l'Impératrice déniait énergiquement toute intervention de sa part dans les événements passés, mais elle se disait prête à en accepter la responsabilité pour en décharger l'Em-

---

(1) Je n'ai pas retrouvé ces deux lettres dans les papiers du duc en ma possession. (*Note de l'éditeur*.)

pereur; elle affectait surtout de croire que j'étais seul à lui attribuer une influence sur les décisions du gouvernement et à blâmer sa présence au conseil; elle déclarait cependant qu'elle n'y mettrait plus les pieds. Malgré la politesse de la forme et les ménagements qu'elle s'était imposés, le ton de sa lettre laissait voir qu'elle était profondément blessée de ma démarche.

Pour moi, en répondant à l'Impératrice, je me gardai bien de paraître m'être aperçu de son irritation. Je trouvai plus utile à la cause que je voulais servir de prendre acte, en quelque sorte, de sa résolution, en la félicitant de sa générosité comme d'une grande action. « Votre Majesté, lui disais-je entre autres choses, paraît étonnée d'apprendre comme pour la première fois ce qui se dit et se répète partout, jusque dans ses propres salons. La vérité est-elle donc réellement si difficile à parvenir aux souverains? N'avez-vous donc aucun véritable ami, aucun serviteur sincère et courageux? Ce silence autour de Votre Majesté semble inexplicable. Mais je le comprends peut-être; car moi aussi, qui me croyais ferme et résolu, que d'efforts ne m'a-t-il pas fallu faire pour me décider à ce cruel devoir! En l'accomplissant toutefois, j'étais loin de prévoir que mes paroles arriveraient jusqu'à vous; je ne pouvais donc pas me douter que chaque trait échappé de ma main allait vous frapper au cœur.

Je ne le regrette pas cependant, puisque le cœur, quoique encore tout saignant de la blessure que je lui ai faite, a pu prendre une si noble résolution. »
Et je finaissais ainsi :

« En prenant le généreux parti de se retirer du cercle officiel des affaires, Votre Majesté mettra fin à une situation dangereuse pour elle, dangereuse pour l'Empereur et pour son fils. Ces rumeurs injustes s'éteindront peu à peu, le calme rentrera dans les esprits, le prestige de la belle, de la noble et courageuse Impératrice reprendra bientôt tout son éclat. Alors, Madame, quelque douloureuse qu'ait été pour vous la révélation inattendue de la vérité, vous ne la regretterez pas. Jusque-là, comme Télémaque sous la main qui le jette à la mer pour le sauver, maudissez en toute liberté le cruel conseiller qui, pour vous servir, a meurtri votre cœur ; mais laissez-le vous féliciter de votre noble résolution, admirer et bénir les inspirations de votre grande âme. »

Mais cette résolution ne fut pas de longue durée, au moins en apparence, car quelques jours après l'Empereur m'écrivait de nouveau pour me dire que, décidément, il ne pouvait pas accepter le sacrifice de l'Impératrice, et qu'il voulait qu'elle assistât au conseil comme auparavant. Il en donnait pour raison principale la crainte des commentaires malveillants qui ne manqueraient pas de se produire quand on la verrait cesser brusquement de paraître au conseil. Revenant sur la question même, il ajoutait, à mon étonnement, que, me plaignant un jour des bruits qui représentaient l'Impératrice comme hostile à une partie du ministère, j'avais moi-même exprimé cette pensée, qu'il était préférable qu'elle assistât au conseil.

Dans ma réponse, je ne cherchai ni à contester l'assertion, ni à l'expliquer. « Si, en effet, disais-je à l'Empereur, j'ai, moi aussi, conseillé la présence de l'Impératrice au conseil, c'est qu'alors, sous le charme de brillantes qualités, j'aurai été aussi imprudent que les autres. Une froide raison aurait dû prévoir que la présence au conseil de l'épouse du souverain devait créer une dualité dans l'État; que cette dualité, et non pas, bien entendu, la personne de l'Impératrice, produirait un trouble dans le gouvernement; qu'il en résulterait un désarroi dans l'opinion; que tandis que les uns, les plus sensés et en petit nombre, expliqueraient le mal par cette dualité, ce qui est vrai, les autres, et les plus nombreux, l'attribueraient à l'Impératrice elle-même, ce qui est faux. »

Quant à la question elle-même, comme je ne voulais pas avoir fait sans résultat une démarche aussi grave, j'ajoutai que l'Empereur avait raison, dans sa sagesse et sa prudence, de ne pas accepter aujourd'hui le sacrifice de l'Impératrice; qu'il n'aurait pas fallu, dans tous les cas, prendre une détermination pareille si brusquement; que dans ma pensée l'Impératrice aurait dû, peu à peu, insensiblement, cesser de paraître au conseil; mais j'étais persuadé que l'Empereur et l'Impératrice reconnaîtraient chaque jour davantage la justesse des considérations que je m'étais permis de leur exposer.

Et en effet, c'est ce qui est arrivé, car, après avoir mis de l'irrégularité à assister au conseil, l'Impératrice a fini par n'y venir que rarement, et aujourd'hui, en 1869, elle n'y paraît plus. Je crois donc avoir rendu un véritable service à l'Empereur et à l'Impératrice elle-même. Mais si j'ai fait mon devoir de loyal et fidèle serviteur, il faut reconnaître qu'il était difficile à un souverain et à une souveraine de recevoir des avis pénibles à entendre d'une manière plus noble et plus élevée. On ne saurait s'étonner qu'une femme si belle, si fière, entourée de tant d'hommages et de flatteries, ait été d'abord irritée d'une pareille intervention entre elle et son mari. Sa colère était bien légitime. Je dirai plus : il est naturel aujourd'hui qu'elle redoute un serviteur peut-être trop franc, trop indépendant, et par conséquent qu'elle ne soit pas désireuse de le voir rentrer aux affaires. Mais il n'en est pas moins noble et généreux de sa part d'avoir compris, suivi un conseil si peu agréable, et de m'avoir montré, en réalité, si peu de ressentiment. Lorsque donc la vérité a tant de peine à arriver aux souverains, ici, du moins, ce n'est pas la faiblesse des princes, mais la lâcheté des courtisans qui en est cause.

Paris, ce 21 février 1869.

DE LA LÉGISLATION
SUR LA PRESSE

Quoique inventeur du régime des avertissements que j'avais fait introduire, en 1852, dans la loi sur la presse, j'avais été un des premiers à demander non la suppression, mais la modification de ce régime. J'avais reconnu qu'avec le temps et par suite des abus introduits dans son application, il était devenu plus nuisible qu'utile à l'Empire. Le contraste de la faiblesse du ministère, depuis le retour aux pratiques parlementaires, avec le caractère arbitraire du régime de la presse, jetait un discrédit chaque jour plus prononcé sur le gouvernement, car on supporte peut-être plus aisément le despotisme entre les mains de la force qu'entre celles de la faiblesse. Ce régime, d'ailleurs, ne servait plus au gouvernement, mais seulement à la personne des ministres, ce qui est bien différent. En fait, il était impuissant à protéger l'Empereur, la dynastie ou le gouvernement proprement dit, parce qu'après trois avertissements, la bonté, la générosité de l'Empereur, quand il ne s'agissait que de lui, mettait obstacle à la suppression du journal incriminé. Mais il n'en était pas de même avec certains ministres qui, ayant personnellement la main dans le bureau ou la direction de la presse, établie au ministère de l'intérieur, causaient aux journaux une terreur des plus sérieuses. Tous les jours, un rédacteur de chacune des feuilles de Paris était forcé de venir demander le mot d'ordre à cette terrible direction. Là, on leur faisait comprendre aisément qu'attaquer un ministre était bien autrement grave que de médire de l'Empereur, ce qu'ils savaient de reste. On leur insinuait également sans peine que s'ils parlaient ou ne parlaient pas de telle mesure, louaient ou ne louaient pas tel acte, tel ministre ou tel personnage, on saurait bien trouver dans le journal récalcitrant, pour avoir l'occasion de le frapper, quelque attaque plus ou moins déguisée contre l'Empereur ou la Constitution, et devant ces menaces les journaux se voyaient contraints de s'exécuter. Il en résultait donc que l'opinion publique était trompée sur toutes choses; que les actes les plus absurdes ou les plus détestables de certains ministres étaient loués universellement; que les procédés financiers de M. Fould, par exemple, étaient exaltés par la presse comme de grandes actions; que l'Empereur était tenu dans une ignorance complète de l'opinion publique, et, tandis que les personnages souvent les moins honorables étaient l'objet, dans les journaux, des plus pompeuses admirations, c'était l'Empereur qui devenait le bouc émissaire de toutes les colères soulevées par ce régime odieux parmi les écrivains de la presse.

Frappé de la gravité de pareils vices, dont malheureusement j'étais resté longtemps à m'apercevoir, j'avais conseillé à l'Empereur de modifier cet état de choses. Pour soustraire la direction de la presse à l'intervention personnelle des divers ministres, pour supprimer leur action clandestine sur les journaux, je proposais à l'Empereur d'adjoindre au ministre de l'intérieur une commission consultative de deux membres nommés par chacun des grands corps politiques et judiciaires, c'est-à-dire par le Sénat, le Corps législatif, le Conseil d'État, la Cour de cassation, la cour impériale et le tribunal civil, en tout douze membres, afin de donner le double caractère politique et judiciaire à cette espèce de tribunal. Or, du moment que le régime des avertissements eût été entouré de pareilles garanties, qu'il eût fallu, pour donner un avertissement, consulter une commission de cette importance, on ne pouvait plus, du cabinet de la direction de la presse, exercer sur les journaux cette pression arbitraire qui les mettait au service des plus misérables intérêts et souvent des plus honteuses passions. Je proposais, en outre, qu'aucun avertissement ne pût être donné sans que le rédacteur eût été appelé à s'expliquer devant la commission, ce qui me paraissait de toute justice; c'était d'ailleurs un moyen de prémunir l'administration contre des intrigues de la nature de celles dont j'avais été moi-même victime, comme ministre de l'intérieur, lorsque je fus obligé, avant les élections de 1863, en vertu d'une décision prise en conseil des ministres, de donner à un journal deux avertissements successifs pour des articles que j'apprenais plus tard avoir été reçus par ce journal des mains d'un de mes collègues du ministère. Dans ce projet, il me semblait que le régime des avertissements, purifié de ses abus et relevé par le mode solennel des décisions à prendre, eût conservé tous ses avantages sans ses inconvénients.

L'Empereur avait paru approuver beaucoup ce projet; mais après en avoir parlé probablement à ceux de ses ministres qui auraient le plus redouté la perte des petits moyens d'intrigues dont ils disposaient par le bureau de la presse, il n'était plus aussi favorable à ce système. Il me dit plusieurs fois qu'il ne voulait rien changer au régime des journaux, et même comme un journal, la *Liberté*, avait publié que j'étais d'avis d'une modification dans la loi de la presse, il fit démentir l'assertion par le *Moniteur*, en termes qui n'étaient rien moins qu'agréables pour moi. Je fus donc extrêmement surpris de la fameuse lettre impériale du

19 janvier 1867, qui annonçait le rétablissement de la liberté de la presse ; mais je le fus encore plus peut-être quand, après de si longs délais, le ministère accoucha d'un projet de loi sans idée, sans principes, sans caractère ni libéral, ni conservateur, qui offrait tous les inconvénients de la liberté de la presse, sans aucun de ses avantages.

Affligé de voir l'Empire tomber de plus en plus dans des mains dangereuses, j'entrepris de signaler à l'Empereur le vice fondamental de ce projet de loi et de lui proposer l'adoption d'un principe de législation qui me paraissait seul capable de maintenir la presse dans le ton de modération, de convenance indispensable sous le régime de la liberté. En conséquence, j'adressai à l'Empereur, à la date du 25 novembre 1867, une note dont voici le texte, et que je crois important de faire figurer dans mes Mémoires :

NOTE POUR L'EMPEREUR

La législation relative aux délits commis par la voie de la presse contre les personnes doit figurer parmi les vices les plus pernicieux de l'Empire. C'est cette législation, dont l'expérience a démontré l'inefficacité, qui a jeté sur la liberté de la presse le discrédit dont elle est frappée aux yeux du public. C'est le secret du trouble que l'acte du 19 janvier a causé dans l'opinion. Je ne crains pas de le dire, et je me propose de le démontrer, c'est cette législation, dont le principe, par une sorte d'aberration universelle, s'est répandu en Europe, qui compromet la liberté de la presse et fait un fléau, au lieu d'un bienfait, du droit précieux pour tout homme de pouvoir librement publier ses opinions.

Lorsqu'en 1852 j'eus l'honneur de proposer au gouvernement le régime des avertissements et de le faire introduire dans la loi de la presse, ce n'était pas contre la liberté de discussion que j'avais voulu armer le gouvernement. Comme je le disais alors, comme je le répéterai aujourd'hui, un pouvoir fort et national n'a rien à craindre, mais, au contraire, tout à gagner à la liberté de discussion. Dans notre temps, où, quelle que soit la forme, la nature du gouvernement, c'est en réalité l'opinion qui règne et gouverne, l'État a tout avantage à laisser se produire les diverses manifestations de l'esprit public. La liberté de la presse, c'est le frein des abus de pouvoir, des ambitions déréglées, des intrigues contraires au bien public, toutes choses qu'un souverain a plus d'intérêt que personne à empêcher. C'est le mouvement des idées imprimé à tout l'organisme social et politique; c'est, en un mot, pour la liberté moderne, ce que la vie ardente, passionnée, mais féconde, du forum romain, était pour la liberté antique.

Je sais que des esprits prudents redoutent la liberté de la presse, à cause des circonstances particulières de notre époque, où nous avons non seulement à accomplir l'œuvre difficile dans tous les temps, dans tous les pays, de fonder une nouvelle dynastie, mais encore à réconcilier entre eux les éléments contraires de cette longue guerre sociale appelée la Révolution française. Pour moi, je ne partage pas ces craintes. De même, comme je le disais naguère, qu'à l'avènement de Henri IV, après soixante-dix ans de guerre de religion, il n'était plus possible de passionner les esprits, d'armer les citoyens les uns contre les autres, pour ou contre la transsubstantiation; que le héros béarnais pouvait dire, sans faire frémir ses huguenots : *Paris vaut bien une messe;* de même, aujourd'hui, après soixante-dix ans de luttes politiques pour ou contre les mêmes idées, il n'y a plus rien à redouter du choc de ces idées. Je vais plus loin : quel que soit l'état des partis qui survivent aux passions de la Révolution, quelles que soient les causes qui les maintiennent dans des camps si hostiles en apparence, l'idée mère de la Révolution a tellement pénétré toutes les âmes, façonné toutes les consciences, que les hommes des partis les plus opposés en sont arrivés à n'avoir, en quelque sorte, que le même langage. Écoutez les plus éloquents d'entre eux : M. Berryer, M. Thiers, M. Jules Favre,

M. Rouher; sous des drapeaux si différents, et quelle que soit leur pensée secrète, ils semblent combattre pour les mêmes intérêts, professer les mêmes doctrines, réclamer les mêmes choses; ils ne diffèrent réellement que quant à la réalisation plus ou moins exacte, plus ou moins complète, des mêmes principes. Jadis les mêmes hommes, en prononçant de belles harangues, au milieu des fureurs du temps, n'auraient pensé qu'à s'égorger. Aujourd'hui, comme ces avocats qui épousent les intérêts sans les passions de leurs clients, ils se donnent la main au bas de la tribune et se font tour à tour compliment de leur talent. Or, quand un pays en est là, il est mûr pour la liberté; le temps est venu d'en réaliser les avantages; ce sera la gloire de l'Empereur de l'avoir compris le premier.

Pour moi, en proposant, en 1852, le régime des avertissements, j'étais loin de songer, je le répète, à supprimer le droit de discussion. J'étais loin, surtout, de proposer ce régime comme une institution durable. Dans toutes les occasions où il m'a été donné d'en parler, je n'ai cessé de dire qu'elle ne pouvait être que transitoire; l'on se rappellera peut-être qu'il y a quelques années, une sorte d'avertissement me fut adressé par le *Moniteur* pour m'être permis, avant le temps, de condamner ce régime. C'est qu'en effet, si je connais les dangers de la licence de la presse, je connais aussi les périls du pouvoir arbitraire sur elle, si ce pouvoir venait à tomber dans des mains vulgaires.

Quelle est donc la raison qui me fit inventer alors l'expédient des avertissements? La voici telle qu'elle fut exposée par moi au sein du gouvernement : c'est qu'en présence d'un projet de loi qui n'était autre chose qu'une reproduction de la législation précédente sur la matière, me rappelant tout ce qu'elle avait produit dans le passé d'agitations, de scandales et de violences, tout ce qu'un tel régime d'offenses, de diffamations, d'injures, de calomnies contre les personnes, avait engendré de démoralisation dans le pays, je n'avais pas besoin d'étudier beaucoup cette législation pour être convaincu qu'elle était détestable ; et comme, alors, je ne savais pas mieux que d'autres plus versés que moi dans l'étude des lois, où était son vice caché, il me paraissait nécessaire, faute d'une législation plus intelligente, et en attendant qu'elle fût trouvée, de soustraire par un remède héroïque les premiers temps de l'installation du nouveau gouvernement à l'abus qui avait ruiné les gouvernements précédents.

Mais aujourd'hui qu'une longue expérience des affaires m'en a fait connaître le vice, je n'hésite pas à le signaler, ni à dire hautement : Non, ce n'est pas à la liberté de la presse qu'il faut s'en prendre. Le mal découle simplement d'un vice de procédure introduit dans la loi par l'ignorance ou l'inexpérience de la liberté. C'est ce vice, en effet, qui, en rendant illusoire la répression des délits commis par la voie de l'impression contre les personnes, a constitué, en dehors de la presse proprement dite, en dehors des journaux politiques sérieux, en dehors des publicistes et des écrivains dont s'honore la presse française, toute une classe de malfaiteurs qui, sous le nom usurpé de journaliste, dans l'intérêt d'un trafic honteux, ou à la solde de passions coupables, se livrent à un brigandage sans nom; qui, abrités derrière les colonnes d'un journal, attaquent et surprennent les passants en leur demandant l'honneur ou la bourse, comme jadis les voleurs de grands chemins, la bourse ou la vie. Mais de même qu'en perfectionnant nos institutions, nous avons délivré les routes des brigands qui les infestaient, sans avoir besoin de gêner, mais au contraire en assurant la liberté de circulation, de même nous pouvons établir la liberté de la presse, en débarrassant simplement le journalisme des malfaiteurs qui s'y cachent.

Voyons donc le vice de législation qui donne naissance à cette classe de malfaiteurs. Il est tout entier dans la loi du 26 mai 1819, loi étrange, dont chaque disposition semble un défi au bon sens, et qui est surtout contraire à l'esprit de notre droit : en effet, il n'a pas seulement pour objet de punir, mais de prévenir ; il ne se borne pas, comme celui des barbares qui occupèrent notre territoire après la chute de l'Empire romain, à sévir sur la plainte de la partie lésée. Il ne considère pas, comme le faisait leur loi, qu'un crime ou un délit non dénoncé cesse d'être un crime ou un délit. Il n'admet pas, par exemple, que le meurtrier, en indemnisant ou effrayant les parents de la victime, puisse, par la suppression de la plainte, se soustraire à la vindicte publique. Veillant au nom de tous sur la sécurité de tous, armé du glaive de la justice, il va, sans cesse, recherchant les crimes et les délits commis contre les personnes ou contre les choses, et les poursuit, au nom de la société, aux frais de l'État, avec le bras de l'État, sans la plainte, sans l'intervention, sans l'avis et même malgré l'avis des parties intéressées. Si vous êtes attaqué ou menacé dans vos biens, dans votre personne, dans celle de votre femme ou de vos enfants, vous le voyez accourir. Il devance vos plaintes, se charge de la poursuite, au nom de la société blessée dans l'un de ses membres, et met au service de votre cause les forces mêmes de la puissance publique. Tout cela est d'un grand peuple et d'une grande civilisation.

Mais par une contradiction étrange, inouïe, si le

tort qui vous a été fait a été commis par la voie de la presse; si, au lieu de votre bien ou de votre corps, on a cherché à atteindre plus que votre bien, plus que votre corps, votre honneur même; si on a tenté de vous flétrir aux yeux du monde entier, vous, votre femme, vos enfants; que, pour une cause quelconque, vous ne pouviez ou n'osiez porter plainte, alors, comme sous la loi des barbares, l'outrage reste sans châtiment; car, par une exception qui est une tache dans notre législation, l'action répressive est réduite à l'impuissance. Cette magnifique institution du ministère public, si admirée de l'Europe, cette magistrature qui honore notre pays par ses talents et par ses vertus, se voit condamnée à rester silencieuse et contristée devant le malfaiteur impuni. La vindicte publique est désarmée.

Examinons en détail la loi de 1819, et nous verrons, en effet, qu'elle assure l'impunité de presque tous les cas qu'elle a prévus. Voici pour commencer l'article 3 : en vertu de cet article, les délits contre la personne des souverains et celle des chefs des gouvernements étrangers ne peuvent être poursuivis que sur la plainte ou à la requête du souverain ou du chef du gouvernement qui se croit offensé. Or, n'est-ce pas l'impunité évidente? A moins d'un cas bien extraordinaire, imaginez-vous le chef d'un grand peuple, un souverain comme la reine d'Angleterre ou l'empereur de Russie, se déclarant offensé par les injures d'un misérable? Et, en effet, ce n'est pas évidemment le souverain étranger qui est offensé en pareil cas, c'est notre pays lui-même, forcé d'assister à ce honteux spectacle, de le tolérer en vertu d'une loi. Sans parler du droit concédé par cette voie indirecte aux passions politiques d'attaquer les institutions monarchiques, par la déconsidération jetée sur les personnes royales, il y a là un vice intolérable pour une nation qui se respecte.

De même pour les grands corps de l'État, pour les cours, les tribunaux et les autres corps constitués. En vertu des articles 2 et 4 de la même loi, il faut qu'ils se réunissent, qu'ils délibèrent en assemblée générale, pour dire s'ils se croient offensés et requérir les poursuites. Quelle mise en scène! Quelle garantie, quels ménagements pour les insulteurs publics! Ne dirait-on pas que ces derniers ont fabriqué les lois eux-mêmes? Aussi voyez ce qui arrive : quoique depuis un demi-siècle les corps constitués en France aient été souvent attaqués, audacieusement insultés, on cite à peine quelques cas où ils aient bien voulu se soumettre à cet appareil étrange.

Quant aux personnes, objets de l'article 5 de la même loi, c'est-à-dire les dépositaires ou agents de l'autorité publique, les diplomates étrangers accrédités près du souverain et les particuliers, l'expérience est faite depuis longtemps. Il est aujourd'hui bien démontré que sur cent cas de diffamations ou d'injures graves, il y en a à peine un qui soit l'objet de poursuites. Du moment, en effet, que le ministère public ne peut intervenir d'office, il répugne généralement aux personnes lésées de porter plainte. Les uns craignent, en se donnant en spectacle, de s'exposer de nouveau à la malignité publique et de sortir des mains de la justice encore plus outragés par les injures de l'avocat du délinquant que par le délinquant lui-même; les autres, par dignité personnelle, ne veulent pas admettre devant le public qu'ils ont pu être blessés par des coups partis de si bas. D'ailleurs, comme dans toutes les questions qui touchent à l'honneur privé, ici les mœurs dominent les lois. D'un côté, l'humble qualité de plaignant devant les tribunaux répugne à nos mœurs; de l'autre, l'action de se rendre justice à soi-même, au risque de se salir les mains, est condamnée par nos lois; de sorte que faute de plainte, comme chez les Francs ou les Normands, le malfaiteur triomphe et se donne carrière.

Ainsi, par un vice de la loi, voilà tout un ordre de délits impunis, toute une cause grave de démoralisation protégée par la loi elle-même. Chaque jour la malignité publique est entretenue, excitée par de misérables et scandaleuses chroniques; les mœurs se corrompent dans ce milieu malsain, et la société française, au point de vue moral, est livrée à une sorte de banditisme.

Maintenant comment expliquer une pareille législation ? Quelle raison donne-t-on pour justifier les auteurs de la loi de 1866 ? Cette raison bien peu sérieuse, la voici : on suppose qu'il pourrait être aussi désagréable à la partie lésée qui ne veut pas porter plainte, de voir la justice saisie par le ministère public que par elle-même. C'est-à-dire que voilà l'impuissance de la loi démontrée par ses défenseurs mêmes. Et d'abord quel est donc l'homme diffamé, insulté par la voie de la presse, qui à son initiative propre de plaignant, initiative pénible, délicate, compromettante, ne préférerait pas l'action publique, agissant en dehors de sa personne, au nom de la société tout entière ? Pourquoi cet homme, dégagé de toute responsabilité personnelle, craindrait-il une action judiciaire qui n'est faite ni par lui, ni en son nom ? Est-ce que le ministère public, une fois libre de son initiative vis-à-vis des délits commis par la voie de l'impression, ne le serait pas aussi pour prévenir et agir en cas de nouveaux délits à l'audience ? Ne peut-on, d'ailleurs, ne doit-on pas également mettre l'honneur des citoyens à l'abri des injures des avocats ? Enfin, quelle que soit la répugnance de la partie lésée à voir l'action de la justice s'exercer à son sujet, n'est-ce pas le principe de notre droit de faire passer l'intérêt de la vindicte publique avant l'intérêt personnel? En définitive, il s'agit pour la justice de préserver l'ordre social, et non pas de consulter des convenances personnelles. Si j'ai été volé par un domestique infidèle, il ne dépend pas de moi, même en ne portant pas plainte, même en faisant le sacrifice de l'objet volé, d'arrêter le cours de la justice. Si dans un cas de banqueroute frauduleuse la famille du coupable veut payer le déficit, il serait sans doute désirable pour les créanciers de pouvoir étouffer l'affaire : mais ces calculs de l'intérêt privé ne peuvent rien sur l'action de la justice. De même dans l'ordre moral. Voici un père de famille dont la fille a été abusée, séduite : le malheureux père voudrait soustraire sa famille à la honte d'un procès et à une publicité scandaleuse. Pourtant, quelque respectable que soit cet intérêt, l'action publique est forcée d'obéir à des intérêts encore plus élevés. Ce n'est pas seulement l'honneur d'une famille, c'est l'honneur de la société tout entière qu'elle a à défendre, en ne laissant pas un crime impuni.

La raison invoquée au profit de la loi de 1819 n'est donc pas solide. Elle n'a été inventée que pour expliquer une disposition qui semble inexplicable. Mais la vraie raison se découvre aisément si l'on se reporte au temps où elle a été faite, c'est-à-dire aux premières années de la Restauration, alors que, par une sorte de manie, les institutions anglaises étaient si fort admirées et si mal imitées (1). On sait comment on avait compris en 1814 la constitution politique de la Grande-Bretagne. Nous allons voir comment on comprit, en 1819, la loi civile anglaise.

Ayant à faire une loi sur la poursuite des crimes et délits commis par la voie de la presse, les législateurs du temps, au lieu de penser, de méditer sur ce grave sujet, et surtout de s'inspirer de l'esprit de notre droit, trouvèrent plus commode de chercher des précédents en Angleterre. Se demandant ce qu'on faisait chez nos voisins, quand ils apprirent que les personnes lésées par la voie de la presse étaient obligées d'intervenir personnellement, il leur parut tout simple de transporter en France la procédure anglaise, sans se douter de l'énorme contresens qu'ils allaient faire.

En effet, ce n'est pas comme une exception ni comme une sorte de privilège accordé aux délits de la presse que la législation anglaise impose l'intervention de la partie lésée; c'est pour tous les crimes, pour tous les délits, et contre les personnes, et contre les choses; car en Angleterre il n'y a pas de ministère public; chacun doit y remplacer nécessairement par son action propre et pour toutes les

(1) Voir sous la rubrique *Annexes* la critique de l'application de ce système à la France. (*Note de l'éditeur.*)

causes l'action publique, dont l'institution n'existe pas. Que ce principe soit bon ou mauvais, que les Anglais aient bien ou mal fait de conserver le vieux droit des Normands et des Francs que nous avons répudié; qu'au risque de laisser, faute de plainte, une foule de crimes, de délits impunis, ils aient maintenu jusqu'ici une pareille législation, cela ne nous regarde pas. Ce que l'on peut dire seulement, c'est que, comme il arrive toujours dans l'histoire des peuples civilisés, là où le vice de la loi est général, et par cela même qu'il est général, il y est corrigé par les mœurs. Les Anglais n'ayant pas de ministère public agissant pour eux, n'ayant pas à payer, comme nous, toute une magistrature préposée aux fonctions de la vindicte publique, sont habitués à y pourvoir, chacun en particulier, sont préparés à en faire les frais, à en supporter les obligations, et trouvent tout simple que chacun soit chargé de mettre la justice en mouvement, quand il en a besoin.

Il faut remarquer, d'ailleurs, que les nécessités de la vie sociale ont introduit dans la procédure anglaise des tempéraments qui en corrigent les vices; qu'ainsi dans les cas graves et à défaut de la partie lésée ou des parents de la victime, c'est la Reine qui, par une fiction de la loi, comme mère de ses sujets, intervient pour opérer les poursuites, en se constituant elle-même partie civile. Mais quels que soient ces tempéraments, il est certain que beaucoup de jurisconsultes anglais envient notre ministère public et en réclament chez eux l'institution. Ce qui est encore plus certain, c'est que le jour où les Anglais organiseraient enfin l'action de la puissance publique pour poursuivre d'office les crimes et délits contre les personnes et les choses, ils n'auraient pas l'idée singulière de distinguer entre les délits commis par l'action, par la parole ou par l'impression, pour donner à ces derniers un privilège sur les autres.

La loi de 1819 ne peut donc pas se soutenir. Elle est contraire à notre esprit, à nos usages, à nos mœurs, comme au principe de notre droit : c'est l'impunité presque assurée aux délinquants. Tandis que par l'effet de la différence des mœurs, sur cent cas d'offense grave par la voie de la presse, il y en a quatre-vingt-dix-neuf, en Angleterre, qui sont l'objet des poursuites de la partie lésée, on en voit à peine un ou deux en France. De là la prodigieuse différence qui se remarque entre le ton de la presse anglaise et celui de la presse française vis-à-vis des personnes. Voilà pourquoi la liberté de la presse est supportée si aisément en Angleterre, tandis qu'elle nous semble si dangereuse en France. Or, il dépend de nous de faire disparaître cette différence : il suffit pour cela de retourner en cette matière, comme en toutes les autres, au principe fondamental et salutaire de notre législation.

Il y va de l'honneur du gouvernement. En supprimant le régime des avertissements, en rétablissant le droit commun en faveur de la presse, l'Empereur n'entend pas légitimer un régime de personnalités grossières, d'injures, de calomnies, de scandales qui finirait par abaisser notre pays au niveau du Bas-Empire. Le gouvernement doit savoir que c'est la crainte de la licence, et non pas de la liberté, qui a fait accueillir avec tant d'inquiétude par les Chambres et par le pays l'acte du 19 janvier. Proposer la suppression des restrictions que la loi de 1819 impose à l'action publique en matière de presse, rallierait donc bien vite les Chambres et le pays à la pensée libérale de l'Empereur. Il ne faudrait pas un mois pour qu'en présence d'une poursuite certaine, inévitable à chaque insulte, à chaque outrage par la voie de l'impression, cette nuée de malfaiteurs qui fait métier et marchandise de la réputation et de l'honneur des citoyens, qui jette un discrédit immérité sur la liberté de la presse, ne fût débusquée de l'asile assuré par une loi imprévoyante. Que l'Empereur prenne donc cette initiative; il aura fait un grand acte, digne de la France et de lui, car il aura fondé la liberté sur les bases mêmes de la morale publique.

Chamarande, 25 novembre 1867.

Après avoir pris connaissance de cette note, l'Empereur convoqua le conseil des ministres et le conseil privé pour en délibérer. Là, j'en donnai moi-même lecture, en expliquant auparavant le but que je m'étais proposé. Je disais que le projet de loi présenté aux Chambres, en rétablissant la liberté de la presse, ne remédiait à aucun des vices révélés par l'expérience du passé; qu'avec la prétention plus ou moins fondée de réprimer certaines discussions, il donnait carrière à des choses bien autrement dangereuses; que le péril dont la liberté de la presse pouvait menacer l'État ne consistait pas dans les discussions, quelque habiles qu'elles pussent être, mais dans les scandales causés par la violence du langage, l'injure, l'outrage prodigués aux souverains, aux corps constitués, aux ministres, aux fonctionnaires et même aux particuliers; que les hommes considérables pouvaient être indifférents aux attaques les plus violentes et les plus injustes; que, suivant l'expression de Lamartine, la statue des héros sort plus radieuse des coups de marteau qui frappent le marbre de tous côtés; mais que le spectacle de pareils scandales produisait deux effets redoutables qui, à en juger par le passé, ne manquaient jamais d'ébranler l'État : le premier, en frappant de crainte les personnages secondaires et timides, toujours les plus nombreux, qui, effrayés pour eux-mêmes des attaques des partis violents, passent du côté de l'ennemi pour éviter les coups et déplacent ainsi les forces de l'État; le second, plus grave encore, en démoralisant les grandes masses qui, comme elles ne comprennent rien aux difficultés, aux subtilités des répressions judiciaires, trouvant qu'un ordre de choses qu'on peut impunément bafouer, insulter, accabler d'outrages, mérite ces outrages, perdent peu à peu confiance dans sa force, ne croient plus capable de les protéger un gouvernement impuissant à se protéger lui-même, et finissent par le mépriser.

Je donnai ensuite lecture de mon travail, et je pus alors me convaincre, par l'approbation qu'il rencontra de la part des membres les plus honnêtes et les plus indépendants du conseil, que, sans les préoccupations envieuses et jalouses de M. Rouher, le principe de droit que je venais de rappeler eût été sans difficulté approuvé du conseil et de l'Empereur. Mais M. Rouher avait reçu quelques jours auparavant, de l'Empereur, communication de ma note. Comme, selon son habitude, il ne s'inquiétait du service de l'Empereur et du bien public qu'au point de vue de son intérêt ou de sa vanité ; que sa grande préoccupation en toutes choses était de ruiner tout ce qui venait des autres et surtout de moi ; que, sceptique, sans conscience, sans convictions, il n'était pas homme à s'incliner devant une vérité, si cette vérité ne pouvait être exploitée à son profit, il avait employé les quelques jours qu'il avait eus devant lui à préparer son plan de campagne et organiser ses moyens d'attaque contre mon projet. Il n'allait, du reste, jamais au conseil sans avoir distribué d'avance les rôles à ses adhérents, ce en quoi il excellait. Il avait donc monté la tête à M. Baroche et surtout à M. Troplong, la grande autorité aux yeux de l'Empereur dans toutes les questions de jurisprudence ; pour mieux s'assurer de lui, il était venu dans sa voiture de Paris à Saint-Cloud où se tenait le conseil.

Ce bon et excellent M. Troplong était, en effet, le plus faible des hommes. Il redoutait M. Rouher de toute la crainte que lui inspirait la nature jalouse, envieuse, méchante de ce dernier, et cela d'autant plus qu'il savait mieux que d'autres de quelles trames souterraines M. Rouher se servait contre ses adversaires. On va, du reste, juger du caractère de M. Troplong. Comme nous nous entendions parfaitement, lui et moi, sur les principes de la Constitution, à laquelle nous avions concouru tous les deux, plus que personne ; que nous déplorions autant l'un que l'autre les déviations qu'on lui avait fait subir, cette communauté d'idées avait resserré encore les liens naturels d'affection qui existaient entre nous. Un jour qu'il m'engageait à profiter d'une occasion au Sénat pour rappeler les principes de la Constitution, et qu'à ce sujet je lui communiquais le plan d'un discours qu'il approuvait beaucoup, il fut convenu entre nous qu'il me réserverait le premier tour de parole, sans en rien dire à personne, ce qu'il fit, en effet. Or, lorsque j'eus prononcé mon discours, je vis M. Rouher monter au bureau du président et un colloque animé s'établir entre eux deux. A l'issue de la séance, M. Troplong, encore tout ému, tout agité, me dit que pour n'avoir pas prévenu M. Rouher de ce que j'avais retenu la parole, il avait été traité par celui-ci comme il ne l'avait jamais été de sa vie. Il en paraissait indigné, humilié, honteux. Je crus que, désormais, il y avait un abîme entre ces deux hommes. Mais point du tout. Dès ce jour M. Troplong, dominé par M. Rouher, n'était plus maître de lui-même ; l'esprit de ce vieillard illustre, bon, honnête, loyal, mais faible, était subjugué par la crainte, et pour complaire à M. Rouher il prenait parfois vis-à-vis de moi, après m'avoir montré jusqu'alors et peut-être plus qu'à aucun autre tant d'amitié, tant de sympathie, une attitude qui m'affligeait pour lui-même.

Or, dans cette nouvelle circonstance, il se montra le plus humble des serviteurs de M. Rouher; car non seulement il se prononça contre mon projet, ce qui était tout simple et tout naturel si c'était son opinion, mais il affecta de ne pas vouloir le discuter, disant avec une sorte de véhémence tout à fait contraire à son caractère qu'il n'y avait pas un magistrat, en France, pas un jurisconsulte, qui voulût un instant discuter sérieusement une pareille chose; ce qui me fit lui répondre sur le même ton que, dans ce cas, je plaignais sincèrement mon pays de n'avoir pas un magistrat, pas un jurisconsulte qui eût le sens politique. Mais qu'on s'imagine ce que dut produire une pareille déclaration de la part du président du Sénat, surtout du premier président de la Cour de cassation, de la plus haute autorité judiciaire de l'Empire, sur l'esprit d'un prince qui, comme l'Empereur, était complètement étranger aux études du droit. Il fut aussi stupéfait que je l'aurais été moi-même, si je n'avais pas connu le secret de cette scène. Tel fut l'effet d'un pareil langage, que le meneur de l'intrigue n'eut pas même besoin de prendre part au débat, car après des observations de même nature présentées par M. Baroche, l'autre compère de M. Rouher, j'abandonnai moi-même la discussion, en disant avec dédain, comme je le faisais bien souvent dans des occasions semblables : « Après tout, je savais bien, d'avance, le sort qui était réservé à ma proposition. Ce que je voulais, c'était de remplir un devoir de conscience. Que m'importe le reste? L'Empire est heureusement assez fort pour supporter le poids de toutes les fautes qu'on peut faire aujourd'hui; mais viennent les périls, s'ils doivent venir de mon vivant, et je sais bien qu'alors je serai plus écouté qu'à présent (1). »

Mais ce que je ne savais pas quand j'écrivais et discutais ma proposition, et ce que MM. Troplong, Rouher et Baroche, qui le savaient, se gardaient bien de dire, c'est que l'idée, que je croyais nouvelle, de revenir, en matière de presse, à notre ancienne législation d'avant 1819, autrement dit au droit commun, avait été déjà soutenue par d'éminents jurisconsultes; que notamment en 1827 notre magistrature, frappée, après huit ans d'expérience, du vice de la procédure empruntée à l'Angleterre, c'est-à-dire de l'impunité assurée aux délits de presse par la répugnance générale des Français à porter plainte, en avait réclamé la réforme; qu'un projet de loi à cet effet avait été l'objet d'une grande et solennelle discussion dans la Chambre des députés; que toutes les fractions

(1) En quoi il se trompait. Voyez l'*Épilogue*.
(*Note de l'éditeur.*)

de la Chambre, même l'opposition, ayant à sa tête M. Casimir Périer, avaient adopté le principe de rétablir l'initiative du ministère public, sans la plainte des parties, pour toutes les attaques commises par la voie de la presse, non seulement contre la famille royale, mais contre les souverains étrangers, les corps constitués, les ministres et les fonctionnaires publics; qu'il n'y avait eu de division dans la Chambre que pour l'article concernant les particuliers, c'est-à-dire la vie privée; que pour cet article, les uns, comme M. Casimir Périer, tout en maintenant l'initiative du ministère public sans la plainte, voulaient donner à la partie lésée le droit d'arrêter les poursuites, quoique dans le projet les attaques contre les personnes dussent être jugées à huis clos et sans publicité; les autres, comme M. de Martignac, également dans l'opposition et qui fit un admirable discours, voulaient, au contraire, que l'action du ministère public, agissant au nom de la société et dans l'intérêt même des parties, ne fût arrêtée par rien. Ce que je ne savais pas non plus, mais que savaient encore MM. Troplong, Rouher et Baroche, c'est que cette loi, votée à une grande majorité par la Chambre des députés, ne fut retirée avant la discussion de la Chambre des pairs que par des considérations tirées des circonstances politiques du moment.

Comment donc M. Troplong avait-il pu parler

si dédaigneusement d'un principe de loi votée par une Chambre, discutée et approuvée par des jurisconsultes et des hommes d'État éminents? Comment, en affectant de considérer ma proposition comme une monstruosité judiciaire, avait-il trompé à ce point l'Empereur, surpris sa bonne foi d'une manière si grave et si peu digne de lui? C'est que les hommes même les plus honnêtes, les esprits les plus droits, une fois dominés par la crainte, ne s'appartiennent plus. La faiblesse des caractères explique autant de fautes et de mauvaises actions que la passion. Livré à lui-même, cet esprit distingué et charmant, ce cœur honnête et droit, cette nature douce et bienveillante, enfin cet homme de bien aurait été incapable de concevoir une mauvaise action; mais dominé par la crainte, affaibli par l'âge et sentant instinctivement qu'entre Rouher et moi, il avait tout à craindre des rancunes de l'un et rien de semblable de l'autre, il ne pensait plus qu'à satisfaire l'homme qu'il redoutait.

Il me reste un dernier trait à ajouter à mon récit. Quelques semaines après cette scène, comme j'avais publié mon opinion sur le rétablissement du droit commun en matière de presse, et que j'avais reçu, à ce sujet, de plusieurs jurisconsultes éminents, de plusieurs premiers présidents de cours impériales et procureurs généraux, des lettres d'adhésion et de félicitations, je me donnai le malin plaisir de montrer ces lettres à M. Troplong, m'imaginant l'embarrasser beaucoup. Mais bien loin de là, paraissant avoir complètement oublié ce qui s'était passé au conseil, il me répondit qu'il connaissait bien d'autres partisans de ma doctrine dans la haute magistrature, notamment à la Cour de cassation, et il m'en nomma plusieurs. Puis, se laissant aller à causer de ce sujet, c'est lui qui me fit connaître la grande discussion de 1827, l'opinion de M. de Martignac et de Casimir Périer, et me donna les indications nécessaires pour retrouver dans le *Moniteur* du temps le compte rendu des débats de la Chambre des députés sur la question. Et comme, étonné, je lui demandais alors, quelle que fût d'ailleurs son opinion personnelle, comment il avait pu dire au conseil, devant l'Empereur, qu'il n'y avait pas en France un magistrat, un jurisconsulte qui voulût discuter sérieusement une chose pareille; comment, dans une question qui, après tout, était bien plus du ressort de l'homme d'État que du légiste, il avait pu écraser d'un mot et du poids de son autorité une doctrine qui méritait au moins d'être sérieusement examinée : « Eh! que voulez-vous, me répondit-il avec sa bonhomie habituelle, où perçait toujours une pointe de gaieté, ce diable de Rouher était si furieux de vous voir vous jeter au travers de son projet de loi! »

Voilà donc la vraie, la seule raison qui fit repousser le rétablissement du droit commun en matière de presse! Voilà comment la liberté de la presse est restée un fléau au lieu d'un bienfait pour le pays! Voilà enfin pourquoi toute une classe de malfaiteurs, protégés par une loi insensée, faute de la plainte qui n'est pas dans nos mœurs, peuvent impunément semer la calomnie, l'injure et l'outrage, et jeter la démoralisation dans le pays! Mais comme tôt ou tard il faudra mettre un terme à cette fausse situation, et qu'il n'y a évidemment d'autre moyen sérieux de réprimer ces sortes d'écarts de la presse qu'en supprimant l'obligation de la plainte dans la procédure, c'est-à-dire en faisant rentrer ces sortes de délits dans le droit commun, j'ai cru utile de consacrer un chapitre de mes Mémoires à cette question; j'espère que cet exposé et le récit des faits qui s'y rattachent serviront un jour à l'union de l'ordre et de la liberté sous l'Empire.

Paris, ce 23 mars 1869.

CAISSE
DES TRAVAUX PUBLICS

1868

Au commencement de 1868 et à la suite de plusieurs conversations que j'avais eues à diverses époques avec l'Empereur sur le projet d'exécuter les grands travaux publics non plus avec les revenus ordinaires du budget, mais au moyen d'emprunts remboursables à longs termes et par voie d'annuités, Sa Majesté, qui paraissait approuver depuis longtemps ce système, m'engagea à lui faire un rapport sur cette question. Je m'empressai donc de satisfaire au désir de l'Empereur, et voici le rapport que j'eus l'honneur de mettre sous ses yeux :

« Sire, après avoir retiré le pays de l'abîme où il était tombé, et restauré dans notre société, bouleversée par tant de révolutions, les principes d'ordre et d'autorité; après avoir détruit, à l'extérieur, le germe des coalitions qui nous menaçaient et réconcilié la Révolution française avec l'Europe; après avoir donné une impulsion sans exemple à l'activité publique et fait accomplir de nombreux travaux productifs qui ont doublé la fortune du pays; enfin après ces merveilles que l'aveuglement de ceux qui les ignorent peut seul surpasser, il reste à Votre Majesté une grande chose à faire dans l'ordre économique : c'est d'achever, ou au moins de pourvoir aux moyens d'achever l'outillage du pays. Depuis longtemps, Votre Majesté se préoccupe de cette question; elle s'en est entretenue souvent avec moi; elle m'a encouragé, comme membre de son conseil privé, à en étudier les éléments; enfin, elle a désiré que je lui fisse connaître le résultat de mes études. C'est ce que je vais avoir l'honneur de faire, aussi brièvement qu'il me sera possible.

« Toute société, quel que soit son mobile, son principe d'activité, a besoin de l'outillage propre aux fonctions qu'elle s'est données. Un peuple guerrier, organisé pour la conquête, comme la Rome des premiers siècles, doit être un camp. Là, tout est sacrifié au but qu'on veut atteindre, à l'outillage de la guerre, aux armes, aux instruments de la conquête. Dans une société, au contraire, où, comme la nôtre, l'esprit public se tourne vers les travaux de la paix, de l'industrie, du commerce, de l'agriculture; dans un État de civilisation où la puissance, sous tous les aspects, aussi bien militaires que politiques, dépend absolument des développements de la fortune publique, ce qu'il faut accomplir avant tout, c'est l'outillage économique qui engendre les richesses.

« Lorsque les Romains s'emparèrent des Gaules, pour assurer leur conquête, en développer et utiliser les ressources, ils s'appliquèrent sans relâche à couvrir le territoire de voies de communication. Il faut voir, sur les plateaux élevés du centre de la France, où les conditions topographiques en ont conservé les traces plus qu'ailleurs, de quel réseau serré ils avaient couvert le sol.

« Plus tard, quand nos guerres intestines, et particulièrement celles de la succession carlovingienne, firent abandonner l'entretien des routes, qu'elles devinrent impraticables, et que l'absence de voies de communication, en isolant les diverses fractions du territoire et les rendant indépendantes les unes des autres, eut donné naissance au régime féodal, la société retomba nécessairement dans une sorte de barbarie relative. Mais comme un peuple ne peut vivre sans les échanges indispensables à ses besoins, faute de routes, il fallut recourir à d'autres moyens de transport. Alors, entre toutes ces petites nations éparses, les plus intelligentes, les plus habiles, furent celles qui surent se procurer, élever et nourrir le plus grand nombre de bêtes de somme. Tel fut l'outillage commercial du moyen âge.

« Puis vinrent les guerres, non plus intestines,

mais européennes de peuples à peuples, la création des grandes armées, la nécessité de transporter au loin les instruments de la guerre moderne, l'artillerie. Pour satisfaire à ces besoins nouveaux, on se reprit à créer des routes, les bêtes de trait remplacèrent les bêtes de somme, et la supériorité fut acquise à qui créerait ou achèverait le plus vite ce nouvel outillage. Enfin arriva l'invention par excellence des transports à bon marché, celle des canaux, et la nation qui la première sut appliquer d'une manière pratique ce nouvel instrument commercial, l'Angleterre, nous précéda de deux siècles dans la voie des richesses industrielles.

« Aujourd'hui, et depuis l'invention de la vapeur et des chemins de fer, c'est bien autre chose. L'outillage d'un pays comme la France, c'est tout ce qui peut mettre en valeur les produits du sol et du travail de l'homme, rapprocher les lieux de production des lieux de consommation, les voies de transport faciles, rapides et de plus en plus économiques de tous genres, de toutes natures ; voies navigables, fluviales, canaux ; voies ferrées, routes, chemins ; ouvrages d'art nécessaires à la navigation, les ports, les phares ; moyens de procurer aux terres et aux habitants l'eau qui leur manque ou de les débarrasser de celle qui leur nuit. L'outillage du pays, c'est enfin tout ce qui peut placer le travailleur dans les meilleures conditions pour développer, agrandir, perfectionner et utiliser, pour la société et pour lui-même, le produit de son travail.

« Ce n'est pas tout. En présence de cette immense rivalité que le travail fait naître entre les peuples civilisés, l'outillage économique moderne est l'instrument même de la conquête pacifique de l'univers par la civilisation. Le premier peuple du monde, le plus riche, le plus puissant, le plus redoutable sera donc celui qui non seulement aura le plus vite et le plus complètement achevé son outillage indispensable, mais qui dominera les autres peuples par la supériorité de cet instrument, indéfiniment perfectible, de richesse et de prospérité.

« Or, pour achever l'outillage indispensable du pays, pour nous maintenir en tête du mouvement général qui entraîne les nations dans les voies des richesses industrielles, il ne suffit pas seulement d'efforts énergiques, d'une activité sans trêve et sans repos, il faut encore des milliards de dépenses à répartir sur le plus court espace de temps possible. Mais où trouver ces milliards? Assurément, ce n'est pas dans les ressources ordinaires de nos budgets. Appauvrir et gêner les divers services de l'État, réduire nos forces de terre et de mer, marchander à l'armée ou à la marine le prix de son dévouement pour arriver à faire 70 ou 80 millions de travaux par an, une goutte d'eau dans la mer, ne saurait se continuer plus longtemps sans péril pour notre grandeur au regard des autres nations. A ce compte, il faudrait un demi-siècle, un siècle peut-être, pour achever notre organisation économique.

« Mais s'il est incontestable, aujourd'hui, que chaque travail d'intérêt public, chaque pièce de l'outillage économique d'un pays féconde pour toujours ce qui est à sa proximité et reste à jamais une cause de richesse pour la contrée qui en est dotée, il est juste que la génération présente ne fasse pas, à elle seule, tous les frais d'un instrument de prospérité qui doit profiter aux générations futures. Ce n'est pas, dans tous les cas, trop demander que de vouloir associer, au moins, la génération prochaine à la génération présente dans la répartition des charges à supporter. Cette répartition, sur une trentaine d'années en moyenne, n'est pas seulement équitable et morale, elle est souverainement économique, dans le sens élevé de ce mot; car elle n'impose aux populations leur part contributive dans le remboursement des dépenses faites, que quand elles profitent déjà d'instruments de richesse achevés et qu'elles sont, par conséquent, plus en état d'en supporter le poids. Voici un travail, par exemple, un chemin de fer départemental qui doit être exécuté aux frais de la contrée dont il est destiné à féconder les produits. Avec les ressources annuelles du budget du département et des communes qu'il intéresse, cet ouvrage demanderait vingt ans pour être terminé, c'est-à-dire pour être livré au public et engendrer les richesses dont il doit être le principal facteur. Mais si l'on trouve le moyen de l'exécuter en une seule année, c'est-à-dire, de faire profiter immédiatement le département et l'État des avantages qu'il doit produire, n'est-il pas clair que les populations, devenues plus riches par le fait de ce nouveau moyen de richesse, auront, pour en rembourser les frais, plus de facilités après l'exécution du travail qu'avant son entreprise?

« En réalité, la construction des travaux d'utilité publique, des divers intruments de l'outillage économique du pays, ne peut être poursuivie rapidement et avec la puissance qu'exige ce grand intérêt, que par la ressource de l'épargne publique, c'est-à-dire par l'emprunt remboursable à longs termes et par voie d'annuités. Sauf les limites naturelles que commande la raison, limites du crédit, des capitaux et des bras disponibles, c'est donc non seulement le meilleur, mais l'unique moyen d'achever notre outillage. C'est, en un mot, la solution du problème.

« Mais comment des idées si simples, si incontestables, ont-elles soulevé tant d'opposition, tant de passions? Comment expliquer tout ce qui s'est dit, tout ce qui s'est fait depuis vingt ans contre le système d'appliquer l'épargne publique à l'achèvement de notre outillage, et *particulièrement* contre ces obligations trentenaires étouffées dans leur berceau ? En vérité, on reste confondu d'étonnement, on cherche le secret de pareilles doctrines économiques, et on ne le trouve que dans les préoccupations de la politique. C'est, en effet, le défaut de confiance dans l'avenir qui, seul, peut rendre compte de ces doctrines. Dans un pays qui a subi tant de révolutions, il est concevable que des esprits se laissent encore troubler par les souvenirs du passé. Ceux qui craignent ou qui désirent de nouvelles révolutions sont naturellement disposés à ne pas entreprendre des opérations à long terme, à ne pas charger l'avenir au profit du présent, afin de rendre moins difficiles à réparer les malheurs qu'ils redoutent ou qu'ils espèrent. Mais un gouvernement fort n'a pas à prendre pour règle de conduite des considérations basées sur la crainte de périr. Un tel gouvernement doit avoir la prétention de vivre; et, pour lui, la meilleure garantie de vivre toujours, c'est de remplir résolument toutes les fonctions de la vie, de développer la richesse, l'activité, la prospérité du pays et de l'État. Sacrifier, au contraire, le présent, pour qu'en cas de bouleversement la catastrophe soit un peu moins rude, serait le comble de la déraison. Empêcher un gouvernement de faire ce qui doit le faire vivre, sous prétexte que ses jours seraient comptés, rappellerait cette étrange folie du dixième siècle, où, dans la croyance que la fin du monde devait arriver en l'an mille, les habitants des campagnes cessaient d'ensemencer leurs terres et les familles se dépouillaient au profit des couvents.

« Mais laissons de côté les théories, car dans l'application de l'épargne à une branche considérable de l'outillage du pays, les chemins de fer réalisent déjà les doctrines fécondes que nous recommandons. Là, en effet, Sire, et grâce au système d'obligations si habilement introduit par nos grandes compagnies et si puissamment encouragé par le gouvernement de Votre Majesté, l'épargne apporte librement, chaque année, quatre à cinq cents millions à l'exécution des travaux; quatre à cinq cents millions pris, chaque année, à l'épargne, sans que la société paraisse s'en apercevoir, sans trouble, sans gêne d'aucune sorte, sans qu'on sente nulle part le vide d'un pareil capital. Ce phénomène de la richesse publique engendrant, à son tour, les instruments de la richesse, n'est-il pas le plus admirable, le plus étonnant spectacle économique qui se soit produit dans notre pays? Peut-on désirer une démonstration plus éclatante du procédé financier propre à achever notre outillage?

« Mais comment appliquer l'épargne à cette branche de travaux d'utilité publique qui, n'étant pas, comme les chemins de fer, susceptibles de revenus, ne peuvent rétribuer l'épargne avec leurs propres produits? Il y a, en effet, ceci à considérer que dans cette énorme quantité de travaux qui réclament les secours de l'épargne, à l'exception des chemins de fer départementaux capables de donner quelques produits, de même que les irrigations, les desséchements et quelques autres branches de l'outillage général, la plupart des travaux, les routes, les chemins, les ports, les phares et même aujourd'hui les canaux, sont gratuitement à la disposition du public et ne peuvent, par conséquent, servir à une rémunération d'intérêts. Mais ceci n'est pas une difficulté. Toute la question est de savoir comment et par qui doit être constitué le capital qui, après chaque opération accomplie, doit rétribuer l'épargne des avances qu'elle a faites.

« Et d'abord, il faut dégager le terrain des fausses idées qu'on se fait souvent en France du rôle de l'État, lesquelles ne tendraient à rien moins qu'à charger le gouvernement de tout faire avec ses seules ressources. Dans cet ordre d'idées aussi contraire au bon sens qu'à la justice, jamais l'outillage du pays ne pourrait être terminé. Qu'à l'origine, l'État, en face d'une nation encore pauvre et dénuée des ressources du crédit, ait été obligé de tout créer à ses frais, rien de plus naturel. Mais aujourd'hui que par son initiative il a doté le pays de nombreux instruments de prospérité et répandu la richesse de toutes parts, c'est à la richesse publique de faire, à son tour, la plus grande partie de ce qui, jadis, incombait uniquement à l'État. De son côté, il est juste que l'État soit appelé à concourir avec les intéressés plus directs, avec les départements, les communes, les établissements industriels et les particuliers, dans les dépenses de chaque ouvrage d'utilité générale; car chaque pièce de l'outillage public, en enrichissant le pays, augmente les revenus directs et indirects du trésor; et, par conséquent, devant participer aux avantages, l'État doit aussi concourir aux charges. Cette répartition est d'ailleurs si logiquement indiquée, qu'elle se produit d'elle-même aujourd'hui dans presque toutes les opérations économiques du pays; qu'elle a servi de base aux lois nouvelles des chemins de fer départementaux et des chemins vicinaux, et qu'elle tend sans cesse à se généraliser. On doit donc désirer voir cette répartition s'appliquer à tout, même aux canaux, car, bien que l'État se charge ordinairement seul de ce genre de travaux, on ne comprendrait pas que là où il y a des établissements houillers et métallurgiques, des compagnies industrielles puissamment intéressées à la construction ou à l'amélioration des canaux, ces compagnies ne concourussent pas avec l'État aux dépenses d'un travail dont elles doivent retirer les principaux bénéfices.

« Ceci posé, et une fois admis le principe que dans une œuvre qui doit faire partie de l'outillage public, État, département, commune, établissements de charbonnage et de métallurgie, compagnies industrielles et particulières, chaque intéressé doit concourir en proportion de son intérêt dans la constitution du capital nécessaire, il ne s'agit plus que de réunir ces divers éléments pour en faire un tout capable de fournir à l'épargne l'intérêt et l'amortissement à long terme du capital qui aura servi à accomplir l'opération.

« Or la nature des choses indique elle-même la solution. Comme ces éléments divers ne sauraient s'adresser isolément à l'épargne avec des droits égaux à sa confiance et encore moins attendre que l'épargne vienne elle-même les solliciter les uns après les autres, il faut évidemment que l'ensemble des engagements contractés par chacun des divers coparticipants soit représenté, vis-à-vis de l'épargne, par un *titre unique* émané d'un créancier responsable dont la solvabilité soit certaine. Il s'agit donc, nécessairement, de créer une institution, une caisse chargée de recevoir, pour chaque projet à exécuter, les promesses d'annuités de chacun des coparticipants au projet, et d'émettre, en échange, une valeur correspondante en obligations susceptibles d'être prises par le public avec autant de confiance et d'empressement que les obligations de nos grandes compagnies de chemins de fer.

« Mais comment constituer cette caisse et la mettre en situation de servir d'intermédiaire entre le travail et l'épargne ? Comment amener l'épargne elle-même à accepter la représentation d'engagements de natures si diverses ? Comment enfin déterminer le courant des capitaux disponibles à prendre cette voie pour aller sur tous les points de la France achever l'outillage du pays ? Ces questions, Sire, ont été le sujet de nombreuses conversations avec les hommes les plus compétents en pareilles matières. Et voici les solutions qui m'ont paru le plus généralement agréées.

« Et d'abord, en ce qui concerne la coopération de l'État dans les travaux à exécuter, il a été reconnu que si le gouvernement voulait entrer résolument pour lui-même dans le système des obligations remboursables à longs termes par voie d'annuités et rétablir, par exemple, les obligations trentenaires, le crédit de l'État étant supérieur à tout autre crédit, il n'avait besoin d'aucun intermédiaire pour placer ses obligations, ce qui est évident. Quant aux autres parties contractantes au profit desquelles il est indispensable de créer une caisse des *travaux d'utilité générale,* les départements, les communes, les établissements industriels, les particuliers, quelque solidité que puissent donner aux engagements des uns la sanction des lois de finances indispensable à ces opérations, et aux engagements des autres les gages hypothécaires à fournir à la caisse, il serait naturellement impossible que cet établissement pût offrir à l'épargne toutes les garanties désirables, sans l'existence d'un capital de garantie propre à assurer le public contre toute imprudence de la caisse. Il semble donc nécessaire de confier la gestion de cette caisse à une compagnie financière dont le capital constitutif formerait le capital de garantie que nécessite l'institution ; de donner à cette compagnie des avantages analogues à ceux du Crédit foncier, un tant pour cent sur les diverses catégories de prêts pour rétribuer ses actionnaires et pourvoir aux frais de son administration ; de lui accorder la faculté d'émettre des obligations à longs termes remboursables par annuités et d'y joindre celle des lots et primes, aujourd'hui si fort appréciés de l'épargne, dont jouit également le Crédit foncier.

« Maintenant, comment former cette nouvelle compagnie ? La loi du 24 juillet 1867 décide que les sociétés anonymes peuvent se constituer sans avoir besoin de l'autorisation du gouvernement. Une compagnie pourrait donc se créer d'elle-même et prendre l'initiative d'une des plus hautes et des plus importantes fonctions à remplir dans la société actuelle. Mais autant il est important que la caisse à établir soit indépendante du gouvernement, qu'elle puisse être mise en mouvement par le public lui-même, en dehors de toute action, de toute pression administrative, et répondre ainsi à ce principe fondamental que ce n'est plus au gouvernement seulement, mais à la société tout entière à achever son outillage, autant il importe au crédit de la caisse qu'elle soit ouvertement revêtue du patronage de l'État. On ne comprendrait pas qu'une compagnie créée pour être l'instrument d'un des plus grands et des plus importants services publics, qui devrait entrer en relation avec les communes, les départements et le gouvernement lui-même, qui aurait à verser au trésor dans la plus grande partie des cas, et pour être dépensé par les ingénieurs du gouvernement, le produit de ses obligations, n'eût aucun titre qui autorisât et réglât officiellement ses relations avec l'État.

« Le grand intérêt de la création d'une caisse des travaux, c'est de déterminer le courant des capitaux disponibles, de l'attirer dans la caisse, pour être de là déversé, au meilleur marché possible, sur toutes les branches de l'outillage public. On ne saurait donc trop la recommander à la confiance et à l'attention du pays. En admettant que la compagnie soit invitée à s'organiser et à se constituer d'après la loi de 1867, il faut qu'à son tour, le gouvernement lui donne la consécration officielle, la désigne au pays, particulièrement aux autorités locales, comme seule autorisée aux fonctions élevées qu'elle doit remplir dans l'œuvre de l'outillage général du pays.

« Il y a, d'ailleurs, un intérêt moral considérable à ce que la caisse des travaux soit sous la surveillance de l'État; car il serait profondément regrettable qu'un établissement de cette importance pût être accusé ou même soupçonné de se livrer aux opérations reprochées à d'autres sociétés. Le mécanisme de la caisse des travaux tel que je le conçois est bien simple. Ce n'est qu'une opération de trésorerie. Elle reçoit des promesses d'annuités des départements, des communes, des sociétés industrielles et des particuliers, et elle émet, en échange, des obligations de la valeur correspondante à celle des annuités. Or, il ne faut pas que le public puisse croire qu'elle émette plus d'obligations qu'elle n'a reçu en gage de promesses d'annuités. Il est donc important que son crédit soit à l'abri de ce soupçon, par conséquent de la soumettre au contrôle de l'État. C'est le gouvernement lui-même qui doit fixer le chiffre des obligations à créer d'après celui des annuités.

« Que si le gouvernement par des considérations particulières répugnait à favoriser la création d'une nouvelle compagnie, ne pourrait-il engager le *Crédit foncier* ou la *Société générale,* ou les deux établissements à la fois, à se charger de cette haute fonction économique ? En fait, le Crédit foncier est déjà investi par ses statuts des principales facilités nécessaires à ce genre d'opérations. Il ne manque peut-être à l'institution de ce grand et puissant établissement que de constituer dans son sein ou à côté de lui une branche spéciale qui attire l'attention publique et fasse comprendre au pays qu'à côté de la fonction déterminée qu'indique le nom de Crédit foncier, existe une autre grande caisse des travaux publics destinée à fournir au pays les moyens financiers d'achever son outillage.

« Et maintenant, Sire, Votre Majesté peut se rendre compte du service qu'elle rendra au pays en favorisant la création de l'institution qui lui manque. Aujourd'hui, faute d'un instrument de crédit qui puisse centraliser tous les efforts, toutes les bonnes volontés, pour en faire la base d'un gage à fournir à l'épargne publique, le pays attend tout du gouvernement, et il attend en vain, car le gouvernement ne peut pas tout faire. Quoique la loi des chemins de fer départementaux, par exemple, ait donné toute la latitude possible aux conseils généraux, les départements restent impuissants, faute de moyens de colliger leurs ressources éparses ; mais que la caisse des *travaux d'utilité générale* soit fondée, aussitôt une foule de compagnies se présenteront pour demander, dans chaque département, la concession du réseau ferré, moyennant une certaine subvention. Le chiffre de cette subvention une fois déterminé, le préfet, ou un délégué du Conseil général, ou la compagnie concessionnaire elle-même, ou tout autre intermédiaire, n'aura qu'à rechercher les principaux intéressés aux lignes projetées, pour demander à chacun le montant des annuités auxquelles ils veulent s'engager; quand la somme des engagements réunie à la quote-part de l'État aura atteint le chiffre convenu, grâce à l'institution de la caisse des travaux, les capitaux seront à la disposition des intéressés et l'outillage du pays se poursuivra avec vigueur sur tous les points de la France. Sans parler davantage des voies de communication, si la pensée de Votre Majesté applique ensuite le même mécanisme à tous les autres travaux de l'outillage public : à l'arrosage des vastes espaces arides du Midi, au colmatage de certaines contrées, au desséchement des marais, aux lais de la mer, etc., etc., elle pourra mesurer la grandeur des résultats à atteindre. Dieu a donné à la France des milliers de cours d'eau pour arroser son territoire; mais tandis que le lit des rivières ne devrait être que l'égout collecteur des eaux qui, après avoir fécondé nos terres, doivent être rejetées à la mer, nous laissons s'écouler et se perdre inutilement des trésors inappréciables. Sire, je n'hésite pas à le dire, le jour où Votre Majesté, en créant l'institution nouvelle, aura pourvu aux moyens d'achever les travaux que réclame le pays, le jour où l'épargne pourra féconder toutes les branches de notre outillage et la richesse publique engendrer tous les instruments de la richesse, ce jour-là la France n'aura plus rien à envier à ses voisins. Forte du développement de sa prospérité générale, de l'augmentation rapide de ses ressources, aussi puissante par ses trésors que par ses armes, elle pourra, sans craindre aucune rivalité, continuer à marcher fièrement en tête de la civilisation, en bénissant chaque jour davantage le nom glorieux de Votre Majesté.

« Paris. 21 mai 1868. »

L'Empereur, à qui j'adressai ce travail, l'accueillit avec une satisfaction visible. Il daigna m'en remercier avec sa bienveillance habituelle; mais, à mon grand étonnement, il m'engagea à aller en conférer avec M. Rouher. Je ne dissimulai pas ma surprise à l'Empereur. Je lui répondis que ce n'était pas pour éclairer M. Rouher, qui n'en avait pas besoin, mais pour fixer les idées de Sa Majesté sur ce sujet, que j'avais fait ce mémoire; qu'il était déplorable de voir le gouvernement persévérer dans ce système absurde d'écraser tous les services publics, pour trouver dans les ressources ordinaires du budget le moyen de faire cent millions de travaux par an, quand on pouvait les faire avec une simple annuité trentenaire de cinq à six millions seulement; mais que pour vaincre les préjugés du conseil sur ces matières, c'était à l'Empereur seul à imposer sa volonté; que le projet, venant de Sa Majesté elle-même, serait facilement accepté; que ménager les vanités et les jalousies privées par l'intervention directe de l'Empereur, était le seul moyen de faire prévaloir des idées utiles; que quant à la proposition de Sa Majesté de me mettre, pour cet objet, en relation avec M. Rouher, c'était le moyen certain de faire tout échouer; que dans toutes les occasions où j'avais fait des propositions incontestablement utiles à l'Empereur et au pays, comme pour le Mexique et les provinces rhénanes avant Sadowa, la vanité, la jalousie de M. Rouher avait fait échouer ces propositions sans se préoccuper de l'Empereur ni du pays, et uniquement parce qu'elles venaient de moi; qu'enfin, sans avoir besoin de rappeler à l'Empereur ce que je pensais du caractère de M. Rouher, Sa Majesté en savait assez pour m'éviter tout contact avec lui. L'Empereur m'avoua alors qu'il avait déjà communiqué mon rapport au ministre d'État, et cela avec d'autant plus de confiance qu'il le savait entièrement dans cet ordre d'idées économiques. Il ajouta même que Rouher avait vivement approuvé le mémoire. « Oh! alors, dis-je en riant à l'Empereur, mon mémoire est décidément condamné, et je vais m'amuser à voir comment Rouher va procéder à l'autodafé. »

Je vis donc M. Rouher, qui me reçut avec son affectation ordinaire de bonhomie, et me dit qu'il avait lu mon rapport avec le plus vif intérêt. Après s'être demandé à quelle compagnie il serait préférable de confier l'opération, car il jugeait plus avantageux de prendre une compagnie existante que d'en créer une nouvelle, il se prononça pour la *Société générale,* et m'engagea à voir à ce sujet MM. Schneider, président du Corps législatif, et Talabot, fondateurs de cette Société. Comme ces deux personnages étaient très liés avec M. Rouher, je crus, un moment, que ma défiance était exagérée, et que sur le terrain des opinions économiques, il abandonnait peut-être, en cette circonstance, les préoccupations ordinaires de sa personnalité envieuse et jalouse. Il y avait, d'ailleurs, à peine quinze jours que, dans le conseil privé, ému d'une situation qui lui paraissait des plus graves, car il s'agissait de retirer le projet de loi sur la presse, il avait fait appel à la réconciliation de tous les amis de l'Empereur, et que j'avais répondu à son appel en me levant et lui tendant la main devant l'Empereur et l'Impératrice, à la vive satisfaction de Leurs Majestés. Il n'était donc pas impossible que mon attitude dans cette circonstance eût quelque peu désarmé son hostilité secrète. D'ailleurs, quand je vis MM. Schneider et Talabot, ils parurent si enchantés de la proposition qui leur était faite par mon intermédiaire en faveur de leur société; M. Schneider surtout, qui, comme chef du grand établissement du Creusot, se plaignait plus que personne des lacunes de nos voies de communication et voyait un grand avantage pour sa compagnie financière d'être chargée de cette grande fonction, approuva si vivement mon rapport; enfin, dans une réunion que nous eûmes chez M. Rouher, ce dernier exposa avec tant de talent, tant de clarté, à ces messieurs, le mécanisme de l'opération, qu'il eût paru odieux de douter de sa bonne foi. Je crus donc, décidément, que pour la première fois de sa vie il était sincère en soutenant un projet qui ne venait pas de lui, que pour la première fois de sa vie il allait sacrifier sa vanité à l'intérêt public. Comment, cependant après un mois de réunions, de conférences, de discussions, d'allées et de venues, le projet finit-il par être abandonné? Pourquoi de petites objections d'abord timidement hasardées devinrent-elles peu à peu des montagnes? Enfin, de quelle manière M. Rouher parvint-il à faire échouer le projet, sans laisser voir la main qui renversait l'édifice? En cela, il avait fait ce qu'il faisait sans cesse, dans les grandes comme dans les petites affaires, car l'intrigue était son élément, et personne ne la maniait plus habilement que lui. Trahissant tout le monde, même ses meilleurs amis, quand il avait intérêt à le faire, il ne laissait jamais subsister les traces de la trahison. Mais, en cette affaire spéciale de travaux publics, qu'avait-il besoin de se donner tant de peines, de recourir à tant de manœuvres, quand trois mots dits franchement eussent suffi pour lui épargner cette duplicité ? Voilà cependant à quoi cet homme d'un talent incontestable dépensait son habileté. Il est vrai que c'est ainsi qu'il gouvernait l'Empereur et menait toutes les affaires, car, à force de frapper par derrière ses adversaires en leur souriant agréablement, son ascendant légitime s'était accru de la crainte que sa fausse bonhomie inspirait à tous. Mais quel malheur pour un souverain et pour un pays que de tomber en de pareilles mains !

Paris, ce 1ᵉʳ mars 1869.

NOTICE BIOGRAPHIQUE

M. le duc de Persigny appartient au Forez par sa naissance et par sa famille (1).

Après avoir fait ses études au collège de Limoges, il entra à l'école de Saumur, en sortit avec le premier

(1) Le père de M. le duc de Persigny était receveur des finances; il appartenait à une famille noble et ancienne, originaire du Dauphiné, qui vient s'établir en Lyonnais, vers le commencement du dix-septième siècle, dans la terre et seigneurie de Beaulieu, près de Lyon (aujourd'hui à M. le marquis de Chaponay), par le mariage de noble Pierre Fialin, seigneur de Beaulieu, avec Ysabeau de Chiel, dame de Beaulieu et de Saint-Symphorien, héritière de sa maison. On les trouve dans des actes nombreux, depuis la première moitié du quinzième siècle, avec toutes les qualifications justificatives d'une position nobiliaire bien établie, et comme seigneurs de Beauregard, Saint-Michel, la Roche, Beaulieu, les Roynauds, Dalmès, Levert, Persigny et du Bois, dans les paroisses de Vif, Grane, Morancé, Cremeaux, Souternon, Saint-Julien d'Oddes, Saint-Paul de Vezelin, Saint-Georges de Barolles, Bussy, en Dauphiné, Lyonnais et Forez. Après plusieurs générations dans la terre de Beaulieu, la famille passa à huit ou dix lieues de là, en Forez, où elle figure à différentes montres et revues du ban et de l'arrière-ban, surtout à la fin du dix-septième siècle. Il est constaté dans l'ouvrage intitulé *Les fiefs du Forez avant 1789,* publié, en 1858, par d'Assier de Valenches, que le grand-père de M. de Persigny, en vendant une partie des fiefs dont nous venons de parler, et dont son père percevait les rentes nobles en 1749, se réserva le manoir de Persigny, dans la paroisse de Cremeaux, d'où est venu son surnom.

numéro, et passa dans le 4ᵉ hussards. Quelques années après, la perspective d'une longue paix l'engagea à quitter le service militaire, et il se trouvait à Paris, occupé de travaux littéraires, lorsque des affaires de famille l'appelèrent en Allemagne. Ce voyage, entrepris dans un but d'intérêt privé, devait exercer une grande influence sur son avenir. En allant à Augsbourg pour recueillir des papiers concernant un parent mort pendant l'émigration, il fit une de ces rencontres charmantes qui détournent si facilement un jeune homme de son chemin. Rendez-vous fut pris pour se revoir à Louisbourg, et il est inutile d'ajouter que M. de Persigny ne songeait pas à y manquer. Il se dirigeait donc sur cette ville, lorsqu'en rencontrant sur la route une voiture où se trouvait un jeune homme en costume de cadet, il vit son cocher agiter son chapeau en l'air en criant : *Vive Napoléon!* Ce cri au milieu de l'Allemagne l'étonna, et il en demanda l'explication. Le cocher lui apprit que ce jeune homme était un neveu de l'empereur Napoléon, qui était élevé à l'école militaire.

L'exclamation du cocher allemand fut une révélation pour M. de Persigny.

Eh quoi! il existe donc encore des membres de la famille de l'Empereur! La race de César n'est donc pas éteinte! Auguste vit; il peut reprendre la succession impériale! Si la mémoire de Napoléon est si vénérée parmi ces populations étrangères qui ont subi les ravages de la guerre, elle doit être chère au cœur de la France dont il a fait la première nation du monde! Le duc de Reichstadt n'est plus sans doute; mais la tradition napoléonienne n'est pas anéantie; elle peut être renouée par un autre Napoléon! Il suffira de prononcer ce nom au peuple, de rappeler les grandes choses auxquelles il est impérissablement lié, de réveiller, à travers les campagnes, tous ces vieux soldats qui sommeillent sur leur oreiller de gloire, et qui, au premier signal, se lèveront comme un seul homme pour rendre témoignage de leur Empereur; et le jour où le sentiment populaire pourra se manifester, ce jour-là la dynastie impériale sera rétablie!

Telles sont les pensées qui s'emparèrent violemment de l'esprit de M. de Persigny et le subjuguèrent. Pendant le reste de la journée, il erra dans le jardin du palais, en proie à ces nouvelles préoccupations. Et chose extraordinaire! ce jeune homme, qui venait de faire un long voyage pour un rendez-vous d'amour, dominé maintenant par une idée puissante, oubliait ce rendez-vous. Il passa la plus grande partie de la nuit sous un arbre, dans une sorte d'extase, se représentant dans l'avenir un Napoléon qui apparaissait au peuple et à l'armée, croyant voir les masses populaires qui défilaient devant un nouvel Empereur en poussant des acclamations. Et pendant cette hallucination, ou plutôt cette mystérieuse révélation, des larmes brûlantes inondaient son visage. Le lendemain, il quittait Louisbourg sans penser à l'objet qui l'y avait amené. Il avait hâte de rentrer en France pour se dévouer à la réalisation de son rêve. Et quel rêve! reconstruire un monde écroulé, ressusciter un passé qui ne semblait plus appartenir qu'à l'histoire!

Dès ce moment, il étudia l'histoire impériale. La France et l'Empire, l'autorité la plus forte à côté de la démocratie la plus féconde, lui semblèrent plus que jamais inséparables, et dans un élan tout chevaleresque il s'écria : « Je veux être le Loyola de l'Empire! » Comme l'action n'est que la logique de la pensée, il se mit sérieusement à l'œuvre. « Quand j'ai entrepris, — « a-t-il dit plus tard, — de servir la grande cause qui a

« si heureusement triomphé pour le bonheur et la gloire
« de la France, je ne me suis pas demandé si j'arrive-
« rais par là à la fortune ou à la misère, mais si l'idée
« était bonne pour mon pays, parfaitement résolu, du
« reste, ou à supporter la pauvreté avec résignation, si
« elle devait rester mon lot, ou à accepter la fortune
« avec modestie, si elle devait m'arriver un jour (1). »

A cette époque, le duc de Reichstadt était mort, « em-
« portant en apparence dans sa tombe toutes les tradi-
« tions napoléoniennes (2) »; Louis-Napoléon n'était
connu que par son héroïque conduite à Forli; le roi
Joseph, héritier légitime de l'Empereur, vivait à Londres
avec le calme, la sagesse et le désintéressement d'un
philosophe ancien. Le parti bonapartiste était peu de
chose : c'était un culte plus qu'une idée; il tenait tout
entier dans le salon de Mme la comtesse Regnaud de
Saint-Jean-d'Angely. Suivant l'expression d'un bonapartiste, le gouvernement de Louis-Philippe « riait au
nez de ces gens-là ». En un mot, le retour de l'Empire
n'était pas même un rêve.

C'est à ce moment, où personne ne s'inquiète encore
de revendiquer l'héritage du grand capitaine, que M. de
Persigny fit paraître la *Revue de l'Occident français*,
pour formuler l'idée impériale, et, s'il était possible, la
restaurer jusque dans sa forme gouvernementale.

Une telle tentative ressemblait à de la témérité,
presque à de la folie. En effet, cette initiative était
d'autant plus remarquable qu'elle était isolée; car,
lorsqu'il fonda cette publication, il agissait sans autre

---

(1) Discours prononcé au comice agricole de Roanne, le 1ᵉʳ septembre 1860.
(2) Discours de M. de Persigny au conseil général de la Loire,
le 23 août 1858.

mobile que ses convictions, sans autre force que sa foi, et n'avait encore de rapports avec aucun des princes de la famille impériale.

Cette *Revue* a pour épigraphe ces paroles de Napoléon : « J'ai dessouillé la Révolution, ennobli les peuples « et raffermi les rois. »

Dans la pensée de l'auteur, c'est moins une publication littéraire qu'un manifeste politique. Il n'écrit pas, comme un académicien, pour occuper ses loisirs, mais pour remplir consciencieusement un devoir; et l'on sent qu'il préférerait tenir dans sa main tout autre moyen d'action qu'une plume. Il débute par cette déclaration qui n'est point, à coup sûr, d'un homme de lettres de profession : « S'il nous était permis d'agir, nous n'aurions garde de penser à la discussion publique. »

Dès les premières pages, il expose sa pensée en termes significatifs : « Il n'est pas en Europe un seul « homme instruit des affaires de son temps, qui n'attende « une complète rénovation de ce continent. Il semble « que la voix partie autrefois des régions orientales pour « annoncer la venue d'un Messie proclame, à cette « heure, la vaste synthèse politique vers laquelle nous « avançons chaque jour davantage. A nous donc l'idée « napoléonienne, suppliciée au rocher de Sainte-Hélène « dans la personne de son glorieux représentant! En « cette impériale idée résident la tradition tant cher- « chée du dix-huitième siècle, la vraie loi du monde « moderne, et tout le symbole des nationalités occiden- « tales... Le temps est venu d'annoncer par toute la « terre européenne cet évangile impérial qui n'a point « encore eu d'apostolat. Le temps est venu de relever le « vieux drapeau de l'Empereur, non seulement l'éten- « dard de Marengo et d'Austerlitz, mais celui de Burgos

« et de la Moskowa. L'Empereur, tout l'Empereur (1)! »

Chose digne de remarque! M. de Persigny admire, sans doute, le génie militaire de l'Empereur; son cœur est ému par le souvenir de tant de batailles immortelles; mais il admire encore davantage le génie politique qui a créé des institutions plus étonnantes que ces batailles; il s'inspire avec enthousiasme de l'esprit et des idées qui ont présidé à l'organisation de la société moderne. Il examine successivement Napoléon relevant la religion humiliée, dont le rétablissement fut, dit-il, « une véritable conquête à l'intérieur », fondant de grandes familles, créant des points de ralliement populaires, opérant la fusion des partis, organisant l'instruction publique, consolidant la propriété, encourageant l'agriculture, le commerce et l'industrie, enfin concevant et réalisant un code de lois admirable.

M. de Persigny termine par ces lignes : « Il n'y a pas
« d'autre tradition, en ce moment, pour la France et
« tout l'Occident. Napoléon est une tradition plus
« féconde que tous les comités parlementaires et toutes
« les écritures constitutionnelles. En 1815, l'Empereur
« demandait vingt ans et deux millions d'hommes pour
« refaire l'Empire détruit par l'invasion. Aujourd'hui,
« il suffirait de deux ans et de nos quatre cent mille
« hommes au pied de paix. »

Il y a, dans ce petit volume, des théories élevées, des aperçus politiques et économiques qui ne manquent pas de profondeur. Des pages entières pourraient être citées, notamment sur la législation civile et l'économie politique, telles que les entendait l'Empereur.

La *Revue de l'Occident français* mettait en lumière

---

(1) *L'Occident français,* Paris, Paul Dupont. Préface, p. VIII.

le côté le moins connu et le plus durable de l'époque impériale. C'est une idée sociale, un dogme nouveau, une religion entière, dont les bonapartistes ne se doutaient pas. Ils savaient bien l'histoire des guerres de l'Empire; ils étaient encore éblouis par le souvenir de ces carrousels gigantesques auxquels l'Europe avait assisté, les armes à la main; mais nul d'entre eux n'avait songé à porter l'analyse dans toutes les parties de l'organisme impérial. On ignorait qu'il pût convenir à nos besoins, et que la société actuelle ne réaliserait un progrès sérieux qu'en l'adoptant de nouveau.

M. de Persigny se posait en adversaire de la « logo-« machie politique et des bavardages parlementaires », et il ajoutait : « Jamais l'humanité n'a fait un pas que « par un homme, l'homme de l'œuvre actuelle, parce « que, en effet, il n'y a qu'un homme qui puisse être le « représentant vrai, l'expression active d'une phase « humanitaire. Pour empêcher, pour conserver comme « pour détruire, il se peut que des efforts divers s'em-« ploient avec avantage; mais, pour agir, pour créer, « l'unité est la première condition (1). »

Ainsi, outre que l'*Occident français* était, à proprement parler, une révélation, c'était aussi un appel formel au rétablissement du régime impérial.

Faut-il le dire ? les chefs du parti ne saisirent point la portée de ce manifeste éloquent qui ouvrait sur l'objet de leur culte une perspective inconnue, et prêtait à leur foi stérile un point d'appui. Il résulte même d'une lettre de M. de Persigny qu'ils furent loin de l'encourager dans son entreprise.

L'*Occident français* ne parut qu'une fois. Néan-

---

(1) *L'Occident français*, p. 75.

moins, cette unique livraison suffit pour éveiller l'attention des princes exilés. Le roi Joseph voulut voir l'auteur. M. de Persigny se rendit à Denham-Place, près de Londres. A peine arrivé, il passa la nuit à composer un long mémoire sur les moyens de reconstituer le parti impérial ; puis il le discuta pendant plusieurs jours et finit par convaincre Joseph, qui donna son assentiment aux idées et au plan proposés, et promit, en outre, une somme considérable destinée à leur réalisation. Mais le frère aîné de l'Empereur retira bientôt sa parole : la foi en sa propre cause avait déjà défailli. A ce propos, M. de Persigny écrivit au secrétaire du prince : « Je « regrette beaucoup de n'avoir pu être complètement « compris. Cela me paraît un grand malheur; mais « quelque grand qu'il soit, il ne m'a pas arraché une « seule larme. »

Si la publication entreprise par M. de Persigny excitait de médiocres sympathies dans le parti bonapartiste, il trouvait ailleurs des compensations dans « les jeunes « dévouements qu'il inspirait ». J'en ai la preuve dans le passage suivant d'une lettre particulière : « J'ai mandé « auprès de moi un de mes amis, afin de lui donner des « instructions pour une mission à remplir dans une des « grandes villes de France... C'est un jeune homme « d'une noble famille, qui aura une belle fortune, et « d'un courage des plus audacieux. Jusqu'ici il n'était « connu que par des duels brillants, le choix de ses « chevaux et ses qualités de sportsman. C'est à quoi il « dépensait sa vie, quand j'ai montré un but à cette âme « ardente et lui ai donné une direction plus élevée... »

Du reste, sa foi en l'« idée napoléonienne » était si robuste qu'elle ne pouvait être abattue par aucun échec. « Il faut me résigner à mes propres forces, — dit-il à

« un de ses amis, — n'importe! ma volonté n'en sera
« pas ébranlée, car je ne sais pas d'obstacles de la part des
« hommes qui puissent briser mon courage et user ma
« foi. Quand on est indifférent aux jouissances maté-
« rielles et qu'on se moque de la vie sans gloire, on peut
« se dire plus fort que le commun des hommes. Je con-
« tinuerai mon œuvre d'apostolat et *je saurai trouver
« le point d'appui d'Archimède.* »

Je n'ai pas dit pourquoi M. de Persigny, malgré son dévouement actif à la même cause, était si mal apprécié par les chefs du parti bonapartiste. Il va lui-même, dans une communication intime, en fournir la raison, en établissant la différence qui existe entre eux et lui :
« Lorsque je ressentis l'inspiration d'une idée gigan-
« tesque, le hasard m'avait placé tout à fait étranger à
« certaines personnes. Pour arriver jusqu'à elles, je
« n'avais, il est vrai, qu'un pas à faire ; mille aboutis-
« sants se présentaient à moi. Mais j'ai répugné à faire
« la soumission de mes idées. Les chefs n'acceptent
« jamais les hommes nouveaux qu'à cette condition.
« Or, mes idées n'étaient de nature à s'humilier devant
« personne. Je ne suis pas membre du parti bonapar-
« tiste ; je suis de la religion napoléonienne. Le principe
« de mon dévouement n'est pas seulement dynastique, il
« est religieux. Je ne pouvais donc pas m'enrôler sous
« le drapeau d'un parti. Je n'ai jamais été lié aux princes
« Bonaparte que je ne connais point. Si je me dévoue à
« eux, c'est en vertu de ma foi. Ils portent en eux, indé-
« pendamment de leurs qualités personnelles, un prin-
« cipe dont ils ne sont pas maîtres, QUI AURA SES CONSÉ-
« QUENCES INÉVITABLES, quelles que soient leurs volon-
« tés... Du reste, le dogme de ma foi est inconnu des
« bonapartistes, et il ne peut leur être sacrifié. Or, c'est ce

« qui aurait eu lieu, si je fusse arrivé à eux comme un
« inconnu. Il fallait absolument que je fusse placé dans
« une position indépendante. Je me sentais assez fort
« pour, de cette position, leur faire accepter mes idées,
« et, une fois ce résultat obtenu, assez consciencieux
« pour obéir aveuglément au chef désigné..... Ma
« croyance est un tout complet, et les moyens d'exé-
« cution s'y lient tellement qu'il est difficile de les en
« séparer... A mon âge, on est toujours mieux organisé
« pour l'obéissance que pour le commandement. Je me
« sens tout le dévouement nécessaire à l'obéissance pas-
« sive que doit exiger un chef, mais à la condition qu'il
« aura la même foi, la même croyance, le même but
« que moi. Si je rencontre ce chef, c'est avec bonheur
« que je me mettrai à ses ordres, et que je lui confierai
« mes moyens, mes ressources... »

Le jeune auteur de l'*Occident français* avait donc ses idées, son plan, ses moyens d'exécution. Il ne lui manquait que le « point d'appui » nécessaire pour réaliser ses desseins. La conduite du comte de Survilliers et l'attitude des bonapartistes, loin de le décourager, avaient imprimé une nouvelle ardeur à sa foi.

C'est qu'au milieu de ses déceptions, l'apôtre napoléonien était soutenu par une idée inflexible. Il savait, en outre, par suite de renseignements pris sur la famille impériale, qu'après le roi Joseph et le roi Louis, alors les chefs de la dynastie, il existait dans l'ordre de l'hérédité un jeune prince qui, par son caractère énergique, son courage et son esprit éminent, était le véritable chef de sa race; et c'est par lui qu'il avait l'espoir d'être enfin compris.

En effet, pendant que M. de Persigny poursuivait résolument une idée dont le premier, en France, il avait été inspiré, de son côté, Louis-Napoléon Bonaparte, le neveu de l'Empereur, l'héritier de Napoléon II, était lui-même plongé dans la même méditation. Il sentait que c'était sur lui que reposait la tradition de la dynastie impériale. Mais, depuis la mort du duc de Reichstadt, tout le monde croyait que la tradition napoléonienne était ensevelie dans sa tombe. Jusque dans sa société la plus intime, le nouvel Auguste ne rencontrait personne à qui il pût confier ses secrètes et hautes pensées. M. de Persigny fut certainement le premier Français qui alla le saluer dans l'exil comme futur Empereur. Louis-Napoléon l'accueillit avec empressement, l'écouta, le comprit.

A partir de ce moment jusqu'aux événements de Strasbourg, l'existence de M. de Persigny fut un mystère pour sa famille et la plupart de ses amis. Il avait rencontré le chef qu'il avait tant cherché, et il lui consacrait son temps, ses forces, son activité. Il lui était enfin possible de tenter l'accomplissement de ses projets; il y travaillait donc de toute l'énergie de ses sentiments, de toute l'ardeur de ses convictions.

Il revint en France. Pendant sept mois environ, il parcourut les grands centres de l'Est, caché sous différents noms, pour faire de la propagande et recruter des partisans. Il regagna Arenemberg, emportant l'espérance que toutes les mesures étaient suffisamment prises pour le succès du grand mouvement qu'il avait préparé de concert avec le prince Louis-Napoléon.

Je ne veux pas raconter ici l'histoire de la tentative de Strasbourg. Il suffit de faire connaître la part qui en revient à M. de Persigny; c'est l'acte d'accusation qui nous l'apprendra. On sait que les documents de cette sorte ne flattent pas un accusé.

« Des six accusés qui, avec Persigny, sont parvenus jus-
« qu'à ce jour à se soustraire aux recherches de la justice,
« Persigny est celui dont la fuite est le plus à regretter.

« Dévoué depuis longtemps aux intérêts de Louis
« Bonaparte, actif, intelligent, homme de tête et de
« résolution, il possédait mieux que personne le secret
« des ressorts sur lesquels reposait la conspiration.

« Présent dans tous les lieux où il s'agissait soit
« d'activer le complot, soit de gagner des adhérents, la
« preuve de son concours ressort de tous les documents ;
« elle se rattache à la preuve de la culpabilité de chacun
« des conjurés, et il arrive que la tâche que l'accusation
« a dans ce moment à remplir à son égard est en quelque
« sorte terminée...

« Plus tard la justice a été saisie d'une pièce trouvée
« dans un habit de Persigny, et écrite de sa main ; elle
« renferme le plan que l'on aurait suivi dans le cas où
« le mouvement aurait réussi... »

Cette pièce tend à montrer que c'est M. de Persigny, investi de la confiance du Prince, qui correspondait avec les chefs secondaires ; qu'il était le centre de l'unité d'action ; en un mot, qu'il avait été l'âme de l'entreprise préparée par ses soins et peut-être d'après ses plans.

M. de Persigny, qui avait été arrêté, parvint à s'échapper des mains de la gendarmerie. A peine fut-il en liberté qu'il regretta de ne pas partager le sort de son noble chef. Il voulut se constituer prisonnier : le Prince le lui fit défendre.

Son séjour à Strasbourg ne pouvant se prolonger impunément, il gagna le grand-duché de Bade. Là, il fut traqué par la police locale, qui avait ordre de le livrer aux autorités françaises. Il erra plusieurs jours dans les montagnes de la forêt Noire, par des chemins inconnus, à travers des pays dont il ignorait la langue, jusqu'à ce qu'il apprît la grâce accordée à Louis-Napoléon.

Rassuré sur ce point, il partit pour la Suisse, séjourna un mois environ à Arenemberg; puis, reprenant la route de l'Allemagne, il passa en Angleterre.

M. de Persigny, voulant justifier l'entreprise de Strasbourg, en publia un compte rendu où l'on remarque ces passages : « Le prince Louis-Napoléon (après l'éta-
« blissement de la monarchie de Juillet) comprit qu'il
« n'y avait plus de patrie pour sa famille, tant que la
« voix du peuple ne serait pas consultée. Déjà frappé
« de cette communauté d'intérêts, de gloire, de prospé-
« rité et de revers qui exista entre le peuple français et
« la dynastie impériale, il le fut encore plus vivement
« de cette communauté nouvelle qui ne lui assurait une
« patrie que dans le triomphe de la cause populaire. Il
« se demanda si, lui aussi, il n'avait pas de devoirs à
« remplir envers le peuple français; si, héritier du plus
« grand nom des temps modernes, il ne devait pas faire
« servir le prestige de ce nom à replacer la nation dans
« l'exercice de ses droits légitimes... Si la France se
« montre satisfaite du régime actuel, si la paix inté-
« rieure se consolide sous la dynastie d'Orléans, le prince
« Napoléon s'est trompé. Mais si le mécontentement
« des partis, si ces mouvements partiels et répétés, pré-
« curseurs d'une révolution, continuent à éclater, on
« regrettera que le succès n'ait pas couronné l'entreprise
« d'un prince dont le noble caractère et le nom popu-
« laire assuraient à la France l'ordre, la gloire et la
« liberté (1). »

(1) *Relation de l'entreprise du prince Napoléon-Louis et motifs qui l'* *déterminée*. (Londres.)

Le plus grand mal qu'on puisse dire de cette tentative impérialiste, c'est qu'elle ne réussit pas. D'après des témoins honorables, que la différence d'opinion ne permet pas de suspecter, M. de Persigny a eu raison de dire : « Ce n'est ni un général, ni un aide de camp, ni un colonel qui fit manquer cette expédition : c'est la fatalité (1) ! »

Il en est un peu de la foi à une idée comme de l'amour : l'homme qui en a le cœur pénétré puise toujours une énergie nouvelle dans l'insuccès même de ses entreprises. M. de Persigny a beau attribuer à la fatalité la défaite de Strasbourg, il espère la vaincre à force de courage et de persévérance. Il écrit de Londres : « ... Je
« suis et serai toujours le même *impavidum ferient*
« *ruinæ*. Lorsque le demi-dieu de notre siècle a été
« cloué, comme Prométhée, sur un affreux rocher, pour
« y expier sa gloire, de quoi pourrai-je me plaindre
« La pensée de son long supplice ne me quitte jamais,
« parce qu'elle me donne la force de tout supporter.
« Quand j'ai commencé à vivre dans la foi de ce grand
« homme, je me suis préparé à tout. Il n'y a pas de tour-
« ment, il n'y a pas de douleur, de quelque genre que
« ce puisse être, qui m'étonnera. Rien donc ne saurait
« m'abattre. Tôt ou tard, nous mettrons le pied sur la
« trace du géant. »

Le parti bonapartiste, à Paris, qui aurait volontiers profité de la victoire, n'approuvait pas l'expédition, après qu'elle eut échoué. Je l'ai déjà dit, il adorait le passé plus qu'il ne croyait à l'avenir. Il se livrait à des récriminations amères jusqu'à l'injustice, surtout depuis que les débats judiciaires avaient révélé la coo-

(1) *Relation de l'entreprise du prince Napoléon-Louis et motifs qui l'ont déterminée.* (Londres.)

pération de ce jeune homme qu'il avait si froidement accueilli. M. de Persigny jouissait de toute la confiance du Prince; de plus, on le savait capable d'essayer indéfiniment, jusqu'à concurrence de sa vie, tous les moyens qui pourraient faire triompher la cause impériale. On s'entendit donc tout naturellement pour le perdre dans l'esprit de Louis-Napoléon. Des recherches furent faites sur sa famille; son nom fut contesté, son caractère abaissé, son désintéressement traité de calcul, son ambition mise au niveau de celle d'un intrigant. Un représentant du parti fut délégué auprès du Prince pour lui exposer, en ce qui concernait M. de Persigny, le résultat de toutes les investigations auxquelles s'était livré le zèle exagéré des bonapartistes. Le Prince écouta tranquillement ce singulier réquisitoire. « On ne me « croit donc pas capable, — répondit-il, — d'apprécier « un homme! » Comme le député insistait, en faisant observer qu'il serait, tout au moins, prudent de se tenir sur la réserve vis-à-vis de M. de Persigny, et de soumettre son dévouement à une sorte de quarantaine, le Prince ajouta simplement : « Mon cher, on n'éprouve « pas ses amis! »

M. de Persigny, ayant eu connaissance de cette mission extraordinaire, versa des larmes! Le Prince, lui prenant la main en souriant, la mit dans celle de l'envoyé bonapartiste. En effet, comment aurait-il pu sacrifier à une réclamation équivoque un serviteur d'une fidélité déjà éprouvée, doué de l'esprit de suite et d'initiative, et qui, mieux que personne, avait compris la grandeur morale et l'avenir politique de l'idée napoléonienne?

L'expédition de Boulogne mit de nouveau en relief le caractère de M. de Persigny. A peine arrivés dans cette ville, les insurgés furent repoussés et dispersés. Le Prince, avec cinq de ses amis, se jeta dans un canot ; la garde nationale fit feu ; l'un d'eux fut tué, un autre blessé, et l'embarcation chavira.

Le Prince et M. de Persigny, qui s'étaient mis à la nage, exposés pendant plusieurs minutes à une grêle de balles, furent bientôt arrêtés en mer et conduits au château de Boulogne, d'où quelques jours après Louis-Napoléon fut dirigé à Paris. Il y eut une scène touchante dans la cour de la prison, au moment où Son Altesse Impériale montait en voiture. La cour de la prison était remplie de soldats ; les prisonniers, vivement émus, étaient aux fenêtres, lorsque, au milieu d'un silence pénible, la voix de M. de Persigny se fit entendre : « Allez, « Prince ! — s'écria-t-il, — ne craignez rien ! l'ombre « de l'Empereur vous protège. Vous triompherez de vos « ennemis ! » Au mois de juillet 1854, le prince Louis-Napoléon revenait comme Empereur à Boulogne ; il visitait la prison où il avait été détenu, et arrivé dans la cour, au milieu d'une nombreuse assistance, il rappelait à l'Impératrice les paroles prophétiques de M. de Persigny, en lui montrant la fenêtre d'où elles avaient été prononcées.

Voyons, maintenant, quelle fut l'attitude de M. de Persigny dans le procès qui s'ouvrit devant la Cour des pairs.

L'organe du ministère public affirme « qu'il a pris à « ce complot une des parts les plus ardentes et les plus « obstinément coupables ». Il faut le croire !

Est-ce à dire que M. de Persigny vise à s'attribuer la gloire de chef de parti et qu'il manifeste la velléité de se poser comme un homme important ? Non. Et, sans vouloir repousser la responsabilité qui peut

lui incomber, il répondra : « Je n'avais qu'à obéir.
« J'appartiens au Prince, je suis son soldat; je lui ai obéi
« en tout ce qu'il m'a commandé. » Le chancelier insistant, il coupe court à toutes ces questions par ces mots :
« Je n'ai rien de plus à dire, j'ai apporté ma tête ici. »

En suivant la fortune du neveu de l'Empereur, M. de Persigny était préparé à toutes les éventualités qui pourraient l'atteindre personnellement. Le président de la Cour des pairs lui ayant accordé la parole pour se défendre, il oublia son propre intérêt pour s'occuper exclusivement de la cause dont il s'était fait le champion. Il ne voulut profiter de l'heure de liberté qui lui était laissée que pour glorifier encore une fois publiquement, solennellement, l'idée à laquelle il s'était dévoué corps et âme. Mais le chancelier l'empêcha de terminer sa défense.

M. de Persigny fut condamné à vingt ans de détention, et enfermé dans la citadelle de Doullens.

L'avenir est à ceux qui savent attendre dans la paix de leur conscience et la force de leurs idées. Je ne sais pas de plus noble conspiration contre l'adversité que la résignation du courage et le travail dans la confiance de l'avenir.

Pendant leur captivité, Louis-Napoléon et ses amis, toujours fermes dans leurs espérances, remplis de cette patience calme qui est souvent l'instinct d'une destinée meilleure, persuadés qu'ils ne s'étaient trompés que de date, se consolaient des rigueurs momentanées de la fortune par les plus sérieuses études. C'est du fond de cette retraite qu'est sorti le livre de M. de Persigny sur les Pyramides (1).

(1) *De la destination et de l'utilité permanente des Pyramides d'Égypte et de Nubie contre les irruptions sablonneuses du dé-*

Comme le titre l'indique, cet ouvrage a pour but de rechercher la véritable destination de ces monuments, et de prouver qu'ils ont été construits pour opposer une digue insurmontable aux irruptions du désert.

Pour arriver à la solution du problème qu'il s'était posé, M. de Persigny a tour à tour invoqué l'histoire, la géographie, l'archéologie, la géométrie, la mécanique, l'aérostatique, la météorologie; il a consulté tous les documents relatifs à l'Égypte, depuis Hérodote jusqu'à Champollion-Figeac; il a pesé toutes les assertions; il a discuté tous les faits; il s'est livré à de hautes considérations tirées de la politique et de la religion; enfin, il a présenté des preuves morales et des preuves mathématiques du problème.

Avant de publier son livre, M. de Persigny l'avait adressé sous la forme d'un mémoire à l'Académie des sciences, qui avait nommé une commission de cinq membres pour l'examiner. En le présentant à la savante compagnie, M. Arago avait implicitement donné son approbation en ces termes : « Les Pyramides ont l'em-
« placement, les dimensions et l'orientation pour repré-
« senter les aiguilles d'un barrage unique (1). » C'est là toute la thèse soutenue dans le livre.

M. de Persigny, qui était resté détenu jusqu'à la révolution de 1848, fut un des premiers à se réjouir de voir la nation, par l'établissement du suffrage universel, mise en possession du droit de se donner un gouvernement. Lui et ses amis jetèrent aussitôt en avant le nom de Napoléon. A peine ce nom fut-il prononcé, qu'il devint une espérance et un signe de

---

sert, par M. Fialin de Persigny. Paris, chez Paulin. — Le lecteur trouvera plus loin des extraits de ce travail.

(1) *Procès-verbaux de l'Académie des sciences.*

ralliement. M. de Persigny, soupçonné de provoquer des sympathies en faveur de l'héritier de l'Empereur, fut arrêté par les ordres du gouvernement provisoire et enfermé à la Conciergerie, où il se trouvait encore pendant les sanglantes journées de Juin. Mais bientôt le 10 décembre réalisa le rêve qui avait occupé sa vie.

Depuis l'avènement du prince Louis-Napoléon à la Présidence de la République jusqu'à l'ouverture de l'Assemblée législative, M. de Persigny ne fut investi d'aucune fonction officielle. Il se contenta de rester l'ami et le conseiller intime du chef de l'État.

Aux élections générales de 1849, il fut nommé représentant du peuple par les départements de la Loire et du Nord.

On sait quelle fut la participation active des fonctionnaires publics à l'élection présidentielle. Choisis par le général Cavaignac, ils soutinrent tout naturellement sa candidature. Mais, cette fois, l'opinion du pays se trouva en désaccord éclatant avec les agents de l'administration.

Après l'installation du Prince Président, la première question qui se présenta fut donc celle de savoir si les fonctionnaires supérieurs des départements seraient ou révoqués, ou maintenus, ou bien déplacés. Un document particulier, publié plus loin, nous apprend comment M. de Persigny était d'avis qu'on la résolût. La politique développée à ce sujet était tout à fait élémentaire; sa simplicité en faisait l'habileté. Elle était doublement sage, en ce sens qu'elle était prudente et ne froissait personne. En outre, elle présentait un avantage moral dont on aurait dû tenir compte, c'était de dégager la situation des fonctionnaires, en ôtant à leur conduite passée l'apparence d'une défection scandaleuse, et à leur dévouement pour le gouvernement nouveau l'apparence d'un concours équivoque.

Mais les amis du lendemain se préoccupaient de bien autre chose! Le crédit de M. de Persigny les gênait; ils essayèrent de le ruiner à force de zèle et de calomnies. Ils ne pouvaient pas rendre suspect son attachement au Prince : ils prirent la difficulté de biais. On lui attribua des discours qu'ils n'avait pas tenus, des opinions qui n'étaient pas les siennes. Il fut représenté comme un homme absolu, exclusif, extravagant même dans les desseins qu'on lui prêtait, et qui mettait une persistance satanique à suggérer des folies.

Après avoir été débités dans les journaux et colportés à travers les couloirs de l'Assemblée, ces propos eurent les honneurs de la tribune. On se souvient des « pas-« sions détestables » dénoncées par M. Odilon Barrot. M. de Persigny aurait pu opposer pour sa défense les principes qu'il avait toujours professés; il s'était borné, un jour, au plus fort de la lutte, à dire de ses adversaires : « Ils me poursuivent? J'ai un bon moyen de les « réduire à l'impuissance : c'est de les laisser faire! » Il avait raison. Néanmoins, le Prince Président, voulant ôter tout prétexte à une hostilité qui devenait excessive, envoya M. de Persigny en ambassade à Berlin, et ouvrit ainsi une nouvelle carrière à son activité.

Mais bientôt les partis allaient rendre nécessaire le coup d'État du 2 décembre.

La lutte entre le Président et l'Assemblée était, en effet, flagrante, la guerre civile près d'éclater, la conciliation désormais impossible : le coup d'État était légitime.

Parmi les conseillers de cette haute mesure qui devait mettre un terme à une situation aussi tendue, s'est trouvé naturellement M. de Persigny. Ici, qu'il me soit permis de noter un fait qui éclaire d'une vive lumière le caractère de notre illustre compatriote! Il avait été désigné pour remplir les fonctions de ministre de l'intérieur au moment du coup d'État. Il s'était préparé à cette mission importante, et il avait déjà écrit et signé la circulaire qui devait annoncer l'événement aux départements, lorsqu'à la veille du 2 décembre, frappé d'une grave considération, il engagea le Prince Président à ne pas lui donner un rôle aussi en évidence dans la mesure projetée. Il lui représenta que, dans un acte si considérable qui avait pour objet le salut de la société en péril, ses opinions impérialistes bien connues pourraient en compromettre la moralité, en lui imprimant le caractère d'une entreprise de parti. Il lui paraissait plus politique de choisir comme ministre du coup d'État un homme également dévoué et résolu, mais dont les affinités avec les classes moyennes et les relations amicales avec les représentants de tous les partis étaient de nature à rassurer les intérêts effrayés, en maintenant à la mesure le caractère exclusivement social qui la justifiait. C'est ainsi que M. de Morny fut appelé au rôle éminent qu'il sut remplir avec tant de courage et d'habileté.

Quant à M. de Persigny, il fut chargé de surveiller, à la tête d'un piquet d'infanterie, la prise de possession du palais législatif. Singulière coïncidence! l'homme choisi pour cette mission était le même qui, plusieurs années auparavant, avait dénoncé l' « inutilité de la tribune », et avait dit : « S'il nous était permis d'agir, « nous n'aurions garde de penser à la discussion pu-

« blique. » Il dut y avoir une satisfaction profonde dans le cœur d'un homme d'action tel que M. de Persigny, assistant, les bras croisés, à la clôture de ces séances vaines et agitées où il s'était contenté du rôle d'observateur.

Il était ministre de l'intérieur depuis le 22 janvier, lorsqu'en septembre 1852 le Prince Président entreprit, à travers la France du Midi, ce voyage triomphal où les populations l'accueillirent aux cris de *Vive l'Empereur! Vive Napoléon III!* et à la suite duquel l'Empire fut proclamé (1).

J. Delaroa.

(1) Extrait du *Duc de Persigny et les doctrines de l'Empire*, par J. Delaroâ. — 1 vol. H. Plon, éditeur. Paris, 1865.

ANNEXES

I

Les sciences exactes n'ont mérité cette épithète et fait des progrès sérieux qu'en prenant pour base et pour preuve la méthode expérimentale. Ce qui maintient certaines branches des sciences morales dans un état évident d'infériorité, au point de vue de la certitude, c'est précisément le mépris de cette méthode. En politique, par exemple, on voit sans cesse revenir les mêmes erreurs, les mêmes fautes, les mêmes folies, comme si leurs suites fatales n'eussent jamais châtié la sottise des peuples. C'est ainsi qu'après les deux essais de république qu'on sait, nous en recommençons une troisième.

M. de Persigny aimait passionnément l'histoire, il l'étudiait constamment, dans ses sources surtout, par une juste méfiance du parti pris des historiens. C'est dans ces travaux, consolation des tristesses de sa vie, qu'il avait puisé ses convictions, profondes parce qu'elles étaient mûrement réfléchies et déduites des leçons du passé. C'est à eux aussi qu'il devait cette étonnante et claire vision de l'avenir qui lui donnait l'air d'un voyant, alors qu'elle procédait simplement d'une intelligence entière des choses éclairées par l'expérience des temps, dont sa logique rigoureuse tirait les conséquences forcées en reliant les causes aux effets ou remontant des effets aux causes. C'est à eux encore qu'il devait l'aversion du parlementarisme, des discours et des avocats, éternels fauteurs d'intrigues, de troubles et de ruines, dans tous les temps, dans tous les pays et particulièrement dans le nôtre.

Il a exposé cet ordre d'idées dans ses *Mémoires* (1), où souvent il revient sur les inconvénients de l'introduction en France du parlementarisme anglais. Le fragment de discours qui suit expose d'une manière saisissante quelques-uns de ses arguments sur ce sujet.

« Quoi qu'on puisse dire aujourd'hui de notre ancien régime parlementaire, la vérité est que ce régime d'importation anglaise est condamné par l'expérience. Ce n'est pas seulement parce qu'il introduit dans l'État cette lutte passionnée, permanente, qui n'a d'autre objet que de parvenir ou de se maintenir au pouvoir; non, il y a quelque chose de plus grave encore que de réduire le gouvernement à une agitation stérile, c'est de le conduire infailliblement à sa perte. En effet, l'ordre social, à la différence de l'Angleterre, reposant chez nous sur une vaste hiérarchie politique, judiciaire et militaire, faire passer le pouvoir exécutif dans les Chambres, c'est compromettre l'ordre social lui-même en plaçant les instruments de l'autorité publique dans des conditions impossibles à leur exercice.

« Je dis dans des conditions impossibles à leur exercice, car, dès que les Chambres disposent à leur gré de notre hiérarchie, dès que l'armée, la magistrature, l'administration tout entière dépendent du triomphe ou de la défaite de tels ou tels orateurs qui, en devenant ministres, deviennent en même temps chefs de la hiérarchie administrative et tiennent dans leurs mains le sort de tous les dépositaires de l'autorité publique; dès

---

(1) Et plus en détail encore dans un toast prononcé au banquet du conseil général de la Loire en 1864. — Saint-Étienne, imprimerie veuve Théolier, 1864.

que, dans l'intérieur du pays, le général commandant les forces, le procureur général et le préfet sont à la discrétion du député qui, en échange de son appui prêté au ministre, dispose de toutes choses dans son département, dès ce moment, dis-je, aux yeux de la population, il n'y a plus ni général, ni procureur général, ni préfet, et partant plus d'autorité. Tandis qu'en Angleterre, l'autorité publique varie dans chaque comté par une organisation de riches particuliers non rétribués, fonctionne en toute liberté, en toute indépendance, sans plus se préoccuper du Parlement, des ministres ou de la Chambre des communes que s'ils n'existaient pas, en France, le député, par l'action anormale qu'il exerce sur les détenteurs de l'autorité publique, sans pouvoir la remplacer lui-même, annule cette autorité dans leurs mains.

« Viennent les moments d'épreuves, d'agitation populaire, de péril, l'autorité humiliée, abaissée, n'existant plus que de nom, tout croule bientôt dans l'abîme.

« Voilà, messieurs, l'histoire des deux monarchies que vous avez vues périr; voilà pour notre société le vice radical du régime parlementaire; voilà enfin ce que tant d'esprits politiques s'obstinent à ne pas voir, et la raison même de l'imprudence avec laquelle ils ne cessent de pousser la France vers de nouveaux dangers...

. . . . »

II

Dans cette note, M. de Persigny expose le rôle et la mission du chef de l'État tels qu'il les comprenait.

Une telle conception ne doit rien aux doctrines actuellement en faveur parmi nos politiciens, et je doute qu'elle trouve beaucoup d'adhérents parmi eux. Mais il m'a semblé piquant d'opposer ce document rédigé jadis pour le *Tyran,* par un de ses *suppôts*, aux principes et aux pratiques des hommes d'État de la troisième république.

Dans notre forme de gouvernement actuelle, l'opinion publique joue un rôle prépondérant. Elle fait la force ou la ruine du pouvoir suivant le sens dans lequel elle s'établit. Il est donc de la dernière importance pour le chef de l'État non seulement de la consulter et de la connaître, mais encore, et c'est là le nœud de la question, de présider à sa formation.

Il arrive souvent qu'un courant d'opinion s'établit qui présente, à un certain degré, des apparences de généralité et d'énergie. Est-ce à dire pour cela qu'on doive l'accepter sans examen, comme l'expression vraie du sentiment public? Non, évidemment. La société ne se compose pas exclusivement d'hommes sages et bien intentionnés. Une foule d'ambitieux, d'égoïstes, de gens intéressés et peu scrupuleux, cherchent à exploiter l'État à leur profit particulier. Les partis s'agitent, les habiles intriguent. Le mensonge, l'intérêt, l'audace, se concertent et mettent en mouvement toutes leurs forces trop souvent appuyées par la masse des simples et des crédules. Les journaux, la tribune, leur prêtent leur concours, et bientôt ces menées prennent un caractère imposant. Rien de plus facile alors que d'y être trompé ; rien, par conséquent, de plus dangereux pour un peuple momentanément abusé par les manœuvres de quelques hommes hardis. Si l'on considère, d'autre part, que dans un gouvernement monarchique, à chaque défaut du Prince correspond toute une série de conséquences fatales pour le pays, que chacun des vices, des lacunes de son caractère ou de son esprit constitue un encouragement au mal ; qu'il est le régulateur suprême de tout le corps social, la source de toute autorité, et que de lui tout dépend, on conçoit l'énorme influence qu'il peut exercer sur la moralité des actions de son peuple par la sanction qu'il y attache. S'il manque de justice et de fermeté, ce n'est plus exclusivement la vertu qui mène aux plus hautes fonctions de l'État ; l'intrigue, l'improbité y portent plus rapidement et plus sûrement. Alors toutes les notions du bien et du mal sont confondues ; l'esprit public se dégrade et s'avilit, les honnêtes gens gémissent impuissants, tandis que les méchants commandent et triomphent.

Dans un pareil état de choses, que devient l'opinion publique? Quels en sont les véritables organes? Sont-ce les Chambres asservies à des hommes puissants et qui ont perdu, avec l'indépendance du caractère, tout courage et toute sincérité? Sera-ce la presse, instrument de tous les partis, puisant dans son monopole et dans les vices du gouvernement toutes les audaces, toutes les espérances? Qui fera connaître les sentiments réels du pays, c'est-à-dire, en dernière analyse, les vœux des hommes de bien, les seuls respectables, les seuls dignes d'attention? Ne disposant d'aucun moyen de les manifester, ils restent muets, attristés, dans l'inquiétude et l'attente. En sorte que les seules voix qui se fassent entendre sont précisément celles qui, de parti pris, cherchent à perdre le gouvernement. S'il les écoute, il ne peut que s'égarer. S'il les méprise, leurs clameurs l'effrayent et l'entravent, et risquent par leur violence de donner le change à la nation même.

Il n'est qu'un remède à une telle situation, et il prouve que le plus habile des calculs se confond toujours avec la pratique du bien. Il donne aussi la raison de l'instabilité des gouvernements et de la fréquence des catastrophes qui semblent en faire une institution impossible désormais. Ce n'est, en effet, que par l'exercice des plus hautes comme des plus rares vertus qu'un prince peut faire éclore librement l'opinion publique dans ses États, par conséquent la consulter avec fruit et s'y abandonner avec sécurité. Il lui faut l'activité pour surveiller par lui-même le fonctionnement du mécanisme gouvernemental; l'intelligence droite et ferme pour le comprendre et le maintenir; la justice pour y faire observer le bien; le courage pour assumer la responsabilité; l'audace quelquefois, la prudence souvent; en un mot, un cœur toujours juste, ferme, élevé, amoureux du beau, haïssant tout ce qui est vil et bas.

Le prince qui réunira ces qualités saura imposer silence aux méchants, décourager le vice et fortifier les gens de bien. Ainsi toute force sera mise au service de la vertu, toute arme enlevée au vice. Qu'il écoute, alors, avec confiance la voix de ses sujets. Comme un bon père de famille, qu'il coure au-devant des vœux de ses enfants, et après avoir assuré leur bonheur pendant sa vie, il régnera éternellement dans leur mémoire après sa mort.

III

A la suite des élections de 1863 qui avaient amené un échec sensible pour le gouvernement, la liste de l'opposition ayant passé à Paris, l'Empereur crut nécessaire de remplacer M. de Persigny au ministère de l'intérieur.

Tout en lui expliquant les motifs de sa décision, dans une lettre particulière qu'elle lui adressa à cette occasion, Sa Majesté lui exprimait ses regrets basés *sur le dévouement ainsi que l'esprit élevé et lucide* qu'elle lui reconnaissait.

Ce fut, sans doute, pour atténuer ce que cette mesure avait de rigoureux et peut-être aussi les scrupules de sa propre conscience, que l'Empereur lui conféra, quelques mois après, le titre de duc héréditaire. Les lettres patentes sont datées de Saint-Cloud, le 7 novembre 1863; le décret est du 9 novembre de la même année.

Voici en quels termes M. Billault, alors ministre d'État, lui notifia cette décision :

Paris, le 9 septembre 1863.

Mon cher collègue et ami,

L'Empereur me charge de vous annoncer qu'en récompense des services que vous avez rendus à l'État et de votre dévouement, il vous a aujourd'hui conféré le titre de duc pour vous et votre descendance.

J'ai grand plaisir à vous transmettre cette nouvelle et vous offre mes bien cordiales félicitations.

Tout à vous d'amitié.

Billault.

IV

La lettre ci-dessous émane d'un des amis de M. de Persigny.

Outre d'intéressants détails sur certaines idées de l'Empereur, elle met bien en lumière la nature des sentiments et de l'estime que le duc inspirait à Napoléon III; on y voit s'accuser en même temps cette divergence de tempérament et de caractère qui devait peu à peu affaiblir et finalement anéantir leur intimité première.

Lettre du baron Paul de Richemont (1), *sénateur.*

Saint-Valery en Caux, 8 août 1864.

Mon cher ami,

Je suis arrivé ici souffrant et n'ai pas pu vous écrire de suite; j'ai pourtant bien des choses à vous dire.

L'Empereur, dans un voyage, m'a parlé de vous avec infiniment d'affection : « Où est Persigny ? m'a-t-il dit. — Aux Eaux-Bonnes. — Il n'est pas souffrant, je l'es-

---

(1) Le baron Paul Panon Desbassyns de Richemont, sénateur, administrateur de la Compagnie des chemins de fer d'Orléans, etc., fut un des meilleurs et plus fidèles amis de M. de Persigny.

père? — Non, pas précisément, mais il a la gorge un peu délicate; on lui a conseillé les eaux. — Y est-il avec sa femme? — Oui. — Il a raison. — Je l'avais engagé à écrire à Votre Majesté à l'occasion du remaniement du Conseil d'État que l'on prétend devoir être prochain. Il n'a pas suivi mon conseil, dans la crainte de paraître importun. — Comment cela? — Il m'a répondu que l'Empereur connaissant son opinion sur cette question, il ne pourrait que se répéter. — C'est vrai. Compte-t-il parler au conseil général? — Oui et non, non pas au conseil, mais dans un dîner à l'occasion du conseil. — Que dira-t-il? — Il compte porter un toast à l'Empereur, au véritable fondateur de la liberté en France. — Belle idée! Je le lirai avec plaisir. Ses derniers discours sont bien remarquables. Il devrait introduire cette idée dans son toast : c'est qu'en fait de liberté, on confond trop souvent la théorie avec la pratique. Ainsi, par exemple, n'y a-t-il pas bien plus de vraie liberté chez nous que dans le pays que les républicains offrent en exemple comme la terre classique de la liberté, l'Amérique? Lisez la Constitution : tout est magnifique en théorie; dans les assemblées la liberté va jusqu'à la licence. Mais si on entre dans le détail des choses, que voit-on? C'est que, suivant les circonstances, cette liberté théorique se convertit dans le plus dur despotisme. Ce n'est pas alors la liberté politique seule qui est absorbée par le parti qui détient le pouvoir; les libertés les plus chères à l'homme lui sont ravies. Il est incessamment menacé dans sa fortune, dans sa liberté individuelle, dans sa vie même. Il y a là une idée que Persigny mettra en lumière; dites-le-lui de ma part. » Puis il ajouta : « Combien il est regrettable qu'une nature si distinguée soit si passionnée (1)! — Permettez-moi, Sire, de dire qu'en reconnaissant toute la distinction, toute l'élévation de sa nature, vous absolvez ce qu'elle a de trop passionné; car sa seule passion, c'est Votre Majesté et l'Empire. — Il m'aime, je le sais; mais il a bien des inconvénients. — Le plus grand, Sire, c'est de ne pas être de la même pâte que vos autres ministres. Et cependant il y en a qui l'apprécient et qui le voudraient voir faire partie du Conseil. Ce n'est pas seulement parce qu'ils le redoutent quand il est dehors, mais parce qu'ils reconnaissent qu'il a des idées qui ne naissent dans l'âme d'aucun d'eux. Un de ces messieurs me disait dernièrement : « Il n'y a que « l'Empereur et Persigny qui comprennent bien l'Em- « pire. » — C'est bien vrai, reprit l'Empereur. — Le même ministre, ajoutai-je, disait récemment à M. de Persigny : « Vous êtes le doctrinaire de l'Empire. »

L'Empereur m'a parlé alors très intimement des choses politiques. Je me suis permis de tout dire. Il m'en a remercié. — « Croyez bien, dit l'Empereur, que je sais tout cela; on pense généralement que je suis mal informé; on se trompe, tout me revient. »

Puis il a parlé de votre intérieur, des gens qui vous accompagnent, etc.

Adieu, mon cher ami; croyez à ma vive affection.

Baron DE RICHEMONT.

P. S. — Je me réserve de vous raconter l'histoire de Gulliver et des Lilliputiens qui cherchaient à le lier dans leurs fils (2). L'Empereur a bien ri!

(1) V. encore sur ce sujet un entretien avec l'Empereur, p. 347.
(2) Allusion aux intrigues de certains ministres pour annihiler l'influence de M. de Persigny.

Les idées indiquées par l'Empereur dans cette lettre ont été développées par M. de Persigny, dans un toast prononcé, le 23 août 1864, au banquet du conseil général de la Loire.

On le trouvera dans le recueil de M. Delaroa. (*M. de Persigny et les doctrines de l'Empire*, p. 179. — H. Plon, éditeur, Paris, 1865.)

V

En 1861, la question de l'agrandissement du ministère de l'intérieur, transporté de la rue de Grenelle à l'hôtel Beauvau, avait fait penser à acquérir le petit hôtel sis rue de la Ville-l'Évêque, 43, qu'habitait alors M. de Lamartine et qui était englobé dans les dépendances du ministère.

Fort ému d'un projet qui menaçait de le chasser de son dernier asile, l'illustre poète, après plusieurs démarches infructueuses, s'adressa à M. de Persigny, dont l'intervention fit abandonner cette idée.

Touché de ce procédé, M. de Lamartine lui écrivit :

Monsieur le comte,

M. de Laguéronnière (1) vient de me faire part des paroles obligeantes et des procédés chevaleresques qui m'assurent spontanément la tranquille jouissance de mon petit asile sous les murs de votre beau jardin.

Je ne dirai, du moins, pas comme Virgile :

Mantua væ miseræ nimium vicina Cremonæ!

(1) Le vicomte Arthur de la Guéronnière était directeur de la presse, de l'imprimerie et de la librairie au ministère de l'intérieur.

Le voisinage d'un homme de cœur est toujours bon, même en politique. Entre votre cause et la mienne il y aura toujours l'honneur du caractère qui domine toutes les dissidences de l'esprit.

Vous servez avec zèle et indépendance une cause dans laquelle vous trouvez réunis votre amitié et vos principes; j'ai quitté l'arène politique, et je consume laborieusement dans un travail acharné et ingrat mes dernières années à réparer les coups de la fortune envers ceux à qui je dois du pain. Nous pouvons être fiers tous les deux de nos situations si diverses, et je puis vous envoyer sans rougir, à travers les arbres de nos deux jardins, les remerciements que je suis heureux de vous offrir.

A. DE LAMARTINE.

Paris, 20 mai 1861.
43, rue de la Ville-l'Évêque.

J'ai trouvé un brouillon déchiré de la réponse de M. de Persigny à la lettre ci-dessus. Ce n'est qu'un fragment, et j'ignore s'il est exactement conforme à celle qu'il adressa à M. de Lamartine; mais il lui servit probablement de canevas et, dans tous les cas, indique l'ordre d'idées et de sentiments auquel le Duc obéissait en la rédigeant. A ce titre, il m'a paru intéressant de le reproduire ici.

Paris, 21 mai 1861.

A Monsieur de Lamartine
43, rue de la Ville - l'Évêque.

MONSIEUR,

Ce n'est pas, assurément, que je croie mériter en aucune façon des remerciements pour avoir respecté dans son asile un homme illustre si cruellement éprouvé par la fortune; mais je suis heureux de penser que, dans son adversité, cette grande victime du sort sache au moins qu'il y a, dans toutes les situations, des cœurs qui sympathisent à sa destinée.

Pour moi, je le dis avec un sentiment douloureux, jamais le nom de Lamartine n'est prononcé devant moi, jamais il ne se présente à mon esprit, sans éveiller dans mon âme quelque chose comme la sensation d'un remords commun à notre pays tout entier.

Est-ce donc le sort de toutes les grandes illustrations de souffrir pendant leur vie de l'ingratitude des hommes?

. . . .

(*La suite manque.*)

ÉPILOGUE

Le dernier chapitre des *Mémoires* s'arrête à l'année 1868.

A cette date, M. Rouher, le *Vice-Empereur*, est plus puissant que jamais. M. de Persigny, toujours tenu à l'écart des affaires, voit son intimité avec Napoléon III, et par suite son influence dans le gouvernement, décliner de jour en jour. Vainement il tente soit par lettres, soit verbalement, de l'éclairer sur les périls que court l'Empire, sur l'affaiblissement de son organisme et les remèdes à y apporter; ses efforts se brisent contre cette force d'inertie qu'il a signalée dans différents passages de son livre. Le plus souvent ses lettres restent sans réponse, ses visites sont esquivées; l'Empereur le fuit comme un fâcheux.

On ne lira pas sans intérêt le document ci-après, qui, entre bien d'autres, témoigne des tentatives infructueuses du Duc pour arrêter le déclin prévu, depuis longtemps signalé, et dont son dévouement s'alarmait.

Paris, le 27 juin 1869.

Sire,

Il ne faut pas que Votre Majesté se méprenne sur les quelques paroles que je lui ai dites à propos des élections.

Il ne s'agit pas, pour sortir la France de l'état actuel, de faire, de propos délibéré et sans provocation, un acte brutal et violent, ni rien qui ressemble à une réaction, à

ÉPILOGUE.

un changement de régime. Cela serait insensé. Il faut, au contraire, accepter la situation telle qu'elle est et maintenir, sans hésitation, les doctrines libérales qu'a inaugurées Votre Majesté.

Évidemment l'état actuel doit un jour, et quand le moment sera venu, être considérablement modifié ou changé.

Il faudra retoucher à la loi de la presse, établir peut-être un jury spécial et introduire des dispositions de nature à ne plus permettre d'outrager l'Empire aux yeux des populations.

Il faudra changer la loi sur les réunions qui est un fléau et tend à démoraliser le corps électoral.

Il faudra rétablir l'autorité des maires, en les nommant, comme jadis, avant les élections municipales ; car le système adopté a été la faute la plus grave qu'on ait faite sous l'Empire. On a détruit l'autorité d'un bout de la France à l'autre ; il faut la restaurer.

Il faudra abolir le régime des incompatibilités au profit des hautes fonctions publiques, afin d'avoir des candidats considérables à opposer aux avocats démagogiques et des députés capables, intéressés à la grandeur de l'Empire.

Il faudra supprimer le ballottage qui favorise les coalitions en se tenant, comme en Angleterre, à la majorité pure et simple du premier tour de scrutin.

Il faudra interdire la présentation d'un même candidat dans plusieurs circonscriptions, ce qui ne peut profiter qu'aux ennemis de l'État.

Il faudra rétablir l'autorité des préfets et accomplir la décentralisation politique dont j'ai soumis le plan à Votre Majesté.

Enfin, il faudra faire beaucoup d'autres réformes

encore. Mais tout cela ne pourra s'entreprendre qu'après une victoire sur la démagogie. Car il n'y a pas d'autorité qui ne vienne de la victoire, soit traditionnelle, soit présente.

Or, l'autorité a été trop ébranlée. Le gouvernement inspire, aujourd'hui, trop peu de crainte; il est trop méprisé pour qu'il puisse reprendre son prestige sur les esprits, sans avoir fait renaître le sentiment d'une crainte salutaire dans les âmes.

Mais pour arriver à ce but si clair, si facile à atteindre grâce aux élections actuelles, il faut un courage, une résolution inébranlables.

Il faut des hommes qui, tout en acceptant le programme libéral actuel, inspirent par leur seule présence la crainte aux mauvaises passions, empêchent les défections de se produire et l'état des choses d'empirer, qui groupent autour d'eux les éléments conservateurs et honnêtes, rétablissent la confiance et l'énergie dans le personnel politique et judiciaire, le réforment, le réorganisent sur les points importants en vue d'une lutte possible et préparent, enfin, les forces morales et matérielles à mettre en jeu pour le jour où les démagogues, comme ils ne manqueront pas de le faire, seront entraînés par leurs propres passions et leur aveuglement habituel à sortir de la loi.

Il faut des hommes capables, à un moment donné, de prendre les plus grandes responsabilités, quittes à aller le lendemain présenter leur poitrine découverte devant la Chambre. Il faut surtout deux ministres également courageux, également capables de s'entendre avec votre ministre de la guerre, c'est-à-dire un ministre de l'intérieur et un ministre de la justice. Comme aux temps des périls de la Présidence, c'est entre deux ou trois personnes seulement que vous devrez renfermer le secret de vos desseins. Les autres ministres ne doivent être que des étiquettes de libéralisme, et vous devez vous garder comme d'une faute capitale de mettre en délibération devant eux les choses qui touchent à la sûreté de l'État. C'est qu'en effet, quand il s'agit de prendre des résolutions vigoureuses, il faut bien se garder de les mettre en délibération devant dix à douze personnes. Si vous aviez, par exemple, à prévenir quelque formidable insurrection à Paris ou à Lyon, ce n'est pas à des âmes timorées et troublées que vous pourriez demander des mesures énergiques de salut public.

Maintenant, ai-je besoin de vous le répéter? tout le vice actuel de l'État est dans la présence de deux hommes (1) qui personnifient l'impopularité dont votre gouvernement est frappé aux yeux d'une partie du public, dont le public est fatigué, ennuyé et presque honteux; de deux hommes qui sont les causes réelles de la démoralisation dont l'Empire est affecté, qui représentent précisément le système mesquin, bourgeois, de petites rouerie, de petits expédients, sans foi, sans conviction, sans moralité, sans grandeur, qui caractérisait le gouvernement de Louis-Philippe et que le public vient de condamner d'un bout de la France à l'autre (2). Avec ces deux hommes, le mépris public, l'éloignement des honnêtes gens, s'augmenteront en même temps que l'audace des ennemis et la désaffection publique. Et, le jour où il faudra profiter d'une occasion, non seulement ils la feront manquer, mais, la veille du danger, ils vous abandonneront comme ils ont toujours fait. Que si donc

---

(1) MM. Rouher et Baroche.
(2) Par les élections générales de 1869, qui avaient accru d'une façon notable l'importance de l'opposition dans la Chambre. (*Notes de l'éditeur*.)

vous n'avez pas le courage de vous en débarrasser d'une manière ou d'une autre, tout est impossible, et votre gouvernement est condamné d'avance.

Voilà la vérité, la vérité éclatante! Pour moi, je ne me borne pas à vous le dire, j'envoie la copie de ma lettre en lieu sûr, pour sauver au moins l'honneur du nom que je veux léguer pur et sans tache à mes enfants et pour que mon fils (1) puisse, au besoin, prouver qu'il n'a pas dépendu de son père que l'Empire ne fût sauvé.

Je suis avec respect,
Sire,
de Votre Majesté,
le très humble et très fidèle serviteur et sujet.

Signé : PERSIGNY.

Ce cri d'alarme si pressant ne trouva pas d'écho. Il ne paraît pas, du moins, que l'Empereur en ait tenu aucun compte.

Mais les événements se précipitent. Les fautes de 1866 ont porté leurs fruits amers; le machiavélisme de M. de Bismarck a rendu les hostilités imminentes, malgré le sincère désir de l'Empereur de les éviter. La guerre est déclarée; Napoléon III va quitter Paris pour défendre les frontières à la tête de l'armée.

M. de Persigny, après de vaines tentatives pour le voir avant son départ, lui écrit :

Paris, le 17 juillet 1870.

J'ignore quelles sont les mesures que Votre Majesté compte prendre avant de quitter Paris; mais il me paraîtrait imprudent de laisser derrière soi tant de mau-

(1) Jean de Persigny, décédé en novembre 1885. V. note 1, p. 304. (*Note de l'éditeur.*)

vaises passions et tant de traîtres sans avoir pris des mesures de prévoyance. L'armée démagogique n'a été vaincue que moralement; elle reste debout, conduite et dirigée par les orléanistes, et toute prête à profiter des moindres circonstances. Il me semble que la première mesure à prendre est de supprimer par une loi d'urgence la liberté de la presse et celle de réunion pendant la guerre.

Ce qui me frappe aussi, c'est que si le ministère reste entièrement ce qu'il est aujourd'hui, en cas de succès, ce que je voudrais considérer comme certain, Votre Majesté sera dans l'impossibilité de profiter des circonstances. Elle se heurtera aux préjugés libéraux de son ministère comme, après Solférino, quand elle voulait compléter les institutions monarchiques du pays, elle s'est heurtée aux préjugés bourgeois des ministres d'alors.

Je n'insiste pas sur ce point, que je livre aux méditations de Votre Majesté. Ce que je veux surtout lui dire, c'est ceci : Dans des circonstances aussi graves pour l'Empire, est-ce que vous ne m'emploierez à rien? Suis-je condamné, moi, homme des jours d'épreuves, à me croiser les bras, quand l'Empereur, son fils et la dynastie vont courir des dangers?... Je fais appel à votre cœur. Je lui demande à m'employer à Paris là où mon dévouement peut être utile à Votre Majesté, ou de me permettre de vous accompagner et d'aller combattre dans les rangs de vos plus courageux serviteurs.

Je suis avec respect,
Sire,
de Votre Majesté,
le très fidèle et très obéissant serviteur.

Signé : Persigny.

Cet appel émouvant resta sans réponse.

Cependant, l'Empereur, déjà miné par la maladie qui devait l'emporter trois ans plus tard, affaibli physiquement et moralement, a commis des fautes stratégiques qui paralysent la valeur d'une armée héroïque, disséminée sur de trop longues lignes. L'unité, la vigueur du commandement font d'ailleurs défaut. Les défaites succèdent aux défaites.

Alors éclatent les vices latents du gouvernement impérial tant de fois signalés par M. de Persigny. Sa faiblesse le livre sans défense aux entreprises des partis chez qui l'ambition étouffe le patriotisme. Dans leur avidité du pouvoir, oubliant l'intérêt sacré du pays, ils se lèvent contre l'Empire désarmé et le renversent sous les yeux de l'ennemi. Le désordre, l'anarchie s'étendent sur la malheureuse France, ajoutant leurs désastres à ceux de la guerre; la plus vile populace, déchaînée, se livre à tous les excès. Les hommes du gouvernement tombé sont proscrits, recherchés, arrêtés; le sol de la patrie ne leur offre plus d'asile sûr; leur liberté, leur vie même sont en péril. M. de Persigny, obligé de pourvoir à sa sécurité ainsi qu'à celle de sa famille, réussit, au prix de mille dangers, à passer en Angleterre.

Tant de fautes, de malheurs accumulés, n'ont pourtant pas abattu son âme intrépide; il conserve encore l'espoir de sauver et l'Empire et la France. Grâce à d'anciennes relations, il engage des négociations avec le gouvernement allemand et parvient à en obtenir des conditions inespérées qui, si elles eussent obtenu l'assentiment de l'impératrice Eugénie, nous auraient épargné la perte de deux provinces, moins Strasbourg, et de quatre milliards. Malheureusement, la résistance aussi obtinée qu'inexplicable de celle-ci fait échouer cette combinaison.

C'est pendant ce séjour à Londres que, quelque temps après, un groupe de notables habitants de la Loire qui, eux, n'avaient pas oublié les services rendus à leur province et à la nation par leur éminent compatriote, vinrent, à l'occasion d'une élection partielle, lui offrir de soutenir sa candidature à cette Assemblée législative imposée par le vœu du pays, au gouvernement se disant de la Défense nationale.

A cette heure sombre et néfaste où tant de vulgaires ambitieux, tant d'individualités obscures, inutiles ou funestes, recherchaient avidement le mandat législatif, le duc de Persigny le déclina noblement par la belle lettre ci-dessous, d'une portée si prophétique :

Londres, le 17 juin 1871.

MESSIEURS ET CHERS COMPATRIOTES,

Je m'empresse de répondre à l'offre que vous voulez bien me faire de soutenir ma candidature aux prochaines élections de la Loire. Permettez-moi de décliner cet honneur et de vous en exposer les raisons.

Quelles que soient les causes qui ont écarté de l'Assemblée actuelle la plupart des hommes associés depuis vingt ans au gouvernement du pays, je me demande ce qu'ils feraient dans cette Assemblée. Ne pouvant en modifier sensiblement la composition, ils n'y seraient qu'un embarras, qu'une difficulté de plus.

En réalité, la plupart des membres de l'Assemblée législative : légitimistes, orléanistes, républicains, n'ont pas d'autre idée que le maintien, sous une forme ou un nom quelconque, du parlementarisme anglais; ce qu'ils veulent les uns comme les autres, c'est le contraire des institutions impériales, le contraire du régime parlementaire des États-Unis, où il est interdit aux détenteurs de l'autorité publique, aux chefs de la hiérarchie administrative, aux ministres, de paraître dans les Chambres; en un mot, l'absorption du pouvoir exécutif par le pouvoir législatif.

Quoique le principe du régime américain se concilie parfaitement non seulement avec l'état d'une société démocratique comme la nôtre, mais avec toutes les libertés nécessaires; quoique le régime anglais, au contraire, ne se conçoive logiquement qu'au sein d'une société aristocratique complètement différente de la nôtre; quoique, enfin, ce dernier régime, importé en France, ait renversé tous les gouvernements qui l'ont adopté, la force de l'habitude ou des préjugés domine encore chez nous les leçons de l'expérience.

Pour moi, fidèle aux principes fondamentaux posés au commencement de ce siècle par le grand Empereur, par l'homme de génie qui a le mieux compris la nation française, j'ai toujours pensé que le parlementarisme anglais, tel qu'on le pratique chez nous, était incompatible avec le caractère impressionnable de notre pays. Même dans les temps les plus tranquilles, j'étais convaincu et je soutenais qu'en préférant la parole à l'action, en livrant inévitablement le gouvernement aux avocats, en surexcitant toutes les ambitions, en obligeant même les plus honnêtes gens à ne songer qu'à conquérir ou à défendre le pouvoir au lieu de s'en servir, enfin en appelant sans cesse les passions populaires au secours des diverses compétitions, ce régime ne pouvait produire que des agitations stériles ou dangereuses.

Aujourd'hui que les temps sont devenus plus difficiles, les éléments de désordre plus nombreux, plus redoutables, je me demande comment cette conviction n'est pas générale.

Mais quelle que soit mon opinion personnelle, comme le pays semble entraîné à faire une nouvelle et, j'espère, dernière expérience du régime qui, jusqu'à présent, lui a été si funeste, il me paraît juste que cette expérience se fasse sans entrave.

Le gouvernement est aujourd'hui entre les mains d'un illustre représentant de ce régime (1), et nul n'est évidem-

(1) M. Thiers. (*Note de l'éditeur.*)

ment plus apte que lui à le mettre en pratique. S'il réussit, avec les doctrines de son école, à préparer les voies d'un gouvernement capable de terminer la Révolution française, j'applaudirai à son succès. S'il échoue, malgré ses talents, c'est que ce régime, ce mode de gouvernement est décidément contraire à l'esprit de notre race ; et alors le peuple se rappellera, je n'en doute pas, un autre mode de gouvernement qui, tant qu'il a été dans sa pureté et fidèle à son principe, a donné à la France des années de grandeur et de prospérité. Jusque-là, j'estime que mon devoir de citoyen est de m'abstenir de tout ce qui pourrait contrarier cette épreuve.

Agréez, Messieurs et chers compatriotes, avec mes remerciements, l'assurance de mes sentiments les plus dévoués.

Signé : Persigny.

Vers la fin de juillet 1871, l'apaisement relatif des passions soulevées par la catastrophe de 1870 permit à M. de Persigny de rentrer en France, où l'appelait le soin de ses intérêts privés. Il s'installa avec ses enfants dans sa chère retraite de Chamarande, heureusement sauvée des dilapidations ennemies par la considération personnelle qu'il s'était acquise en Allemagne, au cours de sa mission de 1850. En apprenant le nom de son propriétaire, les chefs de l'armée d'occupation avaient spontanément donné des ordres sévères aux troupes cantonnées dans cette localité pour faire respecter le domaine du Duc. Cet hommage rendu par l'étranger au grand citoyen que la République avait proscrit, devait être, pour lui, le dernier sourire de la fortune.

Six mois plus tard, à la suite de cruels chagrins d'intérieur que son cœur chevaleresque s'était toujours efforcé de voiler à tous les yeux, une congestion cérébrale venait le frapper. Envoyé par son médecin à Nice pour y tenter le rétablissement d'une santé ! hélas, irrémédiablement compromise, M. de Persigny, délaissé par sa femme partie pour un lointain voyage d'agrément, descendait seul avec un valet de chambre à l'hôtel du Luxembourg et bientôt s'alitait. Le colonel baron Stoffel, qui, par un heureux hasard, s'y trouvait en villégiature, ému d'un tel isolement, lui prodigua les soins empressés et dévoués d'un ami.

Bien que l'hémiplégie eût déjà commencé son œuvre, le Duc était encore en pleine possession de son intelligence, lorsque l'auteur de ces lignes accourut à son appel. Il eut, du moins, la douloureuse consolation d'assister à ses derniers instants et de recueillir ses suprêmes recommandations. Mme de Persigny, en ce moment en Égypte, informée de l'état de son mari, différait son retour sous mille prétextes; lorsqu'elle arriva, il n'était plus. Seuls, ses enfants, alors en bas âge, avaient été amenés à son chevet.

Quant à l'Empereur, quoique mis au courant par la poste et le télégraphe de la situation désespérée du plus ancien, du plus fidèle, du plus dévoué de ses serviteurs, il ne répondait rien. Ce silence affectait douloureusement le mourant, suspendu à un espoir chaque jour déçu. Sa robuste constitution luttait contre la mort. Entré en agonie le 10 janvier, il ne rendit le dernier soupir que le 12, à neuf heures du soir.

Quelques jours après arriva enfin la lettre si impatiemment attendue. Elle ne contenait que ces quelques lignes, d'un sentiment très chrétien, sans doute, mais où l'on ne sent pas vibrer l'émotion d'une grande douleur :

Chislehurst, le 12 janvier 1872.

Mon cher Persigny, j'apprends avec peine l'état de votre santé. J'espère que vous pourrez triompher de la maladie; mais, en attendant votre guérison, je tiens à vous dire que j'oublie ce qui a pu nous diviser pour ne me souvenir que des preuves de dévouement que vous m'avez données pendant de longues années.

Croyez à ma sincère amitié.

NAPOLÉON.

A quoi attribuer une telle froideur dans de tels moments? Rien de plus délicat, de plus malaisé que de sonder les mystérieuses profondeurs de l'âme humaine. Il est cependant un détail qui peut jeter quelque lumière sur ce point; à ce titre, il ne saurait être passé sous silence.

On a vu plus haut que pendant son séjour en Angleterre, M. de Persigny avait entamé avec l'Allemagne des négociations qui n'échouèrent que par suite du refus de Sa Majesté l'Impératrice d'y donner son adhésion. Outré d'une fin de non-recevoir qui perdait à la fois l'Empire, la dynastie et la France, ces trois grands objets de son culte, le Duc, emporté par son impétuosité habituelle, laissa échapper, un soir, dans le monde de Londres où il avait de nombreuses relations, une phrase d'une ironie sanglante contre celle qui avait assumé cette lourde responsabilité. Ce mot imprudent autant qu'irrespectueux, rapporté au captif de Wilhelmshœhe, le blessa au cœur.

Dans ces dernières phrases adressées à l'ami des anciens jours sur le seuil de l'éternité, ne semble-t-il pas que le ressentiment de l'époux outragé dans ce qu'il a de plus cher, se soit déguisé sous la générosité du pardon?

La lettre de l'Empereur, qui, tragique coïncidence, porte la date même de la mort de son destinataire, n'arriva, comme il est dit ci-dessus, que plusieurs jours après son décès. Ainsi, par un retour providentiel, les hésitations impériales qui si souvent avaient désespéré la vie du malheureux Duc, lui épargnèrent cette fois une déception suprême, la plus cruelle peut-être!

H. DE LAIRE, comte d'ESPAGNY.

La Grye, 12 janvier 1896.

TABLE DES MATIÈRES

	Pages.
Avant-propos	VII
Avertissement	XIX

MÉMOIRES DU DUC DE PERSIGNY, SUIVANT LA DATE DES FAITS QUI Y SONT TRAITÉS :

1848-1849. — Établissement de la présidence.	1
1849. — Le Comité de la rue de Poitiers.	21
1849. — Le maréchal Bugeaud.	37
1849. — Premiers temps de l'Assemblée législative.	69
1849. — Mission en Allemagne.	89
1851. — Le général Changarnier.	125
1852. — Proclamation de l'Empire.	171
1852. — Liste civile.	187
1852. — L'alliance anglaise.	199
1853. — Origine de la guerre de Crimée.	219
1853. — Travaux de Paris.	237
1860. — Castelfidardo.	267
1862. — M. de Bismarck.	281
1864. — Le duché de Montmorency.	289
1866. — Projet de réforme administrative.	301
1866. — Sadowa.	323
1866. — Causes de l'attitude de la France en 1866.	341
1867. — Politique française jugée par M. de Bismarck.	369
1867. — Présence de l'Impératrice au Conseil.	387
1867. — De la législation sur la presse.	409
1868. — Caisse des travaux publics.	439

PIÈCES ANNEXES.

	Pages.
Notice biographique, par M. J. Delaroâ.	463
I. Critique du parlementarisme. (Fragment de discours.)	485
II. Note sur les devoirs du chef de l'État.	488
III. Lettres patentes. (Avis de concession.).	491
IV. Lettre du baron Paul de Richemont.	492
V. Lettre de M. Alphonse de Lamartine. — Brouillon de réponse à M. de Lamartine.	495
Épilogue.	498

PARIS, TYP. E. PLON, NOURRIT ET Cie, 8, RUE GARANCIÈRE. — 604.

En vente à la même Librairie :

Le duc de Persigny et les doctrines de l'Empire, procédé d'une notice par Joseph DELAROA. Un vol. in-8°. Prix. . . 7 fr. 50

Journal du maréchal de Castellane, 1804-1862.
Tome Ier : 1804-1823. 3e édition. Un vol. in-8° avec un portrait en héliogravure et un fac-simile d'autographe. Prix. . . . . 7 fr. 50
Tome II : 1823-1831. 2° édition. Un vol. in-8° avec une héliogravure. Prix. . . . . 7 fr. 50

Napoléon III avant l'Empire, par H. THIRRIA. Tome Ier. Un vol. in-8°. Prix. . . . . 8 fr.

Les Souvenirs du général baron Paulin (1782-1876), publiés par le capitaine du génie PAULIN-RUELLE, son petit-neveu. Un vol. in-18. Prix. . . . . 4 fr.

Souvenirs de guerre du général baron Pouget, publiés par Mme DE BOISDEFFRE, née POUGET. Un vol. in-18. Prix. . . . 3 fr. 50

Un diplomate à Londres. *Lettres et Notes.* 1871-1877, par Charles GAVARD. Un vol. in-18. Prix. . . . . 3 fr. 50

La Vie militaire du général Ducrot d'après sa correspondance (1839-1871), publiée par ses enfants, avec trois portraits en héliogravure et une carte. 2e édition. Deux vol. in-8°. Prix. . . . 15 fr.

Histoire du second Empire, par P. DE LA GORCE. 2e édition. Deux vol. in-8°. Prix. . . . . 16 fr.
(*Couronné par l'Académie française, prix Alfred Née.*)

Mes Souvenirs, par le général DU BARAIL.
Tome Ier : 1820-1851. 8e édit. Un vol. in-8° avec un portrait. 7 fr. 50
Tome II : 1851-1864. 6e édit. Un vol. in-8° avec un portrait. 7 fr. 50

Un Anglais à Paris. *Notes et Souvenirs.* Traduit de l'anglais par J. HERCÉ.
Tome Ier : 1835-1848. 4e édition. Un vol. in-18. Prix. . . . 3 fr. 50
Tome II : 1848-1871. 3e édition. Un vol. in-18. Prix. . . . 3 fr. 50

La Question italienne (*Période de 1814 à 1860*). — *Aperçus d'histoire politique et diplomatique,* par G. GIACOMETTI. In-18. . 3 fr. 50

Souvenirs du général Jarras, chef d'état-major général de l'Armée du Rhin (1870), publiés par madame JARRAS. Un vol. in-8° accompagné d'une carte. Prix. . . . . 7 fr. 50

La Guerre d'Italie. Campagne de 1859, par le duc D'ALMAZAN. Un vol. in-8° accompagné de sept cartes. Prix. 8

Changarnier, par le comte Adhémar D'ANTIOCHE. Un vol. in-8°. Prix. . . . . 7 fr. 5c
(*Couronné par l'Académie française, prix Thérouanne.*)

PARIS. TYP. DE E. PLON, NOURRIT ET Cie, 8, RUE GARANCIÈRE. — 604.

www.ingramcontent.com/pod-product-compliance
Lightning Source LLC
Chambersburg PA
CBHW050828230426
43667CB00012B/1912